Heinzle · Das Nibelungenlied

Artemis Einführungen

Band 35

Das Nibelungenlied

Eine Einführung
von Joachim Heinzle

ARTEMIS VERLAG
MÜNCHEN UND ZÜRICH

CIP-Kurztitelaufnahme der Deutschen Bibliothek

Heinzle, Joachim:
Das Nibelungenlied / Joachim Heinzle.
München ; Zürich ; Artemis-Verlag, 1987.
(Artemis-Einführungen ; Bd. 35)
ISBN 3-7608-1335-6

NE: GT

 Satz: Laupp & Göbel, Tübingen
Druck und Bindung: Pustet, Regensburg
Umschlagfoto Carsten Seltrecht, St. Gallen
Printed in Germany

INHALT

ABKÜRZUNGSVERZEICHNIS

Atti	Colloquio Italo-Germanico sul Tema: I Nibelunghi (Accademia Nazionale dei Lincei. Atti dei Convegni Lincei. 1), Rom 1974
AVL	Nibelungenlied (Ausstellungskatalog des Vorarlberger Landesmuseums. 86), Bregenz 1979
GDH	Zur germanisch-deutschen Heldensage, hg. von Karl Hauck (Wege der Forschung. 14), Darmstadt 1961, Neudruck 1965
HSt	Hohenemser Studien zum Nibelungenlied = Montfort. Vierteljahresschrift für Geschichte und Gegenwart Vorarlbergs 32/3.4, 1980
NuK	Nibelungenlied und Kudrun, hg. von Heinz Rupp (Wege der Forschung. 54), Darmstadt 1976
PBB	Beiträge zur Geschichte der deutschen Sprache und Literatur (Pauls und Braunes Beiträge)
PNg	Nibelungenlied und Klage. Sage und Geschichte, Struktur und Gattung. Passauer Nibelungengespräche 1985, hg. von Fritz Peter Knapp, Heidelberg (im Druck)
ZfdA	Zeitschrift für deutsches Altertum und deutsche Literatur

VORWORT

An »Einführungen in das Nibelungenlied« herrscht kein Mangel. Es bedarf daher der Erklärung, wenn hier eine weitere vorgelegt wird. Was an seriösen Publikationen dieser Art – Monographien wie Darstellungen in Literaturgeschichten und anderen Handbüchern – derzeit greifbar ist, wendet sich, ausdrücklich oder de facto, an einen eng umgrenzten Benutzerkreis: es ist für den germanistischen Universitätsbetrieb bestimmt. Ihm will, selbstverständlich, auch dieses Bändchen dienen. Die offenbar ungebrochene Popularität, deren sich die Nibelungen in den Medien erfreuen, läßt indes vermuten, daß über diesen Bezirk des Fachinteresses hinaus ein Bedürfnis nach verläßlicher Auskunft besteht. Auch muß der Fachwissenschaft daran gelegen sein, dem grassierenden Dilettantismus populärwissenschaftlicher »Sagenforschung« entgegenzutreten. Aufklärend und informierend, bemüht sich das Bändchen, auch und vor allem solch breiterem Interesse entgegenzukommen, strikt sich beschränkend auf die Vermittlung der elementaren Voraussetzungen für Kenntnis und Beurteilung des Werks und, hoffentlich, für jeden verständlich. Den schönsten Erfolg hätte das Bändchen, wenn es ihm gelänge, seine Leser zur Lektüre des Textes zu verführen.

Ohne Hilfe von vielen Seiten wäre es nicht zustandegekommen. Ich danke: Heinrich Beck, Hans Fromm, Albert Gier, Fritz Peter Knapp, Kurt Hans Staub, Christine Stöllinger-Löser, Anneliese Waldschmidt für Anregungen, Hinweise, Auskünfte; Stiftsbibliothekar Peter Ochsenbein für die freundlich gewährte Erlaubnis, die Eingangsinitiale des Codex Sangallensis zu reproduzieren; Helene Pallisen für die Herstellung des Manuskripts;

Klaus Klein und Jürgen Schulz-Grobert für ihre Hilfe bei den Korrekturen.

Ich widme das Bändchen meinem Vater August Heinzle.

Marburg, im Januar 1987 J. H.

I

NIBELUNGENLIED UND NIBELUNGENSAGE

»Spätestens als die Fernsehkameras am späten Sonntagabend die Wunde des deutschen Kämpfers in Großaufnahme zeigten, wurde deutlich: da spielte nicht etwa Boris Becker im Masters-Turnier um die hunderttausend Dollar eines Süßwaren-Herstellers, nein, da hechtete ein Held der germanischen Mythologie über den Blumenkübel – ebenjener Recke mit dem verletzlichen Quadratzentimeter Haut im hart gewordenen Drachenblut.« Das Zitat stammt aus einer Glosse im Feuilleton der Frankfurter Allgemeinen Zeitung (Ausgabe vom 22. Januar 1986, S. 23). Indem der Verfasser den Namen des Helden, an den er erinnert, preziös verschweigt, kokettiert er mit seiner Bildung und schmeichelt zugleich dem Bildungsstolz des Lesers: zu wissen, daß Siegfried gemeint ist, mag diesen auf das angenehmste in der Überzeugung bestätigen, daß er mit den Kulturgütern der Nation vertraut ist. Nur eine Minderheit der Leser wird indes in der Lage sein, zutreffend anzugeben, welche Überlieferung hinter der Vorstellung von Siegfried als einem »Helden der germanischen Mythologie« steht. Auf Nachfrage würden die meisten wohl das ›Nibelungenlied‹ nennen – und wären verblüfft, wenn man ihnen sagte, daß sie damit fehlgreifen, daß das ›Nibelungenlied‹ weder germanische Helden kennt noch etwas mit germanischer Mythologie zu tun hat. Nicht aus dem ›Nibelungenlied‹ stammt jene Vorstellung, sondern letztlich aus nordischen (skandinavischen) Nibelungendichtungen des Mittelalters. Sie haben Richard Wagner als Quellen für seinen Opernzyklus ›Der Ring des Nibelungen‹ gedient und so das populäre Bild von den Nibelungen geprägt. Das ›Nibelungenlied‹ spielte für Wagner nur als Nebenquelle eine im ganzen recht bescheidene Rolle. Wenn gleichwohl mit den Götter- und Heldengeschichten, die der ›Ring‹ präsentiert, gemeinhin das ›Nibelungenlied‹ assoziiert wird, dann ist das bezeichnend für die neuere Rezeptionsgeschichte des Werks. Dem Namen nach bis heute jedem Kind bekannt, ist diese große Dichtung förmlich verschüttet worden von modernen Bearbeitungen des Stoffes, für die sie doch, direkt oder indirekt, der Anlaß war: von Wagners ›Ring‹ und Friedrich Hebbels Drama ›Die Nibelungen‹ über Fritz Langs legendären Stummfilm bis zu den »Fantasy«-Verschnitten unserer Tage – ein Werk, das alle zu kennen meinen und das doch, außer den Fachleuten, kaum einer kennt. Versuchen wir, es in den Blick zu bekommen.

Inhalt des Liedes

Wie das Lied sie erzählt, nimmt die Geschichte in den großen Linien folgenden Verlauf:

Am burgundischen Hof zu Worms herrschen drei Brüder: die Könige Gunther, Gernot und Giselher. Ihre Schwester Kriemhild ist die schönste Frau weit und breit. Auch Siegfried hört von ihr, der Sohn des Königs von Niederland, und er beschließt, um sie zu werben. Mit wenigen Begleitern zieht er nach Worms. Seine Ankunft dort erregt Aufsehen. Gunther wundert sich, wer der fremde Held sein mag, doch Hagen von Tronje, ein Verwandter und Vasall der Könige und ihr wichtigster Ratgeber, erkennt ihn und berichtet den Herren von seinen Taten: im Kampf gegen Hunderte von Gegnern, darunter zwölf Riesen und der starke Zwerg Alberich, gewann er den unermeßlichen Hort des Königs Nibelung, dazu dessen Schwert Balmung und die berühmte Tarnkappe, einen Mantel, der seinen Träger unsichtbar macht und ihm die zusätzliche Kraft von zwölf Männern verleiht; weiter hat er einen Drachen erschlagen und beim Bad in dessen Blut eine unverletzliche Haut aus Horn bekommen. Ein ganzes Jahr lebt Siegfried als Gast der Könige am Wormser Hof, ohne Kriemhild zu sehen und ohne die Werbung vorzubringen. Da trifft eine Kriegserklärung der Könige Liudeger von Sachsen und Liudegast von Dänemark ein. Siegfried verhilft den Burgunden zum Sieg in der Schlacht, und beim großen Siegesfest kommt es endlich zur ersten Begegnung zwischen ihm und Kriemhild, die dem Helden schon lange heimlich zugetan ist. Auf Giselhers Bitte bleibt Siegfried am Wormser Hof und darf Kriemhild nun täglich sehen.

Gunther, der noch unverheiratet ist, beschließt, um Brünhild, die Königin von Island, zu werben. Die Jungfrau besitzt übermenschliche Kräfte; wer sie zur Frau gewinnen will, muß sich ihr zu einem Wettkampf auf Leben und Tod stellen: er muß den Speer und den Stein weiter werfen, und er muß weiter springen als sie, andernfalls hat er sein Leben verwirkt. Siegfried ist bereit, Gunther bei der Werbung zu helfen, nachdem man ihm seinerseits Kriemhild versprochen hat. Prächtig ausgestattet, fahren Gunther, Siegfried, Hagen und dessen Bruder Dankwart den Rhein hinunter und über See nach Island. Bei der Ankunft vereinbaren sie auf Siegfrieds Rat eine List: Siegfried wird sich als Vasall Gunthers ausgeben, und er demonstriert sogleich diese Rolle, indem er Gunthers Steigbügel hält, als dieser auf sein Pferd sitzt. Gleichwohl hält Brünhild Siegfried für den Werber und begrüßt ihn zuerst. Er verweist sie an Gunther als seinen angeblichen Herrn, und sie tritt gegen diesen zu den Kampfspielen an. Mit Siegfrieds Hilfe kann er sie besiegen: er führt zum Schein nur die Gebärden aus, während Siegfried, unter der Tarnkappe verborgen, die Taten vollbringt. Brünhild ergibt sich und sendet nach ihren Verwandten und Gefolgsleuten. Die strömen in so großer Zahl herbei, daß die Burgunden Verrat fürchten. Um Unterstützung zu holen, fährt Siegfried mit dem Schiff ins Nibelungenland, wo der Zwerg Alberich für ihn den Hort hütet. Nachdem er einen Riesen, der das Tor der Burg bewacht, und Alberich in Scheinkämpfen besiegt hat, zieht er tausend Nibelungenhelden zusammen und kehrt mit ihnen nach Island zurück. Dort wird sogleich zur Heimreise gerüstet, und mit großem Gefolge – den Nibelungen und Brünhilds Leuten – treten die Burgunden mit Brünhild die Fahrt an. Siegfried eilt als Bote nach Worms voraus und berichtet vom Erfolg des Unternehmens. Man trifft weitläufige Vorbereitungen für die Ankunft der neuen Königin, die mit großem Prunk empfangen wird. Beim abendlichen Festmahl erfüllt Gunther sein Versprechen und vermählt Kriemhild mit Siegfried. Brünhild bricht in Tränen darüber aus, daß ihre Schwägerin an einen – wie sie glauben muß – nicht ebenbürtigen Mann gegeben wird. Bisher hatte Gunther Brünhild noch nicht berührt. Als er in der folgenden Nacht die Ehe vollziehen will, verweigert sie sich ihm, der ihr an Kraft weit unterlegen ist, fesselt ihn mit einem Gürtel und hängt ihn an einem Nagel an die Wand. Nach qualvoll verbrachter Nacht klagt er Siegfried sein Leid. Der verspricht, ihm abermals zu helfen, schleicht sich am nächsten Abend unter der Tarnkappe in Gunthers und Brünhilds Schlafgemach und ringt diese, die glaubt, es mit Gunther zu tun zu haben, in hartem Kampf nieder, so daß Gunther endlich die Ehe vollziehen kann. Fortan ist sie nicht stärker als jede andere Frau. Siegfried zieht sich zurück, nachdem er ihr zuvor Ring und Gürtel genommen hat, die er später Kriemhild schenkt. Vierzehn Tage währen die Hochzeitsfeierlichkeiten. Dann begeben sich die Gäste nach Hause, und auch Siegfried zieht mit Kriemhild in seine Heimat nach Xanten am Niederrhein, wo ihm sein Vater Sigmund die Königsgewalt überträgt. Kriemhild und Brünhild bringen beide einen Sohn zur Welt; Kriemhilds Sohn wird Gunther, Brünhilds Sohn Siegfried genannt.

Daß Siegfried, der vermeintliche Vasall oder gar, wie sie sich das Verhältnis zurechtlegt, Leibeigene Gunthers dem Wormser Hof Jahr um Jahr keine Dienste leistet, erfüllt Brünhild mit wachsendem Mißtrauen, und sie veranlaßt Gunther, Siegfried und Kriemhild zu einem Fest einzuladen. Die Einladung wird angenommen. Mit Siegfried und Kriemhild zieht auch Sigmund nach Worms. Auf dem Höhepunkt des Festes kommt es zwischen den Königinnen zum Streit über die Rechtsstellung und den Rang Siegfrieds. In einem leidenschaftlichen Rededuell besteht Brünhild auf der Unterordnung Siegfrieds unter Gunther, während Kriemhild ihn für ebenbürtig, ja für überlegen erklärt. Dem Zank unter vier Augen folgt die Konfrontation in der Öffentlichkeit. Als die Frauen beim Kirchgang mit ihrem Gefolge vor dem Münster zusammentreffen, wird Kriemhild von Brünhild barsch aufgefordert, ihr den Vortritt zu lassen: »niemals soll vor der Frau des Königs die Leibeigene gehen« (838, 4). Kriemhild aber übertrumpft sie, indem sie ihr vorhält, nicht Gunther, sondern Siegfried habe als erster mit ihr geschlafen: »wie hätte jemals die Beischläferin des Vasallen die Frau des Königs werden können?« (839, 4). Brünhild bricht in Tränen aus, und erhobenen Hauptes schreitet Kriemhild mit ihren Frauen an ihr vorbei ins Münster. Nach der Messe wird sie, wiederum vor dem Münster, von Brünhild gestellt: sie soll beweisen, was sie gesagt hat. Da zeigt Kriemhild triumphierend den Ring und den Gürtel vor, die Siegfried Brünhild einst abgenommen hatte. Gunther läßt Siegfried rufen. Der ist bereit zu schwören, er habe sich niemals gerühmt, Brünhilds erster Mann gewesen zu sein. Doch Gunther erläßt ihm, als er schon die Hand hebt, den Eid. Damit scheint die Sache erledigt, doch Hagen ist entschlossen, Brünhilds Schande mit Siegfrieds Tod zu rächen.

Es gelingt Hagen, den widerstrebenden Gunther für seinen Mordplan zu gewinnen. Er läßt eine neuerliche Kriegserklärung Liudegers und Liudegasts fingieren, und Siegfried erklärt sich, erwartungsgemäß, bereit, den Burgunden auch dieses Mal beizustehen. In Sorge um sein Leben bittet Kriemhild Hagen, ihren Mann zu beschützen, und sie verrät ihm, daß dieser nicht am ganzen Leib unverwundbar ist: als er im Blut des Drachen badete, fiel ein Lindenblatt zwischen seine Schulterblätter, und so wurde die Haut an dieser Stelle nicht gehärtet. Auf sie muß der Beschützer sein Augenmerk richten, und damit er genau weiß, wo sie sich befindet, bezeichnet Kriemhild sie mit einem aufgestickten Kreuzchen an Siegfrieds Gewand. Beim Ausritt des Heeres vergewissert sich Hagen, daß das Zeichen angebracht ist. Dann läßt er erneut falsche Boten auftreten, die die Zurücknahme der Kriegserklärung melden. Anstelle des Feldzugs setzt Gunther nun eine große Jagd in den Vogesen an. Von unheilverkündenden Träumen heimgesucht, beschwört Kriemhild Siegfried, an dieser Jagd nicht teilzunehmen. Er schlägt die Warnungen in den Wind und verrichtet als Jäger wahre Wundertaten. Beim Abschlußbankett im Wald vermißt er den Wein. Hagen gibt vor, diesen versehentlich in den Spessart gesandt zu haben, verweist die Gesellschaft auf eine Quelle in der Nähe und schlägt einen Wettlauf dorthin vor. Siegfried erreicht als erster das Ziel, wartet aber höflich, bis der König gekommen ist und getrunken hat. Dann beugt er sich über das Wasser, und da schießt ihm Hagen an der bezeichneten Stelle den Speer durch den Rücken. Sterbend befiehlt Siegfried Kriemhild dem Schutz ihrer Brüder. Man beschließt, ihr zu sagen, er sei von Räubern erschlagen worden. Hagen läßt den Toten vor die Tür von Kriemhilds Gemach legen, wo er am Morgen von einem Kämmerer entdeckt wird. Kriemhild bezichtigt Hagen des Mordes. Die Beteiligten, an ihrer Spitze Gunther, streiten alles ab. Doch als Hagen an die Bahre tritt, bluten die Wunden des Toten von neuem und zeigen so den Mörder an. Nach den Begräbnisfeierlichkeiten zieht Sigmund mit seinen Leuten zurück nach Xanten; Kriemhild bleibt in Worms. Dreieinhalb Jahre trauert sie, ohne mit Gunther ein Wort zu sprechen und ohne Hagen zu sehen. Der wünscht, daß der Nibelungenhort nach Burgund komme, und veranlaßt Gunther, Frieden mit Kriemhild zu suchen. Sie ist in der Tat bereit, sich mit Gunther (nicht aber mit Hagen) zu versöhnen, und sie läßt sich auch dazu bewegen, den Hort, ihre Morgengabe, aus dem Nibelungenland holen zu lassen. Sie benutzt ihn, um mit reichen Geschenken fremde Helden nach Worms zu ziehen und an sich zu binden. Hagen erkennt, daß daraus eine Gefahr für Siegfrieds Mörder erwachsen könnte. Mit Einwilligung oder Duldung ihrer Brüder nimmt er Kriemhild den Hort und versenkt ihn im Rhein.

Hier hält die Erzählung inne. Der erste Teil: die Geschichte von Siegfrieds Tod ist zu Ende. Mit neuem epischem Einsatz folgt, den Faden der Ereignisse dreizehn Jahre nach dem Mord wieder anspinnend, der zweite Teil: die Geschichte vom Untergang der Burgunden.

Damals war Frau Helche gestorben, die Gemahlin Etzels, des mächtigen Königs der Hunnen. Dem raten seine Vertrauten, eine neue Ehe einzugehen mit der vornehmsten aller Frauen: das ist Kriemhild, die Witwe Siegfrieds. Der Markgraf Rüdiger von Bechelaren wird als Brautwerber nach Worms gesandt. Gegen den Rat Hagens stimmen die Könige der Verbindung zu. Kriemhild lehnt zunächst ab, doch gelingt es Rüdiger, sie umzustimmen, indem er ihr schwört, alles zu rächen, was ihr angetan werde. Die Aussicht besticht sie, mit den ungeheuren Machtmitteln einer Hunnenkönigin Rache für den Mord an Siegfried nehmen zu können, und so zieht sie mit Rüdiger ins Hunnenland. In Wien wird mit großem Prunk die Hochzeit gefeiert, und fortan herrscht Kriemhild gewaltig an der Seite ihres neuen Gemahls in der Residenz zu Etzelburg. Sie gebiert ihm einen Sohn, der Ortlieb genannt wird.

Sieben Jahre vergehen. Kriemhild glaubt, ihrer Stellung nun sicher zu sein, und bittet Etzel, ihre Wormser Verwandten einzuladen. Die Spielleute Wärbel und Swämmel überbringen die Einladung. Sie wird angenommen, wiederum gegen den Rat Hagens, der es gleichwohl ablehnt, in Worms zu bleiben und dafür sorgt, daß die Burgunden – die nun (zuerst 1523) auch Nibelungen genannt werden – wenigstens schwer gewappnet und mit tausend erprobten Kriegern die Reise antreten. Bei der Suche nach einem Fährmann, der sie über die Donau setzen soll, begegnet Hagen zwei Meerweibern, die ihm Unheil voraussagen: »Keiner von euch kommt mit dem Leben davon, nur des Königs Kaplan, das wissen wir genau, der kehrt heil und gesund in Gunthers Land zurück« (1542, 2 ff.). Die Weiber weisen Hagen zum Fährmann, den er im Streit tötet. Im Boot des Erschlagenen bringt er eigenhändig die Burgunden über den Fluß und macht dabei die Probe auf die Prophezeiung: er wirft den Kaplan ins Wasser, und der erreicht, obwohl er nicht schwimmen kann, das Ausgangsufer. Da weiß Hagen, daß die Weiber die Wahrheit gesagt haben, und er zerschlägt, als alle übergesetzt sind, das Boot. Vom Tod des Fährmanns benachrichtigt, jagen die bayrischen Grafen Else und Gelpfrat mit einem Heer den Burgunden nach. Im nächtlichen Gefecht werden sie von der Nachhut unter Hagens Führung geschlagen; Gelpfrat fällt von Dankwarts Hand. An der Grenze zu Rüdigers Herrschaftsgebiet treffen die Burgunden auf einen schlafenden Ritter: es ist der burgundische Markgraf Eckewart, der Kriemhild zuerst nach Niederland und dann zu Etzel gefolgt war. Hagen nimmt dem Schlafenden das Schwert ab, gibt es ihm aber, als er erwacht ist, zurück. Dankbar warnt ihn der Markgraf vor Kriemhilds Haß und reitet dann zu Rüdiger, um die Ankunft der Burgunden zu melden. Rüdiger und seine Gemahlin Gotelind nehmen sie gastlich in Bechelaren auf; Rüdigers Tochter wird mit Giselher verlobt. Beim Abschied erhalten sie reiche Geschenke; Hagen erbittet sich von Gotelind einen Schild, den einst ihr Verwandter Nuodung geführt hat. Rüdiger geleitet sie zu Etzels Residenz, wo Kriemhild, finstere Gedanken wälzend, von einem Fenster aus ihre Ankunft beobachtet. Dietrich von Bern, der gewaltigste aller Helden, der im Exil am Hunnenhof lebt, begrüßt und warnt die Burgunden. Kriemhild tritt ihnen entgegen, grüßt provokativ als einzigen den jüngsten Bruder Giselher, den keine Schuld an Siegfrieds Tod trifft, und verwickelt Hagen in ein böses Streitgespräch. Noch ehe die Burgunden von Etzel begrüßt werden, kommt es zu einem weiteren Zusammenstoß. Hagen und sein vertrauter Waffengefährte Volker, der für sein Geigenspiel und seinen Gesang berühmt ist und daher »der Spielmann« genannt wird, lassen sich auf einer Bank gegenüber Kriemhilds Gemächern nieder. Im vollen Königinnenornat, die Krone auf dem Haupt, tritt sie mit einer Schar Bewaffneter auf sie zu, die Hagen töten sollen. Hagen veranlaßt Volker, mit ihm der Königin den schuldigen Gruß zu verweigern und nicht vor ihr aufzustehen. Herausfordernd legt er das Schwert Siegfrieds über die Knie und bekennt sich offen als dessen Mörder. Kriemhild fordert die hunnischen Krieger auf, den Mord zu rächen, doch die ziehen sich feige zurück. Dann werden die Burgunden durch Etzel selbst mit großem Zeremoniell empfangen. In der Nacht versuchen Kriemhilds Leute, die schlafenden Burgunden zu überfallen, schrecken aber erneut vor Hagen und Volker zurück, die Wache halten.

Am folgenden Tag gelingt es Kriemhild, Etzels Bruder Bloedelin für ihren Racheplan zu gewinnen. Mit tausend Mann überfällt er die burgundischen Knappen, die unter der Aufsicht Dankwarts beim Essen sitzen. Dankwart tötet Bloedelin, kann aber nicht verhindern, daß die Knappen, die sich erbittert wehren, niedergemetzelt werden. Er kämpft sich zu der Halle durch, in der das große Festmahl stattfindet, und meldet den Überfall. Zornig schlägt Hagen Etzels Söhnchen Ortlieb den Kopf ab. Die Burgunden greifen zu den Waffen und richten ein Blutbad unter den Hunnen an. Dietrich von Bern erlangt freien Abzug für sich und seine Leute und führt

Kriemhild und Etzel aus der Halle; auch Rüdiger darf sie verlassen. Die zurückbleibenden Hunnen werden umgebracht und aus der Halle geworfen, in der sich die Burgunden verschanzen. Kriemhild bietet Berge von Gold, Länder und Städte für Hagens Kopf. Iring von Dänemark wagt den Kampf und fällt von Hagens Hand; auch seine Gefährten, die ihn rächen wollen, werden von den Burgunden getötet. Scharen von Hunnen bestürmen vergeblich die Halle. Schließlich läßt Kriemhild Feuer legen, und das Dach der Halle geht in Flammen auf. In Hitze und Qualm leiden die Burgunden unsägliche Qualen. Mit dem Blut der Toten löschen sie den unerträglichen Durst, und so können sie die Nacht überstehen und weitere Angriffe abwehren. Etzel und Kriemhild flehen Rüdiger an, für sie in den Kampf zu gehen. Beiden Seiten verpflichtet, sieht sich Rüdiger vor einer fürchterlichen Entscheidung, muß aber die Bindung an Etzel und Kriemhild als maßgeblich anerkennen. Mit seinen Leuten begibt er sich vor die Halle und sagt den bestürzten Burgunden den Kampf an. Hagen bittet ihn, ihm seinen Schild zu geben als Ersatz für Nuodungs Schild, der in den Kämpfen zerhauen wurde. Rüdiger reicht ihm den Schild, und im Gegenzug halten sich Hagen und Volker vom Kampf mit ihm fern. Rüdiger und Gernot töten sich gegenseitig; Rüdigers Leute fallen. Die Gesellen Dietrichs von Bern greifen ein und finden, einer nach dem anderen, ebenfalls den Tod bis auf Hildebrand, Dietrichs alten Waffenmeister. Auch die Burgunden sind nun am Ende: nur Gunther und Hagen leben noch. Dietrich überwältigt sie und liefert sie gefesselt Kriemhild aus. Sie verlangt von Hagen den Hort. Er erklärt ihr, er habe geschworen, dessen Versteck nicht preiszugeben, solange einer seiner Herren lebe. Darauf läßt sie, ohne zu zögern, ihren Bruder Gunther enthaupten, trägt den abgeschlagenen Kopf an den Haaren zu Hagen – und verhilft diesem damit zu seinem letzten Triumph: »Das Versteck des Schatzes kennt jetzt keiner außer Gott und mir«, hält er ihr entgegen, »dir wird es, Teufelin, für alle Zeit verborgen sein« (2371, 3 f.). Noch trägt der Gefesselte Siegfrieds Schwert am Gürtel. Kriemhild reißt es aus der Scheide und schlägt ihm den Kopf ab. Da stürzt sich, voll Zorn über den schmählichen Tod des großen Helden, der alte Hildebrand auf sie und haut die Schreiende mit dem Schwert in Stücke. In Wehklagen der Überlebenden endet die Geschichte.

Historische Wurzeln und historische Verbindlichkeit der Sage

Der Dichter des ›Nibelungenliedes‹ hat diese wilde Geschichte an der Wende vom 12. zum 13. Jahrhundert zu Pergament gebracht. Er hat sie gestaltet, mit dem Talent und mit der poetischen Technik, die ihm zur Verfügung standen, aber er hat sie nicht erfunden, jedenfalls nicht in dem Sinne, in dem ein moderner Autor die Handlung eines Romans zu erfinden pflegt. Vielmehr hat er einen Erzählstoff bearbeitet, der damals schon mehrere Jahrhunderte alt war. Er stellte sich damit in eine unabsehbare Reihe von Dichtern, die diesen Stoff ebenfalls bearbeitet haben: vor, neben und nach ihm. Doch hat der Stoff wohl nicht nur in dichterisch geformter Gestalt gelebt. Wir haben Grund zu der Annahme, daß er auch als schlichtes »Faktenwissen« weitergegeben wurde. Die gesamte Überlieferung: die dichterische und die nicht-dichterische wollen wir im folgenden Sage nennen. Und so können wir zunächst festhalten, daß hinter dem ›Nibelungenlied‹ Nibelungensage steht und daß es selbst einen Teil dieser Sage bildet.

Jede Überlieferung hat einen Ursprung. Wann und wo, so dürfen wir also fragen, ist die Überlieferung von den Nibelungen, ist die Nibelungensage entstanden?

Sicher ist zunächst, daß die Entwicklung der Nibelungensage – wie die fast aller Heldensagen des germanischen Kulturkreises, zu denen sie zählt – von historischen Ereignissen der Völkerwanderungszeit ausgegangen ist. Das ist nicht so zu verstehen, als handle es sich bei dem, was da erzählt wird, um eine mehr oder weniger getreue Wiedergabe tatsächlichen Geschehens. Wo wir im Bereich der germanisch-deutschen Überlieferung einen Zusammenhang zwischen Historie und Heldensage nachweisen können, beschränkt er sich gewöhnlich auf einige Namen und bestenfalls auf die Grundzüge von Ereigniskonstellationen.

So auch im Falle der Nibelungensage. Außer Zweifel steht, daß in der Erzählung vom Untergang der Burgunden am Hunnenhof die Erinnerung an eine katastrophale Niederlage des ostgermanischen Volksstammes der Burgunden nachlebt. Diese hatten, von Nordosten kommend, zu Beginn des fünften Jahrhunderts den Rhein überschritten und sich auf beiden Seiten des Flusses einen Herrschaftsbereich gesichert, dessen Zentrum in der Tat Worms gewesen sein könnte. Als sie von dort aus unter ihrem König Gundaharius gegen das römische Gallien vordrangen, wurden sie um das Jahr 436 von dem römischen Feldherrn Aëtius und von hunnischen Truppen, die wohl in dessen Dienst standen, vernichtend geschlagen. Die Überlebenden – mit dem König soll der größte Teil des Volkes den Tod gefunden haben – siedelte Aëtius in der Gegend des Genfer Sees (zwischen diesem und dem Neuenburger See und südlich davon an der oberen Rhone und Saône) an. Das neue Burgundenreich hat sich rasch konsolidiert. Im letzten Jahrzehnt des fünften Jahrhunderts ließ König Gundobad die Rechtsordnung des Volkes kodifizieren. Diese ›Lex Gundobada‹ ist, um spätere Zusätze vermehrt, als ›Lex Burgundionum‹ erhalten. Das Gesetzeswerk ist in unserem Zusammenhang von größter Bedeutung, weil dort im Zusammenhang mit Bestimmungen über Freiheit und Unfreiheit vier alte burgundische Könige erwähnt werden, die wir auch aus der Nibelungensage kennen: *Gibica, Gundo-*

maris, Gislaharius, Gundaharius (Gesetze der Burgunden, hg. von Franz Beyerle [Germanenrechte. Texte und Übersetzungen. 10], Weimar 1936, S. 12ff.). Außer dem Namen *Gundaharius,* der selbstverständlich mit *Gunther* identisch ist, sind damit weitere Königsnamen der Sage als historisch gesichert: in *Gislaharius* erkennt man unschwer *Giselher; Gibica* entspricht *Gibeche,* dem Namen des Vaters der königlichen Brüder in der Überlieferung außerhalb des ›Nibelungenliedes‹ (das den Namen seltsamerweise einem Fürsten am Hunnenhof beilegt und den Vater *Dankrat* nennt); *Gundomaris* schließlich kennt die nordische Überlieferung in der Form *Gothorm* als Namen des Bruders, der im ›Nibelungenlied‹ *Gernot* heißt. Die vernichtende Niederlage des Burgundenstammes gegen hunnische Truppen; der Name (und in gewisser Weise die Rolle) des Königs Gundaharius/Gunther sowie die Namen weiterer Könige; dazu die Gestalten Etzels und Dietrichs von Bern (hinter denen sich der berüchtigte Hunnenkönig Attila und der Ostgotenkönig Theoderich der Große verbergen): das ist schon so gut wie alles, was wir an historischen Grundlagen der im ›Nibelungenlied‹ gestalteten Sage sicher ausmachen können (von einem weiteren historischen Ereignis, das vermutlich in die Sage eingegangen ist, im ›Nibelungenlied‹ aber ausgeblendet wurde, wird später die Rede sein).

Es ist nun keineswegs so, daß es an weiteren Anknüpfungspunkten fehlte. Im Gegenteil: vor allem für die Siegfriedsage, den ersten Teil des ›Nibelungenliedes‹ also, hat man eine solche Fülle verschiedener Anknüpfungsmöglichkeiten beigebracht, daß sich die Zeugnisse gegenseitig entwerten. Die Mehrzahl der Forscher denkt an Ereignisse der merowingischen Geschichte des 6. Jahrhunderts, in der es an Nachrichten über Verwandtenstreit und Verwandtenmord in den Herrscherfamilien nicht fehlt und in der sogar eine Königin mit Namen Brunichildis bezeugt ist. Die möglichen Parallelen sind jedoch so ungenau und widersprüchlich, daß auch ganz andere Herleitungen in Frage kommen. Von den konkurrierenden Ansätzen sei hier nur einer erwähnt, der ein grundsätzliches Problem der Beurteilung der Überlieferung aufwirft.

Das Stichwort heißt: Mythos. Darunter kann man alles mögliche verstehen und hat man alles mögliche verstanden bis hin zu völliger Begriffsverwirrung. Im Interesse rascher Verständigung wollen wir uns mit einer ganz simplen Bestimmung begnügen, die den Anspruch und die Problematik des Begriffs drastisch reduziert, für unsere Zwecke aber ausreichen mag: Mythos sei danach im weiteren Sinne eine archaische Form der Welterklärung, im engeren Sinne eine »Erzählung, welche in der Götterwelt spielt oder in welcher Götter vornehmlich als Handelnde auftreten« (Franz Rolf Schröder, GDH S. 285). Den wichtigsten Ansatzpunkt für die Herleitung der Siegfriedsage aus dem Mythos nun bietet der Kampf des Helden gegen den Drachen. Der Drachenkampf ist in der Tat ein Motiv, das sich in den Mythen vieler Völker nachweisen läßt, und zwar als Erklärung für die Entstehung der geordneten Welt: diese wird begriffen als Sieg des Gottes oder Gottgesandten über ein Chaos-Ungeheuer, das der Drache verkörpert. So hat man gemeint, hinter dem Drachentöter Siegfried, wie wir ihn vor allem aus nordischer Überlieferung kennen, verberge sich ein mythischer Heilsbringer dieser Art, dessen ursprüngliche Gestalt im Lichte der Überlieferung durch mythosfremde Züge überformt und verweltlicht worden sei. In dieser schlichten Form spielt die mythologische Herleitung der Siegfriedsage heute wohl keine ernstzunehmende Rolle mehr. Die Forschung hat eingesehen, daß uns nichts zu der Vermutung berechtigt, »daß die deutsche Heldensage aus Erforschung göttlicher Dinge oder aus einer philosophischen Betrachtung über die Geheimnisse der Natur hervorgegangen sey und in einem sinnbildlichen Ausdrucke derselben ihren ersten Anlaß gefunden habe« (so bereits Wilhelm Grimm in seiner berühmten

Abhandlung über ›Ursprung und Fortbildung der Heldensage‹ aus dem Jahre 1829 – s. W. G., Die deutsche Heldensage, Darmstadt, 4. Aufl., 1957, S. 448). Diskutiert wird gegenwärtig hingegen ein etwas komplizierteres Erklärungsmodell, das Otto Höfler in mehreren Arbeiten entwickelt hat. Demnach soll in Siegfried die Erinnerung an den Cheruskerfürsten Arminius fortleben, unter dessen Führung die Germanen im Jahre 9 n. Chr. dem römischen Heer unter P. Quintilius Varus in der berühmten Schlacht im Teutoburger Wald eine vernichtende Niederlage beibrachten; diesen Sieg habe man als Wiederholung der mythischen Bezwingung des Drachen begriffen und in der Sagenbildung als einem Akt der Sinndeutung eben diesem mythischen »Ur-Ereignis« angeglichen. Die Auseinandersetzung über Höflers These dauert noch an. Doch zeigt sich schon jetzt, daß sie durch und durch fragwürdig ist: von der Lokalisierung der Varus-Schlacht über die Gleichsetzung von Arminius und Siegfried bis zur Symbolisierung der Schlacht als Drachenkampf ist kein Glied der Argumentationskette gesichert, keine Verknüpfung zwingend. Alles in allem spricht wenig dafür, die Entstehung der Sage mit dem Mythos in Verbindung zu bringen. Die mythologischen Elemente, die sie aufweist – die Götterwelt der nordischen Dichtungen vor allem, die Richard Wagner wiederbeleben wollte –, müssen wohl anders erklärt werden. Was die Ursprungsfrage betrifft, so sehen wir uns an die Herleitung der Sage aus Ereignissen der Völkerwanderungszeit zurückverwiesen. Und wir müssen uns damit abfinden, daß diese Herleitung nur ganz punktuell möglich ist.

Woran aber liegt es, daß wir bei noch so eifrigem Studium der historischen Quellen nicht wesentlich weiterkommen? An der Spärlichkeit und Kargheit dieser Quellen? Oder daran, daß die Sage sich in ihrer Darstellung von dem, was wirklich geschehen ist, entfernt hat? Gewiß gibt es ein Quellenproblem, entscheidend ist jedoch das zweite Moment. Man kann sagen, daß es geradezu das Wesen der Sage ausmacht, daß sie die historischen Ereignisse, von denen sie ausgeht, umerzählt.

Dieses Umerzählen folgt ersichtlich bestimmten Tendenzen, die in der Forschung oft beschrieben wurden. Wir erfassen sie mit den Begriffen: Reduktion und Assimilation. Reduktion: »die politischen Vorstellungen und Ausmaße schränken sich ein auf die einfach menschlichen Bindungen von Sippe und Gefolgschaft« (Hermann Schneider / Wolfgang Mohr, GDH S. 8), die verwickelten und für den einzelnen schwer oder gar nicht durchschaubaren Zusammenhänge werden zurückgeführt auf elementare »Phänomene wie Goldgier, Eifersucht, Mord und Rache, Stolz und Hybris« (Alois Wolf, AVL S. 49) – so erscheint im ›Nibelungenlied‹ die historische Vernichtung des rheinischen Burgundenreichs reduziert auf die persönliche Rache einer Frau an ihren Verwandten. Assimilation: der historische Ereigniszusammenhang wird an traditionelle Erzählmotive bzw. Erzählschemata angeglichen – im ›Nibelungenlied‹ wären das vor allem das Schema der Brautwerbung (Siegfried – Kriemhild, Gunther – Brünhild, Etzel – Kriemhild) und das Schema der verräterischen Einladung (Kriemhilds Einladung an ihre Verwandten, in gewisser Weise auch Brünhilds Einladung an Siegfried und Kriemhild).

So entfernt sich die Sage in der Regel schon mit ihrer Konstituierung beträchtlich vom historischen Ausgangspunkt, und im Zuge der Überlieferung wird der Abstand immer größer. Denn die Sage wird nicht mehr oder weniger unverändert durch die Jahrhunderte weitergegeben, sie wird wieder und wieder umgestaltet: alte Motive werden aufgegeben, neue aufgenommen (so sind wohl jene mythologischen Motive in den nordischen Versionen zu erklären: nicht als urtümliche Relikte, sondern als späte Zusätze); die Fabeln werden umarrangiert und neu kombiniert (wobei die Neigung zu beobachten ist, ursprünglich selbständige Sagen derart zu verbinden, daß das Bild einer umfassenden heroischen Welt entsteht, in der alle Personen und Ereignisse irgendwie zusammenhängen, und zwar ohne Rücksicht auf die historische Chronologie: so tritt im ›Nibelungenlied‹ Dietrich von Bern zusammen mit Gunther und Etzel auf, obwohl der historische Gundaharius und der historische Attila längst tot waren, als der historische Theoderich regierte); immer von neuem konnte sich die Sage auch der historischen Wirklichkeit öffnen und aus ihr Ereignisse und Gestalten in sich aufnehmen (so erscheint etwa im ›Nibelungenlied‹ der historische Bischof Pilgrim von Passau aus dem 10. Jahrhundert als Onkel Kriemhilds und der burgundischen Könige – er wird uns in anderem Zusammenhang noch ausführlich beschäftigen).

Wenn man will, kann man auch die modernen Bearbeitungen des Stoffes als Manifestationen dieses lebendigen Überlieferungsprozesses betrachten. Mit einer wichtigen Einschränkung freilich: man muß sich hüten, in den Dichtungen der Völkerwanderungszeit und des Mittelalters Kunstgebilde im Sinne der modernen Werke zu sehen. Die ältere Forschung hat das, unter dem Einfluß Andreas Heuslers, freilich getan. Für sie war die Umformulierung des historischen Geschehens in der Sage gleichbedeutend mit der Verwandlung von Geschichte in Kunst: die Fakten wären nur der Rohstoff gewesen, aus dem die Dichter, in freier Willkür nach rein künstlerischen Erwägungen verfahrend, die Sage in Gestalt von Heldenliedern geformt hätten. Wir haben gelernt, hier vorsichtiger zu urteilen und die uns geläufigen Vorstellungen historiographischer Faktentreue und künstlerischer Autonomie nicht ohne weiteres in Anschlag zu bringen. Läßt man sie beiseite, dann spricht – wie vor allem Walter Haug gezeigt hat – alles dafür, daß jene Umformulierung keineswegs als Enthistorisierung aufzufassen ist, daß wir es im Gegenteil mit dem Versuch zu tun haben, der Geschichte einen Sinn abzugewinnen, sie zu bewältigen, indem vertraute Motivationsmuster dazu verwendet werden, unbegreifliches historisches Geschehen begreifbar zu machen. Heldensage stellt sich so als eine besondere Art von Geschichtsüberlieferung dar. Sie bestand neben der gelehrten lateinischen Historiographie, war im Unterschied zu dieser primär mündlich und volkssprachig und wurde wesentlich getragen von einer Adelsgesellschaft, die bis ins hohe Mittelalter noch weitgehend analphabetisch gewesen ist. Als »Vorzeitkunde« (vgl. Otto Höfler, GDH S. 387) wollte sie geglaubt werden – und wurde geglaubt: noch in der frühen Neuzeit sahen sich gelehrte Historiker genötigt, sich ernsthaft mit ihr auseinanderzusetzen. Wir werden sehen, daß man das ›Nibelungenlied‹ nur verstehen kann, wenn man diesen Verbindlichkeitsanspruch der Sage in Rechnung stellt.

Zurück zur Ausgangsfrage dieses Abschnitts: wann und wo ist die Nibelungensage entstanden? Wir können sie nun wie folgt beantworten: wenn man vom Siegfried-Komplex absieht und die Geschichte vom Untergang der Burgunden als konstitutiv für die Sage betrachtet, dann wird sie nicht allzulange nach der Vernichtung des rheinischen Burgundenreichs entstanden sein, und zwar im Umkreis der Überlebenden, im neuen südlichen Burgundenreich oder bei den benachbarten Franken.

Die Entwicklung der Sage und die Vorgeschichte des Liedes

Fragen wir nach dem Weg der Sage bis zu ihrer Gestaltung im ›Nibelungenlied‹. Wie hat man sich die Tradierung vorzustellen? Welches Interesse stand hinter der Bewahrung der Überlieferung? Wie hat sie sich entwickelt?

Das Bild, das man sich gewöhnlich von der Tradierung der Sage macht, ist das einer Kette von Dichtungen, die von Generation zu Generation weitergegeben wurden, und zwar – wie bereits angedeutet – jahrhundertelang mündlich, ohne das Hilfsmittel der Schrift. Die Verschriftlichung der Sage gehört erst einer späten Entwicklungsphase an: die ältesten Handschriften des ›Nibelungenliedes‹, das rund siebenhundert Jahre nach der Entstehung der Nibelungensage verfaßt wurde, stellen zugleich die älteste erhaltene Überlieferung von Nibelungendichtung überhaupt dar! Was die Form betrifft, so denkt man sich diese mündlichen Dichtungen als mehr oder weniger knappe Lieder; das Großepos, wie es das ›Nibelungenlied‹ repräsentiert, gilt als späte, spezifisch schriftliche Entwicklungsform.

Für uns, die wir in einer durch und durch von der Schrift geprägten Zivilisation leben, hat die Vorstellung von einer mündlichen Dichtungstradition etwas Befremdliches. Doch reichen solche Traditionen bei verschiedenen Völkern bis in unsere Zeit. Wir können sie studieren und versuchen, die gewonnenen Einsichten für unsere historischen Zwecke fruchtbar zu machen. Folgenreich für die Erforschung der mittelalterlichen Heldensage sind die Beobachtungen geworden, die die amerikanischen Homer-Forscher Milman Parry und Albert B. Lord in den dreißiger Jahren bei den Serbokroaten in Jugoslawien machen konnten. Sie fanden heraus, daß die Kontinuität der Überlieferung keineswegs, wie wir vielleicht erwarten würden, dadurch gewährleistet wird, daß die Sänger die Lieder auswendig lernen. Die Lieder werden vielmehr bei jedem Vortrag mit Hilfe eines Inventars von Formeln und formelhaften Wendungen sowie von schablonenhaften Handlungsschemata neu aufgebaut – mit der Folge, daß keine Vortragsfassung mit der anderen identisch ist, ja daß die einzelnen Fassungen zum Teil beträchtlich voneinander abweichen. In der ersten Begeisterung über die Ergebnisse Parrys und Lords haben sich vor allem amerikanische Gelehrte auf das ›Nibelungenlied‹ und auf andere mittelalterliche Heldenepen gestürzt, um durch Analyse der Formelsprache nachzuweisen, daß diese Werke eigentlich mündliche Dichtungen seien oder zumindest – so die Vorsichtigeren – in ihrer poetischen Technik wesentlich von der mündlichen Tradition abhingen. Nur wenige teilen heute noch den Optimismus dieser »oral poetry«-Forschung. Was geblieben ist – und das ist durchaus nicht gering zu schätzen –, ist eine empirisch gesicherte Vorstellung davon, wie die mündliche Tradierung der Sage sich abgespielt haben könnte. Wohlgemerkt: könnte, denn es ist auf keine Weise zu sichern, daß sich die germanischen Sänger der Völkerwanderungszeit und ihre Nachfolger im frühen Mittelalter derselben Technik bedient haben wie ihre serbokroatischen Kollegen.

Welche Bedeutung neben der Tradierung der Sage in dichterisch geformter Gestalt die Tradierung als ungeformtes Sagenwissen gehabt hat, wird kontrovers beurteilt und soll uns hier nicht weiter beschäftigen. Wichtiger für uns ist die Frage, was die Sage auszeichnete, daß sie so erstaunlich lange bewahrt wurde. Wir wollen uns dabei auf die Erörterung eines Umstands beschränken, der gewiß nicht alles erklärt, aber doch wohl eine wichtige, zeitweise vielleicht die entscheidende Rolle gespielt hat.

Kehren wir noch einmal in das Burgundenreich des Königs Gundobad zurück. Wenn es dort eine »vorzeitkundliche« Sage vom heroischen Tod des Königs Gundaharius gegeben hat, dann mußte Gundobad ein Interesse daran gehabt haben, daß diese Sage bewahrt und verbreitet wurde. Denn die Erinnerung an den ruhmreichen Ahn war geeignet, die eigene Herrschaft zu legitimieren und zu verklären. Wie wichtig die Beziehung auf die Vorfahren für sein Königtum gewesen ist, kann man ja an der Nennung der alten Könige in der Gesetzessammlung sehen, von der die Rede war.

Solches genealogisches Interesse ist für adlige Herrschaft generell charakteristisch. Aus späterer Zeit ist dabei »mehrfach bezeugt, daß die Erinnerung an die Vorfahren von den Fürsten selber bewahrt und weitergegeben wurde. So erzählt die anonyme ›Geschichte der Herren von Amboise-Chaumont‹ (›Gesta Ambaziensium dominorum‹), die nach der Mitte des 12. Jahrhunderts entstanden ist und die zu den interessantesten Fürstenchroniken dieser Zeit gehört, daß Hugo I. von Amboise († 1129/1130) nicht nur die Kriege und Taten der Vorfahren, wie sie in der Überlieferung seines Hauses lebendig waren, im Gedächtnis behalten habe, sondern auch andere historische Ereignisse. Und über König Sven Estridson von Dänemark († 1076) berichtet sein Zeitgenosse Adam von Bremen, daß er ›die gesamte Überlieferung der Barbaren kannte, als wäre sie schriftlich festgelegt‹; das war sicher zuallererst die Überlieferung seines eigenen Geschlechts« (Joachim Bumke, Mäzene im Mittelalter, München 1979, S. 43).

So ist damit zu rechnen, daß auch die Heldensage zu einem guten Teil als Familientradition oder »Hausüberlieferung« (Karl Hauck) herrschender Geschlechter überliefert worden ist. Der dichterischen Form, des Liedes, bedurfte es dazu gewiß nicht unbedingt, doch mußte denen, die sich – zu Recht oder zu Unrecht – als Nachfahren der Sagenhelden ansahen, wohl daran gelegen sein, daß deren Taten zur höheren Ehre ihres Hauses besungen wurden, und sie werden die Dichter und die Sänger gefördert haben. Sichere Belege für solches Mäzenatentum im Interesse der eigenen Dynastie besitzen wir aus dem hohen und späten Mittelalter. Ein gut dokumentiertes Beispiel ist etwa die Sage von der nixengestaltigen Fee Melusine, die als Ahnfrau des gräflichen Hauses Lusignan in Poitou galt: im Auftrag von Angehörigen dieses Hauses haben im 14./15. Jahrhundert Dichter diese Sage in Vers und Prosa dargestellt. Wie wir sehen werden, scheint auch die Abfassung des ›Nibelungenliedes‹ mit einem derartigen Interesse zusammenzuhängen.

Aus den frühen Jahrhunderten der mündlichen Tradierung kennen wir freilich keine direkten Zeugnisse für eine Pflege der Nibelungensage als Hausüberlieferung. Wohl aber deutet sich in der neueren Forschung die Möglichkeit einer indirekten Beweisführung an. Personengeschichtliche Untersuchungen, die man an Urkunden des frühen Mittelalters unternommen hat, haben auf die Vermutung geführt, daß es in verschiedenen vornehmen Familien Tradition gewesen ist, Namen aus der Heldensage und so auch aus der Nibelungensage zu führen. Nach allem, was wir über Hausüberlieferung wissen, legt das den Gedanken nahe, daß dies nicht bloße »Moden« gewesen sind, sondern daß die betreffenden Familien die jeweilige Sage eben als Hausüberlieferung beansprucht haben. Die Forschung steht hier allerdings noch, methodisch wie sachlich, vor beträchtlichen Problemen. Wenn es ihr gelingt, diese zu bewältigen, dann eröffnet sich die faszinierende Aussicht, die Verbreitung der Sage im Reflex der Namenbelege zeitlich und räumlich genau zu fixieren und über die vagen Vorstellungen von »Stoff-« oder »Liedwanderung«, mit denen wir bis jetzt operieren müssen, hinauszukommen.

Soviel zu den Formen, in und zu den Bedingungen, unter denen die Sage über die Jahrhunderte weitergegeben wurde. Fragen wir nun, wie sie sich entwickelt hat. Auf die Beantwortung dieser Frage hat die Forschung viel Mühe verwandt, ist bis heute aber nicht zu einem sicheren oder jedenfalls einhellig akzeptierten Ergebnis gekommen. Das klassische Erklärungsmodell hat Andreas Heusler entwickelt, im wohl berühmtesten und einflußreichsten Werk der Nibelungenforschung, einem schmalen Bändchen mit dem schlichten Titel ›Nibelungensage und Nibelungenlied‹, das zuerst 1920 erschienen ist. Dort findet man (6. Auflage [vgl. S. 112], S. 49) den folgenden »Stammbaum des Nibelungenlieds«:

Brünhildsage	Burgundensage
1. Stufe: fränkisches Brünhildenlied des 5.-6. Jahrhunderts	1. Stufe: fränkisches Burgundenlied des 5. Jahrhunderts
	2. Stufe: baiwarisches Burgundenlied des 8. Jahrhunderts
2. Stufe: Jüngeres Brünhildenlied Ende des 12. Jahrhunderts	3. Stufe: österreichisches Burgundenepos (die ältere Nibelungenot) 1160er Jahre
3. Stufe: Nibelungenlied Teil I (Kriemhildens erste Ehe)	4. Stufe: Nibelungenlied Teil II (Kriemhildens zweite Ehe)

Nibelungenlied
österreichisch, 1200–1205

Demnach hätten die beiden Sagenkomplexe, die den ersten und den zweiten Teil des ›Nibelungenliedes‹ bilden, die Sage von Siegfried und Brünhild (»Brünhildsage«) und die Sage vom Untergang der Burgunden (»Burgundensage«), jahrhundertelang nebeneinander gelebt und wären erst im ›Nibelungenlied‹ in *einer* Dichtung vereint worden. Die Brünhildsage hätte sich über zwei Stufen: zwei Lieder, entwickelt, die Burgundensage über drei Stufen: zwei Lieder und ein Buchepos.

Das Modell war niemals völlig unangefochten. Aber es hat doch, bis etwa in die 40er/50er Jahre, nahezu kanonischen Rang gehabt. Seither häuften sich die Bedenken, die Kritik ging ins Grundsätzliche, und heute gilt es weithin als abgestanden. An zweierlei vor allem nimmt man Anstoß: zum einen daran, daß der Stammbaum mit so wenigen Größen auskommt, daß sich die gesamte Sagenentwicklung vor dem ›Nibelungenlied‹ in noch nicht einmal einem halben Dutzend Dichtungen vollzogen haben soll; zum anderen daran, daß dies überhaupt nur in Dichtungen geschehen sein soll, individuellen, streng geformten, daher leidlich stabilen und mithin prinzipiell rekonstruierbaren Kunstgebilden. Man hat dem die Vorstellung von einer unübersehbaren Gestaltungsvielfalt entgegengehalten, einer Fülle von aufeinanderfolgenden, aber auch konkurrierend nebeneinander stehenden Liedern; dazu die Vorstellung eines Miteinander von geformter und ungeformter Sage und, nicht zuletzt unter dem Einfluß der »oral poetry«-Forschung, die Vorstellung einer erheblichen Inkonstanz auch der geformten Sage, des einzelnen Liedes. Rekonstruieren läßt sich da kaum noch etwas, und man wundert sich nicht, daß die Forschung unter diesen Umständen entweder die Frage nach den Vorstufen des ›Nibelungenliedes‹ mit einem Achselzucken auf sich beruhen läßt (das tun heute die meisten Germanisten) oder sich bemüht, gegen alle Widerstände den festen Boden der Heuslerschen Theorie wiederzugewinnen (dazu neigen die Nordisten).

So überholt das Heuslersche Modell indes auch sein mag, eines leistet es nach wie vor: es kann helfen, eine begründete Vorstellung davon zu gewinnen, wie die Vorgeschichte des ›Nibelungenliedes‹ verlaufen sein könnte. Ohne eine solche Vorstellung aber ist jeder verloren, der das Werk verstehen will. Wir greifen einige Hauptmomente aus der Rekonstruktion des rechten Stranges – der Burgundensage – heraus, die für uns im weiteren von Bedeutung sein werden.

Das älteste Burgundenlied – die erste Stufe der Sagenentwicklung – gewinnt Heusler durch Rückgriff auf ein Lied aus der berühmten ›Lieder-Edda‹, einer Sammlung von Helden- und Götterliedern und Spruchdichtung, die um die Mitte des 13. Jahrhunderts auf Island zusammengestellt wurde. Die verschiedenen Stücke der Sammlung sind von ganz unterschiedlichem Alter. Das Lied, um das es uns geht, die ›Atlakviða‹ oder das ›Alte Atlilied‹, soll gegen Ende des 9. Jahrhunderts entstanden sein. Es hat folgenden Inhalt: Atli (das ist Attila/Etzel) lädt seine Schwäger, die Brüder Gunnar (das ist Gunther) und Högni (das ist Hagen) in verräterischer Weise ein, um ihnen ihren Schatz zu nehmen; obwohl von ihrer Schwester (sie heißt hier Gudrun), Atlis Gemahlin, gewarnt, nehmen sie die Einladung an und werden von Atli gefangengesetzt; gefragt, ob er sein Leben durch die Herausgabe des Schatzes retten wolle, verlangt Gunnar, Högnis Herz zu sehen; man schneidet es Högni aus der Brust und zeigt es Gunnar – der triumphiert: jetzt weiß nur noch er, wo der Schatz verborgen ist, und er wird ihn niemals preisgeben; Atli läßt ihn in den Schlangenhof werfen, wo er, die Harfe schlagend, heldenhaft stirbt; Gudrun aber rächt ihre Brüder fürchterlich: sie setzt Atli die gebratenen Herzen ihrer beiden Söhne vor, tötet den Trunkenen mit seinem Schwert in seinem Bett und steckt die Halle in Brand, in der sie mit Atlis Leuten den Tod findet. Das von Heusler rekonstruierte älteste Burgundenlied entspricht im wesentlichen der ›Atlakviða‹, vermehrt um ein paar Szenen und Motive aus anderen Nibelungendichtungen.

Daß dieses älteste Lied, wenn es überhaupt je existiert hat, rekonstruierbar sei, wird heute niemand mehr glauben. Wohl aber dürfte die ›Atlakviða‹ eine Aussage über die Grundgestalt der Sage in ihrer Anfangsphase erlauben. Sie wäre gekennzeichnet durch die Handlungskonstellation: daß die Schwester die Brüder an ihrem Mann rächt und nicht den Mann an den Brüdern wie im ›Nibelungenlied‹ (wobei offenbleiben muß, ob auf dieser Stufe schon die erste Ehe der Heldin mit dem ursprünglichen Besitzer des Schatzes, den die Brüder ermordeten, vorauszusetzen ist: die ›Atlakviða‹ sagt davon nichts).

Was spricht dafür, daß diese Konstellation die ältere ist? Das stärkste Argument liefert eine historische Parallele, die wir oben übergangen haben, weil sie für die Sagenfassung des Nibelungenliedes irrelevant ist. Im

Jahre 453 starb Attila im Bett an der Seite eines Germanenmädchens mit Namen Hildico. Todesursache soll ein Blutsturz gewesen sein, aber schon früh ist die Meinung bezeugt, das Mädchen habe ihn getötet. Man kann es nicht beweisen, aber es ist doch sehr wahrscheinlich, daß dies der historische Kern der Sage vom Tod des Hunnenherrschers ist, wie ihn die ›Atlakviða‹ berichtet (vielleicht ist sogar der Name des Mädchens eine Koseform von *Kriemhild*: »Hildchen«). Es sieht also danach aus, als sei die Burgundensage aus der Verbindung der Überlieferung vom Ende des Burgundenkönigs Gundaharius und vom Ende des Hunnenkönigs Attila gebildet worden: die Germanin wurde zur Schwester und Rächerin des Burgundenkönigs gemacht, der durch die Hunnen Reich und Leben verloren hatte.

Mit der ersten Phase der Entwicklung der Burgundensage wäre zugleich die zweite gewonnen: sie wäre gekennzeichnet durch die revidierte Rachefabel, in der die Frau nicht ihre Brüder an ihrem Mann, sondern ihren (ersten) Mann an den Brüdern rächt. Was hat den Anlaß für die Änderung gegeben? Heusler verwies zur Erklärung auf das Etzelbild der Sage von Dietrich von Bern: dort erscheint der Hunnenkönig als milder, gerechter Herrscher, der dem aus seinem Reich vertriebenen Dietrich Asyl gewährt (in dieser Asylantenrolle tritt Dietrich ja im ›Nibelungenlied‹ auf). »Dieses Bild von Attila hatten die Ostgoten, seine Dienstpflichtigen, aufgebracht und den Baiwaren vererbt. Diesem Bilde aber widersprach ... der Etzel des Burgundenliedes, der goldgierige und grausame Verräter. An den konnten die Bayern nicht glauben. Sollte ihnen das Burgundenlied annehmbar werden, dann mußte man den Verräter Etzel entlasten« (Heusler [vgl. S. 112] S. 29). Und ebendies habe ein bayrischer Dichter getan, indem er die Rächerrolle auf die Frau übertrug, das Rachemotiv im Blick auf die Siegfriedsage entsprechend änderte und die Sage von Etzels Tod aufgab.

Daß die Burgundensage in ihrer ursprünglichen Gestalt mit der Dietrichsage nicht recht zu verbinden war, leuchtet ein – und zu solcher Verbindung mußte die Tendenz zur Integration der heroischen Sagenwelt, zur zyklusartigen Verknüpfung aller Stoffkreise früher oder später drängen. Es fragt sich nur, ob der Umbau der Rachehandlung wirklich eine Folge der Anpassung des Etzelbildes gewesen ist oder ob man ihn nicht schon früher vorgenommen hat, indem man die Burgundensage mit der Siegfriedsage verknüpfte: die Entlastung des Hunnenherrschers, die sich einstellen mußte, wenn die verräterische Einladung der Rache für Siegfrieds Tod galt, hätte dann der Anbindung der Burgundensage an die Dietrichsage vorarbeiten können. Wir werden es nicht ergründen und müssen uns mit der Einsicht begnügen, daß die Handlungskonstellation, wie das ›Nibelungenlied‹ sie bietet, sekundär ist.

Wir dürfen auch annehmen, daß diese Konstellation nicht etwa erst im ›Nibelungenlied‹ selbst geschaffen wurde. Die Annahme ist freilich schwerer zu erhärten, als es auf den ersten Blick scheinen mag. Heusler hat die Datierung seines bairischen Burgundenliedes damit begründet, daß »seit dem achten Jahrhundert ... in oberdeutschen Urkunden die Privatnamen Kriemhilt, Haguno, Nipulunc, Sigfrid« auftauchen (Heusler [vgl. S. 112] S. 29). Damit wäre allenfalls etwas anzufangen, wenn sich sichern ließe, daß die Neukonzeption tatsächlich erst beim Auftauchen der Sage in Bayern und dann mit Notwendigkeit erfolgt wäre, weil sich deren Etzelbild eben nicht mit dem in Bayern herrschenden vertrug. Wie wir gesehen haben, zwingt aber nichts dazu, die Neukonzeption als Folge der Änderung des Etzelbildes anzusehen. Im übrigen gibt es nur einen direkten Beleg für die Existenz der neuen Konstellation vor dem ›Nibelungenlied‹, und der ist nicht über jeden Zweifel erhaben. Es handelt sich um eine Nachricht in der Dänengeschichte (›Gesta Danorum‹) des dänischen Historikers Saxo

Grammaticus: demnach soll im Jahre 1131 ein Sänger den Dänenherzog Knut vor einem Verrat gewarnt haben, indem er ein Lied von der *notissimam Grimildae erga fratres perfidiam* sang, vom »weit bekannten Verrat der Kriemhild an ihren Brüdern« (Saxonis Gesta Danorum, hg. von J. Olrik und H. Raeder, Bd. 1, Kopenhagen 1931, S. 355 [13 VI 7]). Saxo hat sein Werk um 1200 verfaßt, und man kann nicht ausschließen, daß er bereits das ›Nibelungenlied‹ kannte. So ist man letztlich darauf angewiesen, aus dem Text des ›Nibelungenliedes‹ selbst evident zu machen, daß es die Rachefabel aus älterer Tradition übernommen hat. Das führt uns auf Heuslers dritte Stufe: das österreichische Burgundenepos der 1160er Jahre, die ›Ältere Not‹ (zum Namen s. u. S. 60).

Wie das älteste Burgundenlied so gewinnt Heusler auch die ›Ältere Not‹ im wesentlichen aus einer jüngeren nordischen Dichtung: der norwegischen ›Thidrekssaga‹, die um 1250 entstanden ist. Die Saga handelt vom Leben und von den Taten Dietrichs (Thidreks) von Bern und verknüpft damit eine bunte Fülle anderer Erzählstoffe namentlich aus der Heldensage, alles, wie es im Prolog heißt, nach den Berichten deutscher Männer und zum Teil nach ihren Liedern.

Ausführlich wird da auch von Siegfrieds Tod und vom Untergang der Burgunden erzählt. Die Sagen sind über das Rachemotiv miteinander verknüpft wie im ›Nibelungenlied‹, und die Übereinstimmungen mit diesem gehen teilweise bis in den Wortlaut. So erhält Kriemhild, als sie Hagen bei der Ankunft der Burgunden nach dem Hort fragt, in beiden Werken die gleiche Antwort, in der Saga (Þiðriks Saga af Bern, hg. von Henrik Bertelsen, Bd. 2, Kopenhagen 1908–11, S. 298 f.: *Þa svarar Hogne. Ek foere þer. seger hann mikin vvinn þar fylgir minn skiolldr oc minn hialmr með minu sverðe. oc ei leifða ek mina brynio* (in der Übersetzung von Fine Erichsen, Die Geschichte Thidreks von Bern [Thule. 22], Neuausgabe Darmstadt 1967, S. 396: »Högni antwortete: ›Ich bring dir den Teufel und dazu meinen Schild, meinen Helm und mein Schwert. Auch meine Brünne ließ ich nicht zu Hause‹«) – und im ›Nibelungenlied‹ (1744 – im vorletzten und letzten Vers Bruch der zu erwartenden Satzfolge!):

›Jâ bringe ich iu den tiuvel!‹, sprach aber Hagene.
›ich hân an mînem schilde sô vil ze tragene
und an der mînen brünne – mîn helm der ist lieht –
daz swert an mîner hende – des enbringe ich iu nieht.‹

(»›Den Teufel bring ich euch!‹, antwortete Hagen. ›Ich hab an meinem Schild so viel zu tragen und an meiner Brünne – mein Helm blitzt – das Schwert in meiner Hand – darum bring ich euch nichts‹«). Solche Übereinstimmungen legen den Gedanken nahe, daß die Saga mindestens indirekt aus dem ›Nibelungenlied‹ geschöpft hat. In der Tat wäre es verwunderlich, wenn die Gewährsleute des Sagaverfassers das ›Nibelungenlied‹ nicht gekannt hätten. Sie müssen nämlich vorzügliche Kenner gewesen sein, die in Sachen Heldendichtung auf dem laufenden waren: das zeigt etwa die Geschichte von Thidreks Kampf mit dem Riesen Ekka, die aus einer oberdeutschen (vielleicht tirolischen) Heldendichtung stammt, dem ›Eckenlied‹, das nicht sehr lange vor der Abfassungszeit der Saga entstanden sein dürfte, jedenfalls jünger gewesen sein wird als das ›Nibelungenlied‹.

Andererseits ist es unmöglich, die Nibelungen-Partien der Saga allein aus dem ›Nibelungenlied‹ abzuleiten. Der Sagaverfasser kennt Einzelheiten aus der Jugendgeschichte Siegfrieds, die dem ›Nibelungenlied‹ nicht zu entnehmen waren, die er aber auch nicht erfunden haben kann; und seine Darstellung zeigt auch in den parallelen Passagen eine Reihe von zum Teil erheblichen Abweichungen, die ebenfalls auf andere Quellen verweisen. In einer Art Nachwort zur Erzählung vom Burgundenuntergang deutet er selbst an, daß er mehrere Quellen benutzt hat: er beruft sich auf Erzählungen von Männern aus Soest (wo er den Burgundenuntergang stattfinden läßt), Bremen und Münster, und gibt zu erkennen, daß er daneben »alte Dichtungen in deutscher Sprache« gekannt hat (Bertelsen [vgl. S. 36] Bd. 2, S. 328). Man kann sich fragen, inwieweit diese Angaben seriös sind, doch ist nicht daran zu zweifeln, daß in der Darstellung der Saga verschiedene Traditionsstränge der Sage, auch der Sage vom Burgundenuntergang, verquickt sind. Das aber bedeutet, daß es außerordentlich schwierig bis unmöglich ist zu sagen, ob Übereinstimmungen zwischen der Saga und dem ›Nibelungenlied‹ jeweils aus Einfluß des ›Nibelungenliedes‹ auf die Saga zu erklären sind oder daraus, daß beide Dichtungen aus derselben Quelle schöpften. Immerhin läßt sich feststellen, daß es eine solche gemeinsame Quelle tatsächlich gegeben hat.

Beweisen kann man das etwa mit der schrecklichen Szene der Ermordung des Etzelsohns. Im ›Nibelungenlied‹ schlägt Hagen, nachdem Dankwart den Tod der Knappen gemeldet hat, mit einer Hohnrede dem Knaben den Kopf ab (1960, 2 ff. – Hagen spricht):

›nu trinken wir die minne und gelten's küneges wîn!
der junge vogt von Hiunen, der muoz der aller êrste sîn.‹

Dô sluoc daz kint Ortlieben Hagen der helt guot,
daz im gegen der hende ame swerte vlôz daz bluot,
unt daz der küneginne daz houbet spranc in die schôz.
dô huop sich under degenen ein mort vil grimmec unde grôz.

(»›Trinken wir jetzt zusammen den Gedächtnistrunk und bezahlen [opfern?] wir so den Wein des Königs! Der junge Herr der Hunnen, der soll der erste sein.‹ Da erschlug Hagen, der große Held, den jungen Ortlieb, daß ihm das Blut vom Schwert auf die Hand lief und der Kopf in den Schoß der Königin sprang. Da begann ein fürchterliches Morden unter den Helden«). Man kann sich allerlei zurechtlegen, warum Hagen das Gemetzel gerade mit der Ermordung des Kindes beginnt: der Dichter sagt es nicht, und es wird auch aus dem Handlungszusammenhang nicht evident. Anders in der Saga, wo Grimhild das Kind aufhetzt (Bertelsen [vgl. S. 36] Bd. 2, S. 308 f.): *minn soete son mantu uera licr þinum frœndum. Oc heuir þu hug til þa skalltu ganga til hogna oc þa er hann lytr fram ivir borðet oc tecr mat af diskinum. reið upp þinn neva oc liost a hans kinn sem allra harðast mattu. þa mantu vera goðr drengr. ef þetta þorer þu. Sveinnenn rann þegar ivir til hogna. oc þa er hogne lytr fram ivir borðet. þa lystr sueininn sinum neva a hans kinn. en þat hoG uarð meira en von vere at. af sua ungum manne. Oc nu sinni vinstri hende tecr Hogne sueinin með harenu. oc mellte. þetta heuer þu eigi gort með þinu raðe. oc ei með raðe attila konungs faður þins. helldr er þetta eggian þinnaR moður. oc þess mantu nv litt niota þessu sinni. Oc sinni hoegre hende tecr hogne um meðalkafla sins sverðs oc dregr ór sliðrum. oc hegr af havoð sveinsins. oc kastar hofðenu a briost Grimhilldi. oc meltte hogni. i þessum appalldrs garðe dreckum gott vin. oc þat uerðum ver dyrt at kaupa. ena fystu skulld lyc ek með þessu Grimhilldi systor* (Erichsen [vgl. S. 36] S. 402: »›Mein liebster Sohn, willst du deinen Blutsfreunden gleich sein, und hast du Mut genug, dann geh zu Högni, wenn er sich über den Tisch beugt und Speise aus der Schüssel nimmt, recke deine Faust auf, und schlag ihn auf die Wange, so stark du vermagst. Wenn du das wagst, bist du ein braver Bursch.‹ Der Knabe lief sofort zu Högni hinüber, und als er sich über den Tisch beugte, schlug das Kind ihn mit der Faust auf die Wange. Es war ein stärkerer Schlag, als man von einem so kleinen Knaben erwarten sollte. Mit seiner Linken packte Högni den Knaben bei den Haaren und sprach: ›Das hast du nicht aus dir selbst getan, auch nicht auf den Rat deines Vaters, König Attilas; dazu reizte dich deine Mutter. Du wirst fürs erste wenig Nutzen von diesem Schlag haben.‹ Und Högni umspannte mit seiner Rechten den Griff seines Schwertes, haute dem Knaben den Kopf ab und schleuderte ihn Grimhild an die Brust, und sprach: ›Guten Wein trinken wir in diesem Garten [das Mahl findet hier in einem ummauerten

Baumgarten statt], den haben wir teuer zu bezahlen, die erste Schuld entricht' ich hiermit der Schwester Grimhild‹«). Grimhild benutzt also das Kind, um Hagen zu einer Gewalttat zu provozieren, die ihren Gemahl zwingt, sich nun seinerseits an den Burgunden zu rächen.

Daß der Sagaverfasser dies nicht etwa aus der Darstellung des ›Nibelungenliedes‹ herausgesponnen hat, zeigt die sog. ›Heldenbuch-Prosa‹. Das ist eine zusammenfassende Darstellung der wichtigsten Gestalten und Ereignisse der deutschen Heldensage, die zuerst in einem Straßburger Druck von 1479 und einer etwa gleichzeitig und ebenfalls in Straßburg entstandenen Handschrift überliefert ist. Dort liest sich die Geschichte so (Text nach der Faksimileausgabe des Druckes: Heldenbuch, hg. von Joachim Heinzle, Bd. 1 [Litterae 75/I], Göppingen 1981, Fol. 5vb): *Da het sie* (Kriemhild) *ein iungen sun von zehen iaren, zů dem sprach sie: ›lauff, schlag Hagen an ein backen!‹ Der knab sprach: ›welcher ist es?‹ sie sprach: ›es ist, der dört siczet.‹ Da gieng der knab hin vnd schlůg in an ein backen. Da sprah Hagen: ›das will ich dir fertragen um deiner kintheit willen. were es aber, daz du mich me schliegst, so mechte ich dirs nit fertragen.‹ Da was sie fro vnd sprach aber czům knaben: ›lauff vnd schlach in noch ein mal!‹ Der knab thet, was in die můter hiesz. Da er in aber hett geschlagen, da stůnd Hagen auff vnd sprach: ›das hast du nit von dir selber gethan‹, vnd nam das kint bey dem har vnd schlůg im daz haubt ab* (»Sie hatte einen kleinen Sohn von zehn Jahren, zu dem sagte sie: ›Lauf, schlag Hagen auf die Backe!‹ Der Knabe sagte: ›Welcher ist es?‹ Sie sagte: ›Der, der dort sitzt.‹ Da ging der Knabe hin und schlug ihn auf eine Backe. Da sagte Hagen: ›Das will ich dir durchgehen lassen, weil du noch so klein bist. Wenn du mich aber noch einmal schlägst, dann könnte ich es dir nicht durchgehen lassen.‹ Da war sie froh und sagte wieder zu dem Knaben: ›Lauf und schlag ihn noch einmal!‹ Der Knabe tat, was die Mutter von ihm verlangte. Als er ihn erneut geschlagen hatte, stand Hagen auf und sagte: ›Das hast du nicht aus dir selbst getan‹, und nahm das Kind an den Haaren und schlug ihm den Kopf ab«). Es kann als sicher gelten, daß die ›Heldenbuch-Prosa‹ weder direkt noch indirekt aus der Saga geschöpft hat; und es ist auch nicht sehr wahrscheinlich, daß sie die Szene unabhängig von der Saga noch einmal erfunden hat, noch dazu mit einer Übereinstimmung im Wortlaut (»das hast du nicht aus dir selbst getan«). So bleibt nur die Möglichkeit, daß in der ›Heldenbuch-Prosa‹ gewissermaßen am ›Nibelungenlied‹ vorbei ein Traditionsstrang bewahrt ist, der auch der Saga zugrundelag. Daß die Szene so auch dem Dichter des ›Nibelungenliedes‹ bekannt war, ergibt sich mit Sicherheit aus der Strophe 1912, in der berichtet wird, daß Kriemhild den Knaben holen läßt:

Dô der strît niht anders kunde sîn erhaben
(Kriemhilt ir leit daz alte in ir herzen was begraben),
dô hiez si tragen ze tische den Etzelen sun.
wie kunde ein wîp durch râche immer vreislîcher tuon?

(»Als der Kampf nicht anders begonnen werden konnte – Kriemhilds altes Leid ruhte tief in ihrem Herzen –, da befahl sie, Etzels Sohn zur Tafel zu tragen. Wie hätte je eine Frau, um Rache zu üben, schrecklicher handeln können?«). Das hat nur einen Sinn im Hinblick auf die Opferung des Knaben, wie sie die Saga und die ›Heldenbuch-Prosa‹ erzählen. Offenbar hat der Dichter des ›Nibelungenliedes‹ diese Strophe aus der ihm bekannten Tradition stehen lassen, den Ausbruch der Kämpfe dann aber ganz anders motiviert, nach eigener Erfindung oder, wahrscheinlicher, auf der Grundlage einer anderen, konkurrierenden Tradition. Bewiesen ist damit zunächst, daß er die Rachefabel tatsächlich schon in der revidierten Fassung (Rache der Frau an den Brüdern) vorgefunden hat. Doch führt der Befund noch einen Schritt weiter.

Mit jener Strophe 1912 zeichnet sich nämlich eine Dichtung ab, die dem Dichter des ›Nibelungenliedes‹

als Vorlage gedient hat. Wenn es richtig ist, daß diese Strophe als ganze ein irrtümlich stehen gebliebenes Überbleibsel ist (sie bildet ja eine geschlossene Sinneinheit), dann führt sie auf die Existenz einer älteren Fassung des Textes, die bereits die Strophenform des ›Nibelungenliedes‹ aufwies. Und diese Fassung dürfte tatsächlich, wie Heusler das für seine ›Ältere Not‹ annahm, deutlich älter sein als das ›Nibelungenlied‹. Das ergibt sich aus der versgeschichtlichen Beurteilung des Baus der Strophe. Nehmen wir als Beispiel die Strophe 6 (die Rede ist von den drei burgundischen Königen):

Ze Wórmez bî́ dem Rînè *si wónten mít ir kráft.*
in díente vón ir lándèn *vil stólziu rítterscáft*
mit lóbelî́chen ếrèn *unz án ir éndes zî́t.*
si stúrben sît jáemerlî́chè *von zwéier édelen fróuwen nî́t.*

(»Zu Worms am Rhein herrschten sie in der Fülle ihrer Macht. Aus ihren Ländern diente ihnen eine stolze Ritterschaft und erwarb ihnen Ruhm und Ansehen, solange sie lebten. Sie sollten ein schreckliches Ende nehmen wegen der Feindschaft zweier Königinnen«). Die Strophe besteht aus vier Verszeilen, von denen die erste mit der zweiten und die dritte mit der vierten durch Reim verbunden ist *(kraft : ritterscaft, zît : nît).* Bei den Verszeilen handelt es sich um sog. Langzeilen, d.h. sie bestehen jeweils aus zwei Halbzeilen – Anvers und Abvers –, die durch einen Einschnitt (eine Zäsur) getrennt sind. Die Halbzeilen können jeweils mit einer unbetonten Silbe beginnen (»Auftakt«) wie im Beispiel, aber auch mit einer betonten. Im Versinnern steht zwischen den betonten Silben (»Hebungen«) meistens je eine unbetonte (eine »Senkung«), so daß sich ein regelmäßiger Wechsel von Hebung und Senkung ergibt (»Alternation«); die Senkungszone zwischen den Hebungen kann aber auch mehr als eine Silbe umfassen (im Beispiel: *stúrben sît jáe-)* und sie kann – unter bestimmten Bedingungen – umgekehrt auch fehlen, so daß die Hebungen unmittelbar aneinanderstoßen. Die An- und Abverse weisen drei voll betonte Silben auf, mit Ausnahme des letzten Abverses, der vierhebig ist. Der Versausgang der Anverse ist zweisilbig, wobei die vorletzte Silbe lang und voll betont ist; diese sog. »weibliche Kadenz« wird beim Vortrag »klingend« realisiert, d. h. so, daß die letzte Silbe eine Nebenbetonung erhält (im Beispiel durch fallenden Akzent markiert). Der Versausgang der Abverse ist in der Beispielstrophe durchweg einsilbig, wobei die letzte Silbe volle Betonung trägt (»männliche Kadenz«); als metrisch identisch gilt ein zweisilbiger Typus, bei dem die vorletzte Silbe mit einem voll betonten kurzen Vokal schließt und die letzte unbetont ist:

Ích bin óuch ein réckè *und sólde krône trágen*

(109,1). Der Ausgang der Abverse 1–3 wird von manchen Forschern als »unterfüllt« oder – in der Terminologie Andreas Heuslers – als »stumpf« interpretiert: sie gehen, musikalisch gesprochen, von einem Viertaktrahmen aus und nehmen an, daß der vierte Takt im letzten Abvers »gefüllt« ist, in den Abversen 1–3 aber als Pause erscheint. Die so beschriebene Struktur der Nibelungenzeile ist uns vertraut aus Volksliedversen wie:

Ich hőrt ein Sichelein ráuschèn, *Wohl ráuschen dúrch das [Kórn.*

Das Besondere an der Nibelungenstrophe, sozusagen ihr »Pfiff«, ist die Längung des letzten Abverses: sie gibt ihr Kontur, läßt sie den Hörer als blockhaft geschlossene Einheit wahrnehmen. Den Hörer: denn das ›Nibelungenlied‹ war primär zum Vortrag bestimmt, nicht zum stillen Lesen, und zwar, wie wir heute wissen, zum musikalischen Vortrag wahrscheinlich mit Instrumentbegleitung (die Melodie ist leider nicht überliefert und hat sich bis jetzt auch nicht überzeugend rekonstruieren lassen). In vielen Strophen wird diese Schlußbeschwerung noch dadurch unterstrichen, daß in dem gelängten letzten Abvers die zweite und die dritte betonte Silbe unmittelbar aufeinanderfolgen, wobei die zweite als vollbetonte lange Silbe, die dritte als schwach betonte Silbe ausgebildet ist (»beschwerte Hebung«), z. B. in der vorletzten Strophe (2378):

Díu vil míchel ḗrè — was dā́ gelégen tṓt.
die líute héten állè — jā́mer únde nṓt.
mit léide wás veréndèt — des küniges hṓhgezī́t,
als íe diu líebe léidè — z'áller júngèste gī́t.

(»Die große Herrlichkeit war dahin. Die Leute waren alle ergriffen von Jammer und Schmerz. In Leid war des Königs Fest zu Ende gegangen, wie stets die Freude zuletzt Leid bringt«). Auch sonst wird das metrische Idealschema in den einzelnen Strophen vielfach variiert: es gibt Abweichungen in der Gestaltung der An- und Abversschlüsse, Verse mit überschüssigen oder fehlenden Hebungen und anderes mehr.

Wir fragen nach dem versgeschichtlichen Ort der Strophenform. Die Frage führt uns zu den Anfängen des Minnesangs im bayrisch-österreichischen Donauraum. Dort hat, wohl um 1150/60, der mutmaßlich älteste Minnesänger, den wir kennen, ein Herr von Kürenberg, diese Strophe benutzt, und zwar bereits in der kunstvollen Ausprägung mit beschwerter Hebung im letzten Abvers. Nehmen wir als Beispiel die erste Strophe des berühmten Falkenliedes (Des Minnesangs Frühling, 36. Auflage, bearbeitet von Hugo Moser und Helmut Tervooren, Bd. 1, Stuttgart 1977, II 6 = 8,33):

Ich zṓch mir éinen válkèn — mḗre dánne ein jā́r.
dṓ ich ín gezámetè, — als ích in wólte hā́n,
und ích im sī́n gevíderè — mit gólde wól bewánt,
er húop sich ū́f vil hṓhè — und vlóuc in ándèriu lánt.

(»Ich erzog mir einen Falken, länger als ein Jahr. Als ich ihn gezähmt hatte, wie ich ihn haben wollte, und ihm sein Gefieder mit Goldfäden umwunden hatte, da schwang er sich hoch in die Luft und flog in andere Länder«). Hat der Kürenberger die Strophe aus einer Vorstufe des ›Nibelungenliedes‹ übernommen oder hat umgekehrt deren Dichter sie vom Kürenberger entlehnt? So gestellt, läßt sich die Frage nicht beantworten. Wohl aber können wir sagen, daß die Verwendung der Strophe in der Nibelungendichtung wahrscheinlich von der Lyrik inspiriert ist. Soweit wir sehen, sind nämlich solche liedhaft geschlossenen Strophen generell erst spät in die Heldendichtung eingeführt worden: deren ursprüngliche Form scheint die der fortlaufenden Reihung gleich gebauter Verse gewesen zu sein, wie sie z. B. im althochdeutschen ›Hildebrandslied‹ vorliegt. Es spricht einiges dafür, daß dieser Formenwandel in einem »besonderen historischen Moment« (Horst Brunner [vgl. S. 113] S. 324) geschehen ist – und zwar eben um die Mitte des 12. Jahrhunderts, als sich der alte Vortragsstil der Heldendichtung mit der Lied- und Spruchstrophik der sich entfaltenden höfischen Lyrik konfrontiert sah. Wenn es sich so verhält, dann ist es auch von daher plausibel, daß unsere Strophe nicht etwa erst vom Dichter des ›Nibelungenliedes‹ in die Nibelungendichtung gebracht wurde, sondern schon von einem Vorgänger, und zwar ein paar Jahrzehnte früher: denn »eine Anlehnung der Epik an die Kürnbergerstrophe oder eine selbständige Neuprägung der Nibelungenstrophe in Anlehnung an frühe Lied- und Spruchstrophik« ist »in den 1160er bis 1180er Jahren leichter denkbar ... als um oder nach 1200, als Walther die höfische Strophenkunst bestimmte« (Burghart Wachinger, HSt S. 268/94).

Soweit unser Versuch, uns in Auseinandersetzung mit dem Heuslerschen Modell ein Bild von der Entwicklung der Burgundensage zu machen. Das Bild ließe sich durch manche Züge komplettieren (z. B. könnte man zeigen, daß sich schon früh, spätestens im 9. Jahrhundert, der Traditionsstrang ausgebildet hat, in dem Hagen nicht mehr der Bruder oder der Halbbruder Gunthers ist wie in den nordischen Texten, sondern sein Vasall wie im ›Nibelungenlied‹). Uns genügt die Rekonstruktion der Grundzüge. Wir resümieren und präzisieren sie so: in der ursprünglichen Fassung der Sage hat die Frau ihre Brüder an ihrem Mann gerächt; zu einem uns nicht bekannten Zeitpunkt, jedenfalls vor – und wahrscheinlich geraume Zeit vor – dem ›Nibelungenlied‹, kam die Version auf, in der die Frau ihren (ersten) Mann an ihren Brüdern rächt; beide Versionen dürften, in verschiedenen (auch konkurrierenden) Dichtungen und als dichterisch ungeformtes Sagenwissen, nebeneinander in Umlauf gewesen sein; zumindest hinter dem zweiten Teil des ›Nibelungenliedes‹ steht (u. a.) eine um 1160/80 entstandene Dichtung, die sich bereits der Strophenform bediente, die wir aus dem ›Nibelungenlied‹ kennen.

Ob diese ältere Dichtung, wie Heusler meinte, tatsächlich nur die »Not«: den Burgundenuntergang also, behandelt hat und, vor allem, ob sie ein veritables Buchepos gewesen ist, können wir nicht mehr ermitteln. Auf jeden Fall aber ist die Einführung der Strophenform ein wichtiger Schritt in Richtung auf die Literarisierung des Stoffes gewesen: »in dem Sinn, daß damit ein differenzierterer Stil begünstigt, wenn nicht erzwungen, wurde« (Wachinger a.a.O.). Wenn nicht alles täuscht, ist dadurch dem Dichter des ›Nibelungenliedes‹ kräftig vorgearbeitet worden.

II

ENTSTEHUNG UND ÜBERLIEFERUNG DES LIEDES

Wenden wir uns nun definitiv dem ›Nibelungenlied‹ selbst zu und fragen wir zunächst nach den äußeren Daten seiner Existenz: von wem, wann, wo wurde es gedichtet? und wie ist es überliefert?

Passauer Verbindungen

Der Dichter des ›Nibelungenliedes‹ verschweigt seinen Namen; und er sagt uns auch nicht, wann und wo er sein Werk verfaßt hat. Auch sonst unterrichtet uns darüber kein Zeugnis. Wir sind auf Indizienbeweis angewiesen.

Ersten Aufschluß über die Entstehungszeit geben uns die Reimtechnik und ein Zitat im ›Parzival‹-Roman Wolframs von Eschenbach; ersten Aufschluß über den Entstehungsort gibt die Sprache, in der das Werk verfaßt ist. Die Reimtechnik – d. h. die Reinheit der Reimbindungen – zeigt im ganzen einen Standard, der in der mittelhochdeutschen Literatur kaum vor den späten achtziger oder frühen neunziger Jahre des 12. Jahrhunderts möglich ist; im ›Parzival‹ wird in den Versen 420,25 ff. auf Rumolts Rat (›Nibelungenlied‹ 1465 ff. bzw. *C 1493 ff. – vgl. S. 63) angespielt, und wir können mit einiger Zuversicht annehmen, daß Wolfram diese Passage in den Jahren 1204/1205 gedichtet hat. Nach ca. 1190 und vor ca. 1205: das ist mithin die Zeitspanne, mit der wir für die Abfassung des ›Nibelungenliedes‹ rechnen müssen. Die Sprache, d. h. der Dialekt des Dichters, weist – soweit überhaupt eine Aussage darüber möglich ist – in den bairisch-österreichischen Raum. Eine Überlegung und eine Beobachtung führen weiter.

Die Überlegung: Bücher vom Umfang des ›Nibelungenliedes‹ konnten damals nicht nach Lust und Laune eines Autors verfaßt werden. Die Produktionskosten waren hoch – schon der einzig verfügbare Beschreibstoff: Pergament war extrem teuer –, und es existierte auch kein literarischer Markt, auf dem sich ein Epiker als freischaffender Künstler hätte bewegen können. Im Prinzip gab es nur zwei Möglichkeiten: der Dichter war entweder im institutionellen Rahmen der Kirche tätig – etwa als Mönch in einem Kloster – oder er arbeitete unter dem Patronat eines finanzkräftigen Gönners.

Die Beobachtung: Jedem Leser des ›Nibelungenliedes‹ muß auffallen, daß der Dichter einer Gestalt, die für die erzählte Geschichte völlig belanglos ist, große Aufmerksamkeit schenkt: dem Bischof Pilgrim von Passau. Er ist der Onkel (Mutterbruder) Kriemhilds und ihrer Brüder; beim Zug ins Hunnenreich machen Kriemhild (1295 ff.) und dann die Nibelungen (1627 ff.) bei ihm Station, ebenso, auf der Hin- und der Rückreise, die Boten Wärbel und Swämmel (1427 ff., 1495). Weiter fällt auf, daß der Dichter die Stadt Passau genau kennt (1295): er weiß, daß bei Passau der Inn in die Donau fließt, und zwar – wie er ausdrücklich und zutreffend anmerkt – *mit fluzze,* »mit starker Strömung«; und er weiß, daß sich dort ein Kloster befindet (es ist das bedeutende Benediktinerinnenkloster Niedernburg).

Aus der Überlegung und aus der Beobachtung ergibt sich die Folgerung: mit einiger Zuversicht dürften wir davon ausgehen, daß das ›Nibelungenlied‹ in Passau entstanden ist, wenn es gelänge nachzuweisen, daß dort die genannten Bedingungen für die Abfassung eines solchen Werks gegeben waren. Das ist der Fall. Den Passauer Bischofsstuhl hatte von 1191 bis 1204 – genau in der Zeitspanne also, die in Frage kommt – ein ebenso einflußreicher wie kunstliebender Mann inne, von dem wir wissen, daß er an deutscher Literatur interessiert war und sie gefördert hat: Wolfger von Erla. Ihm, genauer: seiner peniblen Buchführung verdanken wir das einzige außerliterarische Lebenszeugnis Walthers von der Vogelweide. Es handelt sich um eine Rechnungsnotiz, derzufolge der Sänger am 12. November 1203 aus der bischöflichen Kasse Geld für den Ankauf eines Pelzmantels erhalten hat. Von Passau ist Wolfger auf den Patriarchenstuhl von Aquileja berufen worden, und auch dort hat er sich als Förderer der Literatur betätigt: der berühmte Rhetoriker Boncompagno da Signa preist die Großzügigkeit des Patriarchen, und es ist mehr als wahrscheinlich, daß unter seiner Obhut auch der Domherr Thomasin von Zerklaere sein großes Lehrgedicht ›Der welsche Gast‹ verfaßt hat.

Die Passauer Spur läßt sich weiterverfolgen. In der handschriftlichen Überlieferung ist das ›Nibelungenlied‹ regelmäßig und zwar offenbar von Anfang an mit einer Dichtung in Reimpaaren verbunden, die sich selbst ›Die Klage‹ nennt und eine Art Fortsetzung und Kommentar zum ›Nibelungenlied‹ bietet. Wir kommen auf diese Dichtung – die als Kunstwerk ohne Bedeutung, als literarhistorisches Zeugnis aber äußerst wertvoll ist – noch zurück. Hier interessiert uns nur eine Passage, in der berichtet wird, wie es zur Aufzeichnung der schrecklichen Ereignisse gekommen sein soll (4295 ff.):

Von Pazowe der biscof Pilgerîn
durh liebe der neven sîn
hiez scrîben ditze maere,
wie ez ergangen waere,
in latînischen buochstaben,
daz manz für wâr solde haben,
swerz dar nâh erfunde,
von der alrêrsten stunde,
wie ez sih huob und ouh began,
und wie ez ende gewan,
umbe der guoten knechte nôt,
und wie si alle gelâgen tôt.
daz hiez er allez schrîben.
ern liez es niht belîben,
wand im seit der videlaere
diu kuntlîchen maere,
wie ez ergie und gescach;
wand erz hôrte unde sach,
er unde manec ander man.
daz maere prieven dô [began
sîn schrîber, meister [Kuonrât.
getihtet man ez sît hât
dicke in tiuscher zungen.

(»Bischof Pilgrim von Passau befahl aus Liebe zu seinen Neffen, diese Geschichte aufzuschreiben, wie sie sich ereignet hat, in lateinischer Sprache, daß sie als wahr verbürgt sein sollte für jeden, der später von ihr hörte, von Anfang an, wie sie anhob und begann, und wie sie endete, von den Leiden der tapferen Helden und wie sie alle den Tod fanden. Das ließ er alles aufschreiben. Nichts davon ließ er übergehen, denn der Spielmann [Swämmel] hatte ihm genau Auskunft gegeben, wie es ergangen war und sich ereignet hatte; denn er hatte es gehört und gesehen, er und viele andere Männer. Die Geschichte wurde niedergeschrieben von seinem Schreiber, Meister Konrad. Seither hat man sie oft in deutscher Sprache gedichtet«). Wenn – wie wir annehmen – die ›Klage‹ in unmittelbarem Zusammenhang mit dem ›Nibelungenlied‹ verfaßt wurde (vgl. S. 90 f.), dann ist diese Passage sozusagen das Echtheitszertifikat des ›Nibelungenliedes‹, die Bescheinigung, daß das, was es berichtet, historisch wahr ist. Es wird hier also jener Wahrheitsanspruch reklamiert, der für die Heldensage generell charakteristisch ist, und dies geschieht mit Hilfe eines Gemeinplatzes, der aus antiker Tradition stammt und in der gelehrten Literatur des Mittelalters öfters zu finden ist: Berufung auf Niederschrift nach Augenzeugenbericht. Bemerkenswert ist dabei der ausdrückliche Hinweis darauf, daß die Niederschrift in lateinischer Sprache erfolgte: er dient offensichtlich dazu, der in gelehrten Kreisen suspekten volkssprachigen Überlieferung die Weihe seriöser Historiographie zu geben. Man könnte das Ganze als Fiktion abtun – wenn da nicht der Bischof wäre.

Denn dieser ist tatsächlich eine historische Person. Bischof Pilgrim von Passau amtierte von 971 bis 991. Als einer der großen Kirchenfürsten seiner Zeit hat er das Bistum zu politischer, wirtschaftlicher und kultureller Blüte gebracht. Er stammte aus hohem bayerischem Adel, und zwar aus einem Familienverband, für den aufgrund der Namengebung mit einer nibelungischen

Hausüberlieferung im oben beschriebenen Sinne zu rechnen ist. So könnte er sehr wohl die Nibelungensage nach Passau gebracht und eine Tradition angeregt haben, die mit seinem Namen verbunden war. Ob am Anfang dieser Tradition eine lateinische Aufzeichnung stand, wie die ›Klage‹ behauptet, ist wohl eher unwahrscheinlich. Sicher aber dürfen wir der Angabe vertrauen, man habe seither »oft in deutscher Sprache davon gedichtet«: das zielt offensichtlich auf jene vielgestaltige Tradition deutscher Nibelungendichtungen, auf der, wie die sagengeschichtliche Analyse des ›Nibelungenliedes‹ zeigt, dessen Dichter aufgebaut hat.

Das alles spricht entschieden für Passau als Abfassungsort des ›Nibelungenliedes‹ und für Bischof Wolfger als Gönner des Dichters. Als solcher hätte er sich in die Nachfolge seines großen Vorgängers gestellt: wie dieser die Erstaufzeichnung in lateinischer Sprache, so hätte er das ehrgeizige und – wie sich zeigen sollte – erfolgreiche Unternehmen veranlaßt, die maßgebliche deutsche Buchfassung herzustellen. Daß Pilgrims im ›Nibelungenlied‹ gedacht wurde, mochte im übrigen einem sehr handfesten Interesse der Passauer Kirche dienlich sein. Diese war, wie es scheint, in jenen Jahren um die Propagierung eines Pilgrim-Kultes bemüht, der geeignet war, Gläubige anzuziehen und zu Spenden zu veranlassen (so sollen sich im Jahre 1181 Wunder am Grabe Pilgrims ereignet haben, nachdem der Dom niedergebrannt war – und die Kirche dringend Mittel für den Neubau benötigte). Das ›Nibelungenlied‹ konnte helfen, die Verehrung des Bischofs populär zu machen.

Den Verfasser wird man sich am ehesten als einen Kleriker aus dem Umkreis des Bischofs Wolfger vorzustellen haben. An einen Kleriker – im mittelalterlichen Sinne des Wortes: einen geistlich gebildeten und somit schreib- und lesekundigen Mann, der nicht unbedingt Geistlicher sein mußte – ist deshalb zu denken, weil er in seinem Werk einige literarische Bildung verrät. Vielleicht war er ein Beamter des bischöflichen Hofes; darauf könnte die Tatsache weisen, daß er das Land von der Gegend um Passau die Donau hinunter bis nach Wien genauestens kennt, von den übrigen Schauplätzen, vor allem der Gegend um Worms, aber wenig Ahnung hat. Jener Donauraum gehörte nämlich zum Passauer Bistum und war durchzogen von Passauer Besitz.

Wenn dem so sein sollte, dann entspräche das Paar Bischof Pilgrim – Schreiber Konrad in der ›Klage‹ dem Paar Bischof Wolfger – Verfasser des ›Nibelungenliedes‹, und es könnte sogar sein, daß mit der Benennung jenes Schreibers der Name unseres Dichters sozusagen in die Überlieferung geschmuggelt wurde (was freilich bei der Suche nach seiner Person nicht weiterhilft, denn in der Umgebung Wolfgers sind mehrere Konrade bezeugt, die in Frage kommen könnten). Aber warum hat er sich nicht, wie es damals bei den Verfassern von epischen Dichtungen üblich war, in seinem Werk selbst genannt? Der Grund ist, wie Otto Höfler gezeigt hat, wahrscheinlich in einer Art Gattungsgesetz zu sehen: Heldendichtung ist in aller Regel anonym, und zwar wohl deswegen, weil der Dichter sich nur als Glied in der Kette derer versteht oder zu verstehen hat, die die ehrwürdige alte Wahrheit tradieren, als bloßen Vermittler einer überindividuellen Materie also. Und wenn der Dichter des ›Nibelungenliedes‹ ein gebildeter Mann war, dann gab es für ihn überdies ein Vorbild aus der Sphäre der gelehrten Literatur, an das er sich halten und mit dem er sich, wenn es nötig war, trösten konnte: auch der große Vergil hat seinen Namen in der ›Aeneis‹ nicht genannt.

Die Handschriften und das Original

Das ›Nibelungenlied‹ ist in 34 Textzeugen überliefert, vollständigen Handschriften und mehr oder weniger umfangreichen Handschriftenfragmenten; die deutsche

Überlieferung wird ergänzt durch ein Fragment mit einer niederländischen Übersetzung des 13. Jahrhunderts. Als ältester Zeuge gilt das Bruchstück Z (Universitätsbibliothek Klagenfurt, Perg. Hs. 46), das man – ohne hinreichende Gewähr – ans Ende des 12. oder den Anfang des 13. Jahrhunderts zu datieren pflegt; der jüngste Zeuge ist die Handschrift d, das berühmte ›Ambraser Heldenbuch‹, eine umfangreiche und prächtig aufgemachte Sammelhandschrift mittelhochdeutscher Epik, die zwischen 1504 und 1515/16 für Kaiser Maximilian I. angefertigt wurde (Österreichische Nationalbibliothek Wien, Ser. nova 2663). Die wichtigsten Handschriften sind: A, die Hohenems-Münchener Handschrift (1779 im gräflichen Schloß zu Hohenems bei Bregenz gefunden, 1810 für die Königliche Bibliothek in München erworben, heute Cod. germ. 34 der Bayerischen Staatsbibliothek München), wohl aus der zweiten Hälfte des 13. Jahrhunderts; B, die St. Galler Handschrift (1768 für die Stiftsbibliothek St. Gallen erworben, dort heute als Ms. 857), wohl aus der Mitte des 13. Jahrhunderts; C, die Hohenems-Laßbergische oder Donaueschinger Handschrift (1755 ebenfalls in Schloß Hohenems gefunden, 1815 vom Freiherrn Josef von Laßberg erworben und nach dessen Tod 1855 in die Fürstlich Fürstenbergische Hofbibliothek zu Donaueschingen gelangt, dort heute als Ms. 63), wohl noch aus der ersten Hälfte des 13. Jahrhunderts.

Die verschiedenen Handschriften überliefern das Werk nicht einheitlich. Die Texte, die sie bieten, weichen vielmehr in Anzahl und Reihenfolge der Strophen ebenso wie in Einzelheiten des Wortlauts zum Teil sehr stark voneinander ab. Im 19. Jahrhundert hat man darüber gestritten, welche von ihnen dem Original am nächsten komme. Nachdem Karl Lachmann für A eingetreten war, gaben Adolf Holtzmann und Friedrich Zarncke C und schließlich Karl Bartsch und Wilhelm Braune B den Vorzug (die Alphabet-Siglen stammen von Lachmann –

die Reihenfolge: A, B, C drückt seine Einschätzung des textkritischen Wertes der so bezeichneten Handschriften aus). Braunes Beurteilung der Überlieferungsverhältnisse, im Jahre 1900 in einer großen Abhandlung begründet, galt, wie Heuslers Sagenstammbaum, Jahrzehnte hindurch als verbindlich. Erschüttert wurde sie 1963 durch Helmut Brackerts »Beiträge zur Handschriftenkritik des Nibelungenliedes« (vgl. S. 114).

Brackerts Kritik betraf nicht nur die einzelnen Schritte und das Ergebnis der Beweisführung Braunes, sie zielte im grundsätzlichen auf die Methode der Textkritik, die die Verwandtschaft der Textzeugen im Hinblick auf die Rekonstruktion des Originals zu ermitteln sucht, genauer: auf die Anwendbarkeit dieser Methode im Falle der Überlieferung des ›Nibelungenliedes‹. Im Kern läuft sie auf die Annahme hinaus, daß es hier nie ein Original im Sinne einer individuellen Dichtung gegeben hat, auf das die gesamte Überlieferung zurückgeht. Der hinter dieser Überlieferung stehende gemeinsame Text – dessen Existenz auch Brackert anerkennen muß – führt nach seiner Ansicht bloß auf eine unter mehreren Fassungen, möglicherweise eine »Passauer Rezension« (S. 170 Anm. 27). Deren Urheber denkt er sich als eine Art Redaktor, der sich nicht kategorial von den Redaktoren unterschied, die für die abweichenden Textfassungen der verschiedenen Handschriften verantwortlich waren, und von denen er annimmt, daß sie selbständig immer wieder auf die vielgestaltige und lebendige Sagentradition zurückgriffen, aus der auch jener gemeinsame Text nur geschöpft hatte: »Die Urheber der verschiedenen Redaktionen, die uns vorliegen, lassen sich nicht *prinzipiell* als Geister minderen Ranges von jenem Autor unterscheiden, auf den der gemeinsame Text zurückginge. Es wird unter den verschiedenen Dichtern, die an der Herausbildung dieses Textes mitwirkten, einen gegeben haben, der größer war als alle anderen – das relativ hohe Ansehen, das der gemeinsame Text genoß, kann als Stütze für eine solche Auffassung dienen –, grundsätzlich steht hinter diesem Text eine Mehrzahl, wenn nicht eine Vielzahl von Sängern (oder wie immer man sie nennen will), die alle in der gleichen poetischen Technik bewandert, mit dem gleichen Stoffe vertraut, sich an der Ausformung des Textes beteiligten« (S. 170). »Zwar gab der einzelne Redaktor einen Text, der im groben feststand, aber er opferte diesem Text nicht seine eigene Selbständigkeit. In dem sicheren Gefühl, daß dieser Text nur jeweils eine der verschiedenen Erfüllungsmöglichkeiten verwirklichte, die in den recht lockeren Gesetzen der Gattung angelegt waren, ging er überall dort eigene Wege, wo ihm – aus welchem Grunde auch immer – eine andere Möglichkeit als die bessere erschien oder auch nur geläufiger war« (S. 169 Anm. 26).

Daß in Deutschland noch das ganze Mittelalter hindurch eine Nibelungenüberlieferung neben dem ›Nibelungenlied‹ lebendig gewesen ist, steht außer Zweifel. Wir sahen es am Beispiel der Ermordung des Etzelsohnes: da taucht eine Version, die älter ist als das ›Nibelungenlied‹, in diesem aber nicht aufgegriffen wurde, dreihundert Jahre später in der ›Heldenbuch-Prosa‹ wieder auf (vgl. S. 40 f.). Diese Nebenüberlieferung muß im wesentlichen eine mündliche gewesen sein – wir haben jedenfalls keinen Grund zu der Vermutung, daß es außer dem ›Nibelungenlied‹ in nennenswertem Umfang schriftliche Nibelungendichtung gegeben hat. Man wird annehmen dürfen, daß die Nebenüberlieferung zu einem guten Teil in Liedern bestanden hat, muß sich aber darüber im klaren sein, daß sich über deren Gestalt so gut wie nichts ermitteln läßt und daß, in einem strengen Sinne, noch nicht einmal ihre Existenz zu beweisen ist. Zwar besitzen wir ein Lied vom ›Hürnen Seyfrid‹ (»Siegfried mit der hörnernen Haut«) mit z. T. sehr alten Sagenmotiven, die im ›Nibelungenlied‹ fehlen, aber in nordischen Texten bezeugt sind – doch ist es erst in Drucken des 16. und 17. Jahrhunderts überliefert und erlaubt keine sicheren Rückschlüsse auf ältere Fassungen. Unbrauchbar ist auch das Zeugnis einer Strophe des Lied- und Spruchdichters Marner aus dem 13. Jahrhundert, auf das gewöhnlich viel Gewicht gelegt wird. Der Dichter nennt da eine Reihe von Hörerwünschen, die man ihm bei seinen Auftritten vorzutragen pflege, darunter *wen Kriemhilt verriet, Sigfrides . . . tôt* und *der Nibelunge hort* (Der Marner, hg. von Philipp Strauch [Quellen und Forschungen zur Sprach- und Culturgeschichte der germanischen Völker. 14], Straßburg 1876, XV 14). Daß es sich dabei um Lieder aus der mündlichen Nebenüberlieferung handelt, ist in keiner Weise gesagt: wenn die Wünsche der Hörer, die der Marner als unangebracht zurückweist, überhaupt auf bestimmte Texte und nicht bloß auf Stoffe bzw. Themen zielen, können genausogut beliebte Partien aus dem ›Nibelungenlied‹ selbst gemeint sein (vorzüglich ließe sich etwa eine Erzählung vom Hort herauslösen: Hagens Bericht, Str. 87–99).

Wie dem auch sei: es hat jedenfalls eine mündliche Nebenüberlieferung gegeben, und diese hat in der Tat nachweislich auf die Überlieferung des ›Nibelungenliedes‹ eingewirkt. Von den Fällen mutmaßlicher Motivübernahme aus der Nebenüberlieferung (»Sondergut«), die Brackert selbst angeführt hat, ist allerdings keiner im Sinne seiner These überzeugend. Ein Beispiel ist die Szene, in der Gunther an der Quelle trinkt, an der dann Siegfried ermordet wird (Brackert S. 141 f.). Sie ist in der aus den Handschriften A und B zu erschließenden Fassung (*AB) so dargestellt (979,2 ff.):

Gunther sich dô neicte nider zuo der fluot.
als er het' getrunken, dô riht er sich von dan.
alsam het ouch gerne der küene Sîfrît getân.

(»Gunther beugte sich zu der Quelle hinab. Als er getrunken hatte, richtete er sich auf und trat beiseite. Der kühne Siegfried hätte gerne das gleiche getan«). In der von der Handschrift C repräsentierten Fassung (*C) heißt es hingegen (*C 988,2 ff.):

Gunther sich dô legete nider zuo der fluot:
daz wazzer mit dem munde er von der fluote nam.
si gedâhten, daz ouch Sîvrit nâch im müese tuon alsam.

(»Gunther legte sich nieder zu der Quelle: mit dem Mund nahm er das Wasser aus der Quelle. Sie dachten, daß Siegfried nach ihm dasselbe tun würde«). Mit der *C-Fassung vergleicht Brackert die ›Thidrekssaga‹ (Bertelsen [vgl. S. 36], Bd. 2, S. 266): *oc þa koma þaeir þar sem flytr aeinn baeckr oc Gunnarr konungr slaer ser niðr oc draekkr oc adrum megom hans broðir haugni oc þa kemr at Sigurðr svaeinn oc slaezt þaegar niðr at baeckinom sem aðrer þaeir* (Erichsen [vgl. S. 36] S. 375: »Dann kamen sie an einen Bach, und König Gunnar warf sich nieder und trank, und sein Bruder Högni auf der andern Seite. Nun kam auch Jung-Sigurd herzu, warf sich wie die andern nieder und trank«). Brackert nimmt an, daß die Fassung von *C unter Rückgriff auf Nebenüberlieferung, wie sie für uns in der ›Thidrekssaga‹ greifbar wird, entstanden sei: daher stamme die Vorstellung, daß der König im Liegen trinkt; dies sei unhöfischer als die Vorstellung der Fassung *AB, in der Gunther sich über die Quelle beugt und derzufolge »natürlich aus der hohlen Hand« trinke; da nun aber *C sonst gerade dazu neigt, Unhöfisches zu tilgen oder zu mildern, könne *C hier nicht auf den *AB-Text zurückgehen. Daß diese Argumentation nicht schlüssig ist, hat Joachim Bumke gezeigt (Rez. Brackert [vgl. S. 114] S. 434 f.): die Fassung *AB läßt nicht erkennen, daß Gunther aus der hohlen Hand trinkt, und die ›Thidrekssaga‹ nicht, daß er das Wasser wie in *C direkt mit dem Mund aufnimmt; und selbst wenn das so wäre und Fassung *C und ›Thidrekssaga‹ gemeinsam ein altes Motiv bezeugten, brauchte es in *C nicht aus Nebenüberlieferung genommen zu sein, sondern könnte auch aus dem

Original des ›Nibelungenliedes‹ stammen und in *AB geändert sein. So also ist »Sondergut« nicht nachzuweisen. Wenn man es studieren will, muß man Handschriften des 15. Jahrhunderts zu Rate ziehen.

Die Handschrift m vom Anfang des 15. Jahrhunderts (Hessische Landes- und Hochschulbibliothek Darmstadt, Hs. 3249), das sog. »Darmstädter Aventiurenverzeichnis«, bietet ein Verzeichnis der ersten 28 Erzählabschnitte (»Aventiuren«: vgl. S. 79 f.). Der dazugehörige Text ist leider nicht erhalten, doch kann man den Überschriften entnehmen, daß er eine Fassung des ›Nibelungenliedes‹ bot, in die Erzählungen von Siegfrieds Jugendtaten und von einer Entführung Kriemhilds durch einen Drachen und ihrer Befreiung durch Siegfried eingebaut waren, wie sie uns im Lied vom ›Hürnen Seyfrid‹ vorliegen. Eine zweite Darmstädter Handschrift des 15. Jahrhunderts (Hs. 4257): n enthält den zweiten Teil des ›Nibelungenliedes‹, dem ein Resümee des ersten in 20 Strophen vorangestellt ist. Auch in diesem Resümee spielt die Rettung Kriemhilds durch Siegfried eine Rolle: sie rechtfertigt ihre Liebe zu ihm damit, daß er sie von dem Drachen befreit habe. Schließlich die Handschrift k vom Ende des 15. Jahrhunderts, nach ihrem ersten Besitzer »Lienhart Scheubels Heldenbuch« oder nach ihrem Fundort, dem Piaristenkloster in Wien, »Piaristenhandschrift« genannt (Österreichische Nationalbibliothek Wien, Ms. 15478): in der von ihr überlieferten spätmittelalterlichen Bearbeitung des ›Nibelungenliedes‹ trägt der Vater Kriemhilds und ihrer Brüder den alten »echten« Namen *Gibich* (vgl. S. 21).

Diese Befunde beweisen nun freilich keineswegs die Richtigkeit von Brackerts These, sie sprechen eher gegen sie. Sie zeigen nämlich, daß Einschuß von Nebenüberlieferung nicht der Regelfall ist, wie Brackert meinte, sondern die Ausnahme, mit der offenbar dann gerechnet werden muß, wenn der Text ohnehin einer tiefergehenden Neubearbeitung unterzogen wurde – wie dies, soweit wir es beurteilen können, bei m, n und k der Fall ist. Charakteristisch und auffallend an der Überlieferung des ›Nibelungenliedes‹ ist gerade nicht, daß auf Nebenüberlieferung zurückgegriffen wurde, sondern daß das nur selten und ausnahmsweise geschah. »Wir müssen daraus schließen, daß nach dem entscheidenden Schritt von mündlicher Sagen- und Liedtradition zur Buchdichtung die mündliche und die schriftliche Überlieferung des Nibelungenstoffes im wesentlichen getrennt voneinander verliefen. Von der ›Freiheit der Redaktoren‹ haben die Schreiber der späteren Handschriften wenig Gebrauch gemacht; sie haben den schriftlich fixierten Text jahrhundertelang in erstaunlicher Geschlossenheit weitergegeben« (Joachim Bumke, Rez. Brackert [vgl. S. 114] S. 435 f.)

Diesen schriftlich fixierten Text, auf den die gesamte Überlieferung letztlich zurückgeht, dürfen wir getrost als »Original« ansprechen in dem Sinne, daß es sich um ein geschlossenes Buchwerk individueller Prägung handelt. Inwieweit wir in der Lage sind, dessen Individualität und Originalität – und das heißt auch: die Leistung seines Dichters – zu erkennen, ist allerdings fraglich (wir werden darauf zurückkommen). Und sicher ist, daß wir keine Chance haben, dieses Original oder auch nur die Fassung einer von ihm zu unterscheidenden Stammhandschrift der Überlieferung (des »Archetypus«) in der ursprünglichen Gestalt wiederzugewinnen: das haben Brackerts Überlegungen klar gezeigt. Nach dem heutigen Stand der Dinge können wir nicht einmal mit hinreichender Gewißheit sagen, ob der A-Text oder der B-Text dem Original nähersteht. Auch in der Fassung *C kann sich gegen *AB allenthalben Ursprüngliches erhalten haben, doch ist man sich weithin darüber einig, daß diese Fassung als ganze eine Bearbeitung darstellt.

Die Bearbeitung wird auch als *liet*-Fassung bezeichnet und dem von *AB repräsentierten Text als der *nôt*-Fassung gegenübergestellt. Dieser Sprachgebrauch bezieht sich auf die jeweilige Formulierung des letzten Verses der letzten Strophe: *daz ist der Nibelunge liet* (»das ist das Lied von den Nibelungen«) in *C gegenüber: *daz ist der Nibelunge nôt* (»das ist der Untergang der Nibelungen«) in *AB. Die Neugestaltung scheint freilich nicht auf *AB aufzubauen, sondern direkt auf dem Archetypus (jener Stammhandschrift der gesamten Überlieferung also, die wir vom Original unterscheiden müssen): so erklärt es sich, daß, wie gesagt, auch *C gegen das Zeugnis von *AB ursprünglichen Text bieten kann. Strenggenommen läßt sich unter diesen Umständen überhaupt nicht nachweisen, daß *C eine sekundäre Fassung ist, weil man ja im Prinzip nie sicher sein kann, ob man es nicht doch mit dem Grundtext zu tun hat (und tatsächlich ist bis in die jüngste Zeit immer wieder die Ansicht vertreten worden, die *liet*-Fassung repräsentiere als ganze den ursprünglichen Text, aus dem die *nôt*-Fassung abgeleitet worden sei). Doch haben die auffälligen Besonderheiten von *C so ausgeprägt den Charakter von Neuerungen, daß kaum zweifelhaft sein kann, daß es sich um eine Bearbeitung handelt: der Bearbeiter hat den Text formal und sprachlich modernisiert; er hat ihn inhaltlich ergänzt und verbessert; und er hat, vor allem, das schreckliche Geschehen unter moralischem Gesichtspunkt interpretiert.

Die Interpretation läuft darauf hinaus, daß Hagen als der Urheber allen Übels hingestellt wird, als gemeiner und schäbiger Mörder, Kriemhild aber als sein unschuldiges Opfer: als Leidende und Liebende, deren Handeln, so furchtbare Folgen es zeitigt, doch allein von der allerchristlichsten Tugend der *triuwe* geleitet ist: der treuen Liebe zu Siegfried, ihrem ersten Mann. Der Bearbeiter hat dem Text diese Sicht der Dinge eingeschrieben, indem er zum einen Hagen verurteilte und belastete, zum anderen Kriemhild exkulpierte.

So wird Hagen z. B. wiederholt *ungetriuwe*, »treulos« genannt, wo die *nôt*-Fassung eine neutrale Aussage bietet. Man vergleiche etwa 903,1 (Hagen rät Kriemhild heimtückisch, auf Siegfrieds Gewand das verhängnisvolle Kreuzchen zu sticken):

Dô sprach von Tronege Hagene: ›ûf daz sîn gewant naet ir ein kleinez zeichen . . .‹

mit der entsprechenden Zeile *C 910,1:

Dô sprach der ungetriuwe: ›ûf daz sîn gewant naet ir ein kleinez zeichen . . .‹

oder 984,4 (Hagen kann einem Angriff des sterbenden Siegfried nicht entgehen):

done kunde im niht entrinnen des künic Guntheres man

mit *C 993,4:

dône kunde im niht entrinnen der vil ungetriuwe man

oder 1001,1 (Hagen erklärt sich bereit, die Leiche Siegfrieds nach Worms zu bringen):

Dô sprach von Tronege Hagene: ›ich bring' in in daz lant . . .‹

mit *C 1012,1:

Dô sprach der ungetriuwe: ›ich füeren in daz lant . . .‹

Die Kennzeichnung findet sich auch in zwei gänzlich umgestalteten Versen, in denen erklärt wird, weshalb Hagen den burgundischen Königen geraten hat, sich mit der trauernden Witwe zu versöhnen (*C 1127,3 f.):

durch des hordes liebe *was der rât getân;*
dar umbe riet die suone *der vil ungetriuwe man.*

(»Aus Begehrlichkeit nach dem Schatz war der Rat gegeben worden; deshalb hatte der treulose Mann zur Versöhnung geraten«). Die Linie wird fortgesetzt in einer Zusatzstrophe, in der der Kaplan, den Hagen bei der Überfahrt über die Donau ins Wasser geworfen hatte, diesen einen »treulosen Mörder« (*C 1621,3: *morder ungetriuwer*) nennt. Den Höhepunkt der moralischen Abqualifizierung Hagens, die sich über diese Beispielreihe hinaus breit belegen ließe, bringt die Schlußszene: wir kommen darauf zurück.

Es wird dann auch Gelegenheit sein, die Strategie der Exkulpierung Kriemhilds zu studieren, die wir deshalb an dieser Stelle nur mit zwei Beispielen illustrieren wollen. Das eine betrifft jene Irrläuferstrophe 1912, derzufolge Kriemhild ihr Kind für ihre Rache opfert (vgl. S. 41). Diese Strophe mußte dem Bearbeiter nicht nur wegen seiner positiven Einschätzung Kriemhilds gegen den Strich gehen, sondern auch wegen des Widerspruchs, den sie in den Text bringt (er hat sich bemüht, solche Widersprüche zu tilgen). So hat er die Strophe gänzlich umformuliert (*C 1963):

Dô die fürsten gesezzen *wâren überal*
und nu begunden ezzen, *dô wart in den sal*
getragen zuo den fürsten *daz Ezelen kint.*
dâ von der künec rîche *gewan vil starken jâmer sint.*

(»Als die Fürsten alle Platz genommen hatten und mit dem Essen begannen, da wurde Etzels Kind zu ihnen in den Saal getragen. Das sollte dem mächtigen König später großes Leid bringen«). Als zweites Beispiel sei eine Zusatzstrophe genannt, in der versichert wird, daß Kriemhild das große Blutvergießen nicht gewünscht hat (*C 2143):

Sine het der grôzen slahte also niht gedâht.
si het ez in ir ahte vil gerne dar zuo brâht,
daz niwan Hagen aleine den lîp dâ hete lân.
dô geschuof der übel tiufel, deiz über si alle muose gân.

(»Es war nicht ihre Absicht gewesen, daß es zu einem solchen Gemetzel kommen sollte. Sie hatte es so einrichten wollen, daß allein Hagen umgekommen wäre. Da machte der böse Teufel, daß es sie alle traf«).

Mit all seinen Neuerungen, den formalen wie den inhaltlichen, ist der Bearbeiter nicht völlig konsequent verfahren: er hat manches unverändert gelassen, was er hätte verändern sollen, und sogar Änderungen eingeführt, die mit seinem Bearbeitungswillen, wie wir ihn im ganzen zweifelsfrei ausmachen können, nicht in Einklang stehen. Dem Erfolg seines Werks ist das nicht abträglich gewesen. Die Bearbeitung, die dem älteren Text in sehr kurzem Abstand gefolgt sein muß, scheint diesen zunächst für Jahrzehnte verdrängt zu haben: das Zitat in Wolfram von Eschenbachs ›Parzival‹ (vgl. S. 47) bezieht sich auf sie, die älteste Handschrift Z (S. 53) bietet schon ihren Text, und die Handschrift C selbst ist die älteste (annähernd) vollständige Handschrift des ›Nibelungenliedes‹, die wir besitzen. Die Überlieferung der *nôt*-Fassung setzt erst um die Mitte des 13. Jahrhunderts ein – und sie steht durchweg unter dem Einfluß der *liet*-Fassung: wir kennen keine Handschrift des ›Nibelungenliedes‹, deren Text nicht irgendwie von der Bearbeitung berührt wäre.

III
DAS PROBLEM DER TEXTKONSTITUIERUNG

Der Dichter des ›Nibelungenliedes‹ war kein Originalgenie. Er hatte sich dem vorgegebenen Stoff mit seinem Traditionspotential und seinem Anspruch auf Verbindlichkeit als Vorzeitkunde zu beugen, ihn als eine objektive Größe zu nehmen, die er im wesentlichen bloß »vorführen« und »nach seinen Möglichkeiten hin ausgestalten« konnte (Max Wehrli, Literatur im deutschen Mittelalter, Stuttgart 1984, S. 102). Im Prinzip teilte er diese Gebundenheit mit seinen Kollegen, die lateinische oder französische Werke zu bearbeiten hatten. Anders als sie konnte er indes nicht auf eine geschlossene schriftliche Vorlage zurückgreifen, sondern mußte sich mit einer weitgehend oder gar ausschließlich mündlichen Überlieferung auseinandersetzen, die vielgestaltig und widersprüchlich war. Seine Aufgabe bestand darin, aus dieser Überlieferung einen literarischen Text zu konstituieren, sie mittels der Erzähltechniken, Erzählmodelle, Deutungsmuster, die in der literarischen Tradition ausgebildet waren, in diese einzuformen. Er hat sich nach Kräften bemüht, diese Aufgabe zu lösen – gelungen ist es ihm am Ende nicht: »Das Nibelungenlied als Erzähleinheit ist bis an die Einzelstrophen heran nicht so zusammengebaut, daß alle Teile oder gar ihre Glieder durch das Ganze hindurch bis ins Einzelne aufeinander bezogen werden können ... Bei aller meisterhaften Geschlossenheit, die aus Vorlagen heraus durch vorausschauendes Ordnen erreicht wird, betreten wir in ihm ein Sprachfeld, das an Sprüngen, Faltungen und Unebenheiten mannigfacher Art überreich genug ist ...« (Friedrich Neumann, Das Nibelungenlied in seiner Zeit [vgl. S. 114], S. 150). Wer diese Widersprüche und Inkonsequenzen im Textgefüge bagatellisiert oder gar ignoriert, läuft Gefahr, das Eigentümliche der Dichtung zu verfehlen: ihre einzigartige Stellung zwischen Schriftlichkeit und Mündlichkeit, die ihren historischen Zeugniswert ausmacht (und, wenn man so will, auch ihre historische Würde). Drei Beispiele sollen zeigen, was gemeint ist.

Die Hortforderung

Als Kriemhild nach den fürchterlichen Kämpfen am Etzelhof, die sie in Gang gesetzt und in Gang gehalten hatte, um an Hagen die Ermordung Siegfrieds zu rächen, den Erzfeind endlich in ihrer Gewalt hat, kommt es zu einem der gräßlichsten Auftritte des Liedes (2367 ff.). Kriemhild begibt sich zu Hagen, den sie gefesselt in Gewahrsam hält, und schlägt ihm ein Tauschgeschäft vor (2367,3 f.):

›welt ir mir geben widere, daz ir mir habt genomen,
sô muget ir noch wol lebende heim zen Burgonden komen.‹

(»›Wenn ihr mir zurückgebt, was ihr mir genommen habt, dann könnt ihr noch lebendig heim nach Burgund kommen‹«). Hagen lehnt ab (2368):

... ›diu rede ist gar verlorn,
vil edeliu küneginne. jâ hân ich des gesworn,
daz ich den hort iht zeige, die wîle daz si leben,
deheiner mîner herren, sô sol ich in niemene geben.‹

(»›Ihr redet vergeblich, hohe Königin. Ich habe geschworen, daß ich den Hort nicht zeige, solange einer meiner Herren lebt – solange werde ich ihn niemandem geben‹«). Das ist auf Gunther gemünzt, den letzten der drei burgundischen Könige, der sich ebenfalls gefesselt in der Gewalt Kriemhilds befindet. Diese zögert nicht, ihn, ihren Bruder, enthaupten zu lassen, tritt mit dem abgeschlagenen Kopf erneut vor Hagen – und muß sich sagen lassen, daß der Mord umsonst war (2370,3 ff.):

›du hâst iz nâch dînem willen z'einem ende brâht,
und ist ouch rehte ergangen, als ich mir hête gedâht.

Nu ist von Burgonden der edel künec tôt,
Gîselher der junge unde ouch her Gêrnôt.
den schaz den weiz nu niemen wan got unde mîn:
der sol dich, vâlandinne, immer wol verholn sîn.‹

Si sprach: ›sô habt ir übele geltes mich gewert.
sô wil ich doch behalten daz Sîfrides swert.
daz truoc mîn holder vriedel, dô ich in jungest sach,
an dem mir herzeleide von iuwern schulden geschach.‹

Si zôh iz von der scheiden, daz kund er niht erwern.
dô dâhte si den recken des lîbes wol behern.
si huob ez mit ir handen, daz houpt si im ab sluoc.

(»›Du hast es nach deinem Willen an ein Ende gebracht, und es ist auch so gekommen, wie ich es mir dachte. Jetzt ist der hohe König von Burgund tot und Giselher, der Junge, und auch Herr Gernot. Das Versteck des Schatzes kennt jetzt keiner außer Gott und mir. Dir wird es, Teufelin, für alle Zeit verborgen sein.‹ Sie sagte: ›So habt ihr übel beglichen, was ihr mir schuldig wart. Doch will ich Siegfrieds Schwert für mich behalten. Das trug mein süßer Geliebter, als ich ihn zum letzten Mal sah, an dem mir furchtbares Leid von euch geschehen ist.‹ Sie zog es aus der Scheide, das konnte er nicht verhindern. Da wollte sie dem Helden das Leben nehmen. Sie hob es hoch mit beiden Händen, das Haupt schlug sie ihm ab«).

Man sieht leicht, daß die Szene ihren angestammten Platz in der ursprünglichen Version der Rachefabel hat: die Rolle, die Kriemhild hier spielt, ist eigentlich die des Hunnenkönigs, wie wir sie aus der ›Atlakviða‹ kennen (vgl. S. 32 f.). So unverzichtbar für die Logik des Handlungszusammenhangs sie dort ist, so unlogisch nimmt sie sich im ›Nibelungenlied‹ aus. Sobald im Laufe der Sagengeschichte an die Stelle der Goldgier des Hunnenkönigs der Rachewille der Frau als Movens der verräterischen Einladung trat, verlor die Hortforderung ihren Sinn. Indem er sie beibehielt oder wieder aufgriff, belastete der Dichter des ›Nibelungenliedes‹ seine Erzählung mit beträchtlichen Ungereimtheiten: Kriemhild, die über lange Jahre nur dem Gedanken an Rache für die Ermordung Siegfrieds gelebt und in einer Orgie von Blutvergießen nichts anderes als Hagens Tod angestrebt hatte, soll nun auf einmal bereit sein, den verhaßten Mörder ihres geliebten Mannes gegen Herausgabe des Hortes zu begnadigen; und Hagen, der Treue, in den Schrecken der Kämpfe die Seele des burgundischen Widerstands, soll nun auf einmal Anstifter der grauenvollen Ermordung seines Herrn sein.

Die Traditionsmächtigkeit der Szene war offenbar so groß, daß der Dichter nicht auf sie verzichten konnte oder wollte, obwohl sie den Erzählzusammenhang seines Buchepos empfindlich stören mußte. Daß er sich des Problems bewußt war, kann man daraus ersehen, daß er sich bemüht hat, den Schaden zu begrenzen, und zwar mit einer spezifisch literarischen, buchepischen Technik: der Technik, ein Handlungselement von langer Hand motivierend vorzubereiten.

Im Anschluß an den Bericht von der Versenkung des Hortes im Rhein wird die Information nachgetragen (1140):

Ê daz von Tronege Hagene den schaz alsô verbarc,
dô heten siz gevestent mit eiden alsô starc,
daz er verholn waere, unz ir einer möhte leben.
sît enkunden sis in selben noch ander niemen gegeben.

(»Bevor Hagen von Tronje den Schatz auf diese Weise versteckte, hatten sie mit starken Eiden beschworen, daß er verborgen sein sollte, solange einer von ihnen lebte. Später hatten sie weder selber Nutzen von ihm, noch konnten sie einem anderen etwas von ihm geben«). Hans Kuhn hat (NuK S. 344) gezeigt, daß »der Eid und sein Inhalt« an dieser Stelle höchst mangelhaft motiviert sind und nur verständlich werden, wenn man annimmt, daß der Dichter des ›Nibelungenliedes‹ sie »ganz und gar auf die Hortforderungsszene am Schluß des Epos zugeschnitten und nur für sie erfunden« hat. Entscheidendes gewinnen konnte er damit nicht. Zwar kommt Hagens Antwort im letzten Wortgefecht mit Kriemhild nun nicht mehr völlig unvorbereitet, aber der »Widersinn«, daß »der angeblich treueste Vasall« unversehens »schuld am Tode seines Herrn wird«, ist damit nicht aus der Welt geschafft.

Ein Weiteres kommt hinzu. Es gibt im Lied noch eine andere Hortforderungsszene, von der bereits die Rede war (S. 36 f.): gleich nach der Ankunft der Burgunden am Etzelhof fragt Kriemhild Hagen mit den ersten Worten, die sie an ihn richtet (1739 ff.), nach dem Hort und erhält eine schroffe Abfuhr. Auch da verweist Hagen darauf, daß der Schatz versteckt wurde, sagt aber kein Wort von dem verhängnisvollen Eid (1742):

›Entriuwen, mîn vrou Kriemhilt, des ist vil manec tac,
daz ich hort der Nibelunge niene gepflac.
den hiezen mîne herren senken in den Rîn,
dâ muoz er waerlîche unz an daz jungeste sîn.‹

(»›Wahrlich, Herrin Kriemhild, das ist lange her, daß ich über den Nibelungenhort verfügte. Den ließen meine Herren im Rhein versenken, da wird er gewiß bis ans Ende aller Tage bleiben‹«). Die Antwort, die Hagen hier gibt, unterstreicht in peinlichster Weise die epische Nutzlosigkeit des Eidmotivs, insofern sie ganz deutlich macht, daß Hagen, wenn er die Hortforderung abweisen wollte, es gar nicht nötig hatte, sich auf den Eid zu berufen, daß er den Tod seines Herrn also ohne jede Not verursacht hat.

Die Betrugshandlung

Die Schwierigkeit, die widerständige, weil divergente Tradition in einen buchgemäßen, handlungslogisch stimmigen Zusammenhang zu bringen, besteht nicht nur bei Einzelszenen wie der eben behandelten, sondern auch bei ganzen Szenenfolgen. Das Paradebeispiel ist die Betrugshandlung im ersten Teil.

Als sich die Brautwerber mit ihrem Schiff Brünhilds Burg Isenstein auf Sichtweite genähert haben, schlägt Siegfried jenes seltsame Täuschungsmanöver vor (386):

›Sô wir die minneclîchen   bî ir gesinde sehen,
sô sult ir, helde maere,   wan einer rede jehen:
Gunther sî mîn herre,   und ich sî sîn man.
des er dâ hât gedingen,   daz wirt allez getân.‹

(»›Wenn wir die Schöne [Brünhild] mit ihrem Gefolge sehen, dann sollt ihr, hochberühmte Helden, einmütig sagen: Gunther sei mein Herr und ich sei sein Vasall. Was er sich erhofft, das wird alles getan‹«). Noch bevor es zur Begegnung mit Brünhild kommt, demonstriert Siegfried diese fiktive Unterordnung: vor den Burgbewohnerinnen, die neugierig aus den Fenstern sehen, führt er Gunthers Pferd aus dem Schiff und hält es, bis der König aufgestiegen ist. Was Siegfried da tut, ist eine Rechtshandlung: der Steigbügeldienst, das *officium stratoris et strepae,* ist Vasallenpflicht (er wird als solche etwa in den lehnrechtlichen Bestimmungen des ›Sachsenspiegels‹ erwähnt). Den Zuschauerinnen, unter denen man sich auch Brünhild zu denken hat, wird dadurch gewissermaßen pantomimisch bedeutet, Siegfried sei Gunthers Vasall. Merkwürdigerweise geht die Pantomime ins Leere: als Brünhild die Werber empfängt, begrüßt sie zuerst

Siegfried als den vermeintlich Vornehmsten und muß sich von ihm sagen lassen, der Vorrang gebühre Gunther. Was mit der Unterordnungsfiktion bezweckt wird, bleibt rätselhaft: es ist in keiner Weise einzusehen, weshalb Gunthers Werbung und der eigentliche Werbungsbetrug – Siegfrieds heimliche Hilfe bei den Kampfspielen – nicht auch ohne sie erfolgreich sein sollte (allenfalls könnte man sich mit der Annahme behelfen, Siegfried habe sich bei den Kampfspielen in der Vasallenrolle leichter aus dem Kreis der Zuschauer stehlen können – sonderlich befriedigend wird man das kaum finden: wenn der Dichter hier ein Problem gesehen hätte, hätte er es vermutlich artikuliert). So unverständlich sie aber im Rahmen des Werbungsunternehmens bleibt, so wichtig ist die Fiktion für den weiteren Verlauf der Geschichte. Brünhild empfindet es als Schmach für die Königsfamilie, daß ihre Schwägerin mit einem nachgeordneten Mann verheiratet wird (wobei sie Siegfried nicht als Vasallen betrachtet, sondern – in eklatantem Gegensatz zu dem, was sie auf Isenstein gesehen und gehört hat – als Leibeigenen, was die rechtliche und gesellschaftliche Kluft vertieft: diese Verschiebung, die ein Interpretationsproblem ersten Ranges ist, soll uns hier nicht weiter beunruhigen). Sie bricht in Tränen aus, als sie die Neuvermählten auf dem Ehrenplatz an der Tafel sitzen sieht (618 ff.); sie scheint zu ahnen, daß da etwas nicht mit rechten Dingen zugegangen ist (635,3 f.); und daß Kriemhild als Königin den Kopf so hoch trägt und Siegfried dem Wormser Hof keinerlei Dienst leistet, beunruhigt sie tief und veranlaßt sie, Gunther zu bitten, die beiden einzuladen (724 ff.). Im großen Streitgespräch mit Kriemhild, das den Stein ins Rollen bringt (814 ff.), besteht sie dann mit allem Nachdruck auf der Unterordnung Siegfrieds unter Gunther, und man sollte meinen, der Betrug werde nun ans Licht gebracht. Überraschenderweise geschieht das nicht. Kriemhild – der es ein leichtes hätte sein müssen, die Fiktion aufzudecken – verlagert vielmehr den Akzent vom Vergleich der Männer auf den Vergleich der Frauen und kann sich beim Zusammentreffen mit Brünhild vor dem Münster durchsetzen, indem sie den Betrug im Brautbett ins Spiel bringt. Doch wird auch dieser Betrug nicht aufgedeckt, denn was Kriemhild behauptet: daß Siegfried Brünhilds erster Mann gewesen sei (839ff., 847ff.), ist ja nicht wahr. Und der Hauptbetrug: die Täuschung Brünhilds bei den Kampfspielen kommt überhaupt nicht zur Sprache. Verworrener, unlogischer geht es kaum.

Auch hier liefern die nordischen Versionen den Schlüssel zum Verständnis. Nehmen wir zunächst die ›Thidrekssaga‹. Sie erzählt, daß Sigurd (Siegfried) schon früher einmal bei Brünhild gewesen war und ihr geschworen hatte, keine andere zur Frau zu nehmen als sie. Sigurd bricht diesen Eid, indem er Grimhild heiratet, rät aber Gunnar, seinerseits um Brünhild zu werben. Gunnar folgt diesem Rat und begibt sich, begleitet von Thidrek, Högni und Sigurd, zu Brünhild. Die weiß schon, daß Sigurd eine andere geheiratet hat, und behandelt ihn entsprechend ungnädig. Er erklärt ihr, Grimhild sei ihm deshalb lieber gewesen, weil sie einen Bruder habe. Brünhild akzeptiert Gunnars Werbung, widersetzt sich ihm aber in der Hochzeitsnacht, ringt ihn nieder und hängt ihn an den Nagel. Von Sigurd erfährt Gunnar, daß sie über ungeheure Kräfte verfügt, solange sie Jungfrau ist. Sigurd verspricht, ihm zu helfen, schleicht sich in den Kleidern des Schwagers in das Schlafgemach, ergreift Brünhild und nimmt ihr rasch die Jungfernschaft. Der Betrug bleibt unbemerkt, und Sigurd und seine Schwäger herrschen einträchtig im Niflungenland. Eines Tages aber kommt es zum Streit zwischen den Königinnen. Als Brünhild die Königshalle betritt, in der Grimhild und andere Leute sich aufhalten, fragt sie die Schwägerin, warum sie nicht vor ihr aufstehe. Grimhild besteht auf ihrer Ebenbürtigkeit, doch Brünhild hält ihr vor: sie solle hinter Sigurd her in die Wälder laufen und die Pfade der

Hindin ausfindig machen – das stehe ihr besser an, als sich im Niflungenland als Königin aufzuspielen. Die Schelte zielt auf Sigurds unstandesgemäße Jugend: als Säugling im Wald ausgesetzt, war er von einer Hindin großgezogen worden und bei dem Schmied Mime aufgewachsen. Im Gegenzug fragt Grimhild Brünhild, wer ihr erster Mann gewesen sei, und als diese antwortet: Gunnar, trumpft sie auf, indem sie den Betrug im Brautbett aufdeckt und zum Beweis einen Ring vorzeigt, den Sigurd damals Brünhild abgenommen hatte.

Eine Version der Sage, die die Geschichte so oder ähnlich erzählte, scheint sich auch im ›Nibelungenlied‹ abzuzeichnen: man meint, den Faden der Erzählung von Anfang bis Ende aus dem Motivgewebe herauslösen zu können. Man faßt ihn zuerst in den wiederholten Hinweisen darauf, daß Siegfried den Weg nach Island weiß und sich dort vorzüglich auskennt (vor allem 378, 382, 384); dann in der Begrüßung Siegfrieds durch Brünhild (und vielleicht darin, daß Siegfried Brünhild erklären muß, warum nicht er der Werber ist); weiter im Bettbetrug; und schließlich im zweiten Teil des Streits der Königinnen: in den Auftritten vor dem Münster, in denen die Frauen öffentlich um ihren Vorrang streiten und der Hinweis auf den Bettbetrug die entscheidende Rolle spielt.

Übrig bleiben die Kampfspiele und der erste Teil des Rededuells, in dem die Frauen unter vier Augen über den Vorrang der Männer streiten. Zwei andere nordische Texte deuten darauf hin, daß die beiden Komplexe traditionell eine Einheit bilden: die ›Völsungasaga‹ und die ›Snorra-Edda‹. Die ›Völsungasaga‹, wohl um die Mitte des 13. Jahrhunderts entstanden, gibt eine umfassende Erzählung der Nibelungensage im wesentlichen auf der Basis der ›Lieder-Edda‹, die wir hier nur zum Teil direkt heranziehen können, weil die (Haupt-)Handschrift, der Codex regius (die »königliche Handschrift«, so genannt nach dem früheren Aufbewahrungsort: der Königlichen

Bibliothek zu Kopenhagen), im Bereich der Sigurd-Lieder eine größere Lücke aufweist. Die ›Snorra-Edda‹ ist eine Art Poetik, ein Lehrbuch der Dichtkunst, das um 1220 von dem Isländer Snorri Sturluson verfaßt wurde. Snorri gibt ausführliche Inhaltsangaben von und Zitate aus Liedern, die später in die Sammlung der ›Lieder-Edda‹ aufgenommen wurden. Sowohl in der ›Völsungasaga‹ als auch bei Snorri ist Brünhild nur durch eine heroische Leistung zu gewinnen: der Werber muß durch einen Flammenwall reiten, der ihre Halle umgibt. Da Gunnar dazu nicht in der Lage ist, tauschen er und Sigurd (durch Zauberei) die Gestalt. Sigurd besteht die Probe und wird von Brünhild für Gunnar gehalten; sie teilen das Lager, doch berührt Sigurd sie nicht, sondern legt sein Schwert zwischen sie; als er von ihr geht, tauschen sie zum Zeichen ihrer Verbindung Ringe aus. Dem entspricht in beiden Darstellungen die Anlage des Frauenstreits. Als die Schwägerinnen Brünhild und Gudrun (so heißt hier wieder Sigurds Frau) eines Tages ihr Haar im Fluß waschen, watet Brünhild weit ins Wasser hinein, indem sie erklärt, sie wolle an ihrem Kopf nicht das Wasser aus Gudruns Haar haben, denn sie habe den mutigeren Mann. Gudrun hält dem entgegen: in Wahrheit sei ihr Mann Sigurd der mutigere, denn er, nicht Gunnar, sei durch den Flammenwall geritten und ihr erster Mann gewesen. Und sie beweist das, indem sie den Ring vorzeigt, den Sigurd von Brünhild erhalten hatte.

Die Forschung hat den sagengeschichtlichen Zeugniswert der ›Thidrekssaga›, der ›Völsungasaga‹ und der ›Snorra-Edda‹ im Vergleich miteinander und mit dem ›Nibelungenlied‹ unterschiedlich beurteilt. Bei allen Unklarheiten und Unwägbarkeiten im einzelnen spricht jedoch alles dafür, daß die nordischen Versionen zwei konkurrierende Überlieferungen bezeugen, die gekennzeichnet sind durch die Handlungskerne: »Betrug im Brautbett – Frauenstreit mit Frauenvergleich in der Öffentlichkeit« einerseits, »Betrug bei der Freierprobe – Frauenstreit mit Männervergleich unter vier Augen« andererseits. Und wenn dies zutrifft, dann kann auch nicht fraglich sein, daß die Motivierungsproblematik im ›Nibelungenlied‹ im wesentlichen darin begründet ist, daß dort der Versuch unternommen wurde, die beiden Überlieferungen zu kombinieren. Es wäre im einzelnen aufzuweisen, wie die Mißlichkeiten von Szene zu Szene sich ergeben haben (auf eine: die Nutzlosigkeit der Steigbügel-Pantomime kommen wir zurück). Hier genügt die Feststellung, daß es offenbar nicht möglich gewesen ist, die divergente Sagentradition bruchlos in einer Motivationsstruktur zusammenzubinden, wie sie das neue, schriftliche Medium erforderte. Der Dichter hat sich darum bemüht, eine solche Struktur von der Unterordnungsfiktion her zu organisieren, und ist damit gescheitert.

Die erste Strophe

In den beiden Beispielen ging es um die Frage der Handlungslogik. Die Problematik der Textkonstituierung erschöpft sich nicht darin. Sie betrifft auch die Frage einer Sinngebung des Textes im literarischen Traditionszusammenhang. Die erste Strophe der mutmaßlich ursprünglichen Fassung kann das veranschaulichen.

Die erste Strophe der mutmaßlich ursprünglichen Fassung: das ist nicht die berühmte Strophe: *Uns ist in alten maeren ...*, die höchstwahrscheinlich aus der *C-Bearbeitung stammt, sondern die Strophe, die in den Ausgaben als zweite erscheint:

Ez wuohs in Burgonden ein vil edel magedîn,
daz in allen landen niht schoeners mohte sîn,
Kriemhilt geheizen. si wart ein schoene wîp:
dar umbe muosen degene vil verliesen den lîp.

(»In Burgund wuchs ein vornehmes Mädchen heran, das so schön war, daß in keinem Land ein schöneres hätte sein können, Kriemhild genannt. Sie wurde eine schöne Frau: deshalb mußten viele Helden das Leben verlieren«). Die Schönheit einer Frau führt zum Tod vieler Helden: das ist der Gedanke, den der Dichter des ›Nibelungenliedes‹ programmatisch an den Beginn seines Werkes gestellt hat. In der alten Tradition des Nibelungenstoffs hat er diesen Gedanken schwerlich gefunden. Er dürfte aus jener literarischen Sphäre stammen, in die er den Stoff zu transponieren hatte – es ist die Programm-Formel der Troja-Geschichte, der man in der gelehrt literarischen Tradition des Mittelalters auf Schritt und Tritt begegnen konnte, in prägnanter Zuspitzung z. B. in den Anfangsversen von Carmen Buranum 99 (Carmina Burana, hg. von Alfons Hilka und Otto Schumann, Bd. 1/2, Heidelberg 1941, S. 130):

Superbi Paridis leve iudicium,
Helene species amata nimium
fit casus Troïe deponens Ilium

(»Das leichtfertige Urteil des stolzen Paris, Helenas allzusehr geliebte Schönheit verursacht den Fall Trojas, stürzt Ilion«) oder, mit z. T. ganz ähnlichen Wendungen wie in der ›Nibelungenlied‹-Strophe, im Eingang von Konrads von Würzburg ›Trojanerkrieg‹ (Konrad von Würzburg, Der trojanische Krieg, hg. von Adelbert von Keller [Bibliothek des litterarischen Vereins in Stuttgart 44], Stuttgart 1858, 312 ff.):

ich sag iu von den dingen,
wie daz vil keiserlîche wîp
Helêne manigen werden lîp
biz ûf den tôt versêrte,
und waz man bluotes rêrte,
daz durch si wart vergozzen.
ir clârheit was geflozzen
für alle frouwen ûz erkorn.
des wart vil manic lîp verlorn,
der von ir minne tôt gelac.

(»Ich erzähle euch davon, wie die kaiserliche Frau, Helena, viele edle Männer bis auf den Tod verletzte und was man Blut verströmte, das um ihretwillen vergossen wurde. Ihre Schönheit übertraf die aller schönen Frauen. Deswegen kamen viele um, die wegen der Liebe, die sie verursachte, den Tod fanden«). Wenn nicht alles täuscht, dann hat der Dichter des ›Nibelungenliedes‹ also versucht, seinen Stoff mit Hilfe der Troja-Formel literarisch zu deuten, d. h. eine Verständnisperspektive für ihn zu öffnen, die ihn in der Welt der Literatur salonfähig machte.

Das Beispiel zeigt aber nicht nur, worauf es dem Dichter ankam, worin er seine Aufgabe sah und sehen mußte, es zeigt auch die Schwierigkeiten, mit denen er zu kämpfen hatte. Denn die Troja-Formel trägt nicht sehr weit. Zwar ist es Kriemhilds *unmâzen scoene* (45,1 u. ö.), ihre über alles Maß gehende Schönheit, die Siegfried und später Etzel veranlaßt, um sie zu werben, und sie ist damit die erste Voraussetzung für die Katastrophen, für Siegfrieds Tod und den Untergang der Burgunden. Doch ließ sich die Geschichte insgesamt nicht von diesem Gedanken her fassen, und es war auch gar nicht möglich, Kriemhild nach dem Bild der Helena zu stilisieren: das erlaubte der Stoff nicht. So werden die Erwartungen, die die Programmansage wecken mußte, notwendig enttäuscht.

IV
DIE KUNST DES DICHTERS

Der Dichter des ›Nibelungenliedes‹ befindet sich, was unser Urteil über ihn betrifft, in einer unglücklichen Lage: seine Grenzen liegen klar zutage, seine Leistung hingegen ist nicht ohne weiteres zu erkennen. Er ist verantwortlich für den Text, auf den die Überlieferung zurückgeht, und damit auch für all die künstlerischen Schwächen, die dieser Text aufweist – und zwar unabhängig davon, ob er sie selbst produziert oder aus der Tradition übernommen hat: im zweiten Falle halten wir ihm vor, daß er nicht in der Lage war, sie auszumerzen. Auf der anderen Seite dürfen wir ihm die künstlerischen Qualitäten des Werks nicht ebenso umstandslos gutschreiben, denn auch sie werden in beträchtlichem, für uns aber nicht genau bestimmbarem Umfang aus der Tradition stammen – und daß er sie bewahrt hat, das spricht selbstverständlich nicht im gleichen Maße für ihn, wie die Bewahrung der Mängel gegen ihn. Historische Fairneß gebietet es, im Zweifelsfall für den Dichter zu entscheiden, und so sprechen wir im folgenden von seiner Kunst, auch wenn wir nicht wissen können, inwieweit diese Kunst wirklich die seine ist. Sie umfassend zu würdigen, ginge über die Möglichkeiten dieser Einführung. Wir begnügen uns damit, einige markante Züge herauszuheben.

Formelsprache und Erzählduktus

Das ›Nibelungenlied‹ beeindruckt den Hörer oder Leser zuerst durch seine Sprache, für die es in der Literatur der Zeit nichts Vergleichbares gibt. Eine Reihe von Beispielversen mag helfen, etwas von dem Stilkalkül zu verdeutlichen, das diese Sprache bestimmt:

dar umbe muosen degene vil verliesen den lîp

(2,4: »deshalb mußten viele Helden das Leben verlieren«),

dar umbe muosen helede sît verliesen den lîp

(328,4: »deshalb mußten Helden später das Leben verlieren«),

dar umbe muose der recke dô verliesen den lîp

(1908,4: »deshalb mußte der Held da das Leben verlieren«),

des muosen sider recken verliesen den lîp

(2155,2: »deshalb mußten später Helden das Leben verlieren«),

dâ von der guote Rüedegêr sît muose vliesen den lîp

(1696,4: »von dem [nämlich von dem Geschenk: dem Schwert, das er Gernot schenkt] der edle Rüdiger später das Leben verlieren mußte«).

Ein Sachverhalt: daß etwas dazu führt, daß Helden den Tod finden, wird quer durch das Werk wiederholt nahezu identisch ausgedrückt. Nahezu identisch: denn ebenso auffällig wie die Übereinstimmungen sind die Variationen. Es verhält sich offenbar so, daß ein feststehendes Aussagegerüst jeweils unterschiedlich realisiert wird: Bezeichnung der Ursache bzw. des Mittels *(dar umbe, des, dâ von)* + Personenbezeichnung *(degene vil, helede, der recke, der guote Rüedegêr)* + *v(er)liesen den lîp*, dazu *muose(n)* und, fakultativ, Zeitangabe *(sît, dô, sider)* entweder vor oder nach der Personenbezeichnung. Solche Formelhaftigkeit ist mit das wichtigste Charakteristikum des »Nibelungischen«, wie Michael Curschmann treffend die besondere Sprache des Werks genannt hat.

Es ist damit zu rechnen, daß in dieser Formelhaftigkeit der Stil der mündlichen Dichtungstradition nachlebt (vgl. S. 27 f.), allerdings in einer literarisierten, gewissermaßen verkünstlichten Form, »die durch eine weiterreichende Austauschtechnik eine sehr viel größere Flexibilität zeigt« (Burghart Wachinger, HSt S. 267/93). Konstitutiv für den neuen, literarischen Formelstil des ›Nibelungenliedes‹ ist nicht zuletzt die Form der Strophe, auf die hin die Formeln geprägt sind. So begünstigt etwa das Bestreben, die Formel dem Rahmen der Langzeile anzupassen, eine Neigung zur Verbreiterung des Ausdrucks (häufig, wie in unseren Beispielen, durch Umschreibung des Verbums mit *müezen*) und zur Verteilung der festen Bestandteile auf Anfang und Ende der Zeile (wie in den Beispielen ebenfalls gut zu beobachten).

Das Zusammenspiel von Strophe und Formel hat auch einen inhaltlichen Aspekt. Dem aufmerksamen Leser wird nicht entgangen sein, daß in unserer Beispielreihe die Formel, die auf ein schlimmes Ende des aktuellen Geschehens vorausweist, in vier der fünf Fälle im letzten Vers der Strophe steht. Solche formelhaften epischen Vorausdeutungen, die die einzelnen Strophen mit einer Art negativem Fazit abschließen, durchziehen das ganze Werk und stimmen die Erzählung von Anfang an auf einen dunklen Grundton. Erzähltechnisch bewirken sie, daß die formale Abrundung des Strophenkörpers durch den gelängten letzten Abvers von der Aussage unterstrichen wird und die Strophe sich scharf als geschlossene Sinneinheit heraushebt. Das unterstützt und akzentuiert den in der strophischen Form grundsätzlich angelegten und im ›Nibelungenlied‹ durchgehend zu beobachtenden Erzählduktus: ein eigenartig blockhaftes, ruckartiges Fortschreiten, in dem das Geschehen in eine Folge von isolierten Momenten zerlegt wird.

In die gleiche Richtung wirkt letztlich auch die Gliederung des Erzählzusammenhangs in 39 Aventiuren, kapitelartige Abschnitte, die wir wohl schon für das Original in Anspruch nehmen dürfen (die Handschriften überliefern sie im wesentlichen übereinstimmend, weichen aber in der Bezeichnung z. T. weit voneinander ab: die meisten verwenden Prosaüberschriften des Typs: *Aventiure wie Rüedeger erslagen wart,* die vielleicht vom *C-Bearbeiter eingeführt wurden). Die Gliederung steht als ganze offenbar im Dienst der Proportionierung der zweiteiligen Großstruktur des Werks: der erste Teil umfaßt 19, der zweite Teil 20 Aventiuren, und beide Teile haben annähernd den gleichen Umfang, obwohl die Strophenzahl der einzelnen Aventiuren stark schwankt (zwischen 19 Strophen in I und XXXIV und 147 Strophen in XX). Unterschiedlich ist auch der Grad der inneren Einheitlichkeit der Aventiuren, doch kann man verallgemeinernd sagen, daß sie gewöhnlich eine Hauptstation der Handlung oder eine einzelne abgeschlossene Episode oder eine selbständige, in sich gerundete Etappe eines größeren Zusammenhangs umgreifen. Im Effekt läuft das auf eine Verselbständigung der stofflichen bzw. szenischen Bestandteile der Erzählung hinaus: auf jene Tendenz zu blockhaft harter Fügung eben, wie sie auch die Handhabung der Strophenform zeigt.

Mit alledem hebt sich das ›Nibelungenlied‹ als Sprachgebilde eigentümlichster Prägung klar vom zeitgenössischen höfischen Roman ab, in dem in fortlaufenden Reimpaaren das Geschehen kontinuierlich entwickelt wird und die Episodengliederung nicht auf eine Verselbständigung der einzelnen Handlungsteile angelegt ist, sondern gerade auf ihre Integrierung in einer übergreifenden Struktur, die den Sinn des Erzählten trägt und verbürgt. Der innere Zusammenhang der andersartigen sprachlichen und erzählerischen Strategien im ›Nibelungenlied‹ und die Konsequenz, mit der sie verfolgt werden, deutet auf einen starken Stilwillen hin und auf ein nicht weniger starkes Vermögen, ihm Geltung zu verschaffen. Liebend gerne möchten wir annehmen, dieser nibelungische Stil sei von unserm Dichter geschaffen worden, der dann als einer der bedeutendsten Sprachkünstler in der Geschichte nicht nur der deutschen Literatur zu gelten hätte. Doch gemahnt ein Umstand zur Vorsicht. Was wir als nibelungischen Stil fassen können, ist, wie wir sahen, weitgehend an die Form der Strophe gebunden. Deren Verwendung aber hatte ja – nach allem, was wir wissen können – schon Tradition in der Nibelungendichtung, als unser Dichter ans Werk ging. So müssen wir wohl davon ausgehen, daß dieser Stil im Gebrauch der Strophe allmählich herausgebildet und nicht in einem einmaligen Schöpfungsakt geschaffen wurde. Wenigstens tendenziell wird ihn unser Dichter bereits vorgefunden haben, doch hindert nichts, ihn als den großen Vollender anzusprechen, der ihm die zwingende Kraft verliehen hat, die sich dann durch die gesamte Überlieferung über alle Divergenzen im Wortlaut hinweg als bindend erweisen sollte.

Schaubildtechnik

Als die Burgunden am Etzelhof angekommen sind, geht ihnen Kriemhild mit ihrem Gefolge entgegen, küßt Giselher und ergreift seine Hand (1737,1–3). Der Auftritt ist wohlberechnet: indem sie als einzigen den jüngsten Bruder grüßt, den keine Schuld an Siegfrieds Tod trifft, demonstriert sie, daß sie ihr Leid noch nicht verwunden hat. Hagen begreift sogleich die Drohung, die darin steckt, und bindet zum Zeichen seiner Kampfbereitschaft den Helm fester (1737,4). Es folgt die erste Hortforderung (vgl. S. 68 f.), die in eine Klage Kriemhilds mündet, daß die Burgunden gewarnt wurden (1747). Als Warner bekennt sich trotzig Dietrich von Bern (1748). Beschämt, ohne ein Wort zu sagen, doch wilde Blicke auf ihre Feinde werfend, verläßt Kriemhild den Schauplatz (1749). Dietrich und Hagen fassen sich an den Händen und beginnen ein Gespräch (1750). Die freundliche Begrüßung geht anscheinend von Dietrich aus, der damit deutlich macht, auf welcher Seite er steht. König Etzel betrachtet die beiden aufmerksam und wundert sich, wer der fremde Held sein mag ... (1751,4ff.).

Die Szenenfolge zeigt auf kleinstem Raum den wiederholten Einsatz eines Darstellungsmittels, in dessen virtuoser Handhabung man vor allem anderen die künstlerische Leistung des Dichters bewundert hat: die demonstrative Schau-Geste. Die Personen kommunizieren nicht nur verbal miteinander, sondern immer wieder auch durch bestimmte Gebärden, die Zeichenfunktion besitzen. Für den Hörer oder Leser bedeutet das, daß ihm das Geschehen bildhaft plastisch vergegenwärtigt wird. Das gilt besonders für einige Hauptstationen der Handlung, an denen das entscheidende Moment mit Hilfe eines aufwendigen szenischen Arrangements im eigentlichen Sinne des Wortes augenfällig gemacht wird: so die Unterordnungsfiktion in der Steigbügel-Pantomime oder der Rangstreit der Königinnen im Auftritt vor dem Münster.

Wie mit seiner Formelsprache und seinem Erzählduktus so steht das ›Nibelungenlied‹ auch mit dieser Schaubildtechnik in der deutschen Epik seiner Zeit allein da. Und wieder sind wir nicht in der Lage zu sagen, inwieweit sie aufs Konto des letzten Dichters geht. Ein Blick auf die Tradition der Heldenepik, namentlich die französische, zeigt, daß eine Tendenz zu solcher Technik offenbar in der Gattung angelegt ist. Und für den einen oder anderen der einschlägigen Auftritte läßt sich plausibel machen, daß er aus anderen Dichtungen übernommen wurde: so scheint etwa die spektakuläre Szene der XXIX. Aventiure (wie Hagen nicht vor Kriemhild aufsteht) aus der französischen Wilhelmsepik zu stammen. Auf der anderen Seite sprechen die Häufung und der wohlüberlegte Einsatz des Darstellungsmittels für die planende und ordnende Hand eines großen Künstlers.

Daß es sich bei diesem nicht um einen Vorgänger unseres Dichters, sondern um diesen selbst handelt, dafür läßt sich vielleicht zweierlei anführen. Zum einen die Tatsache, daß die meisten Gebärden Gesellschaftsgebärden im Rahmen des höfischen Protokolls sind, die erfüllt oder (wie in Kriemhilds Begrüßung der Burgunden) bewußt verletzt werden: das setzt ein ausgeprägtes Interesse an zeremonieller Regelung des gesellschaftlichen Verkehrs, an »Umgangsformen« voraus, wie es charakteristisch ist für eine Entwicklungsstufe der höfischen Kultur, mit der in Deutschland eher gegen Ende des 12. Jahrhunderts zu rechnen ist als früher. Zum andern die Steigbügel-Pantomime: daß sie im Zusammenhang der Handlungslogik folgenlos bleibt (vgl. S. 69f.), könnte darauf hinweisen, daß sie aus stilistischen Gründen – als Glied in der Kette der Schaubilder, die zu knüpfen der Dichter bemüht war – sekundär eingefügt wurde; und es könnte sein, daß die Anregung dazu aus einem Roman kam, der seit den achtziger, neunziger Jahren des 12. Jahrhunderts beim höfischen Literaturpublikum in Deutschland Furore machte: dem Äneas-Roman Heinrichs von Veldeke, in dem man lesen konnte, wie Dido, der Herrin von Karthago, von Äneas galant der Steigbügeldienst geleistet wurde, als sie zur Jagd aufbrach (Henric van Veldeken, Eneide, hg. von Gabriele Schieb und Theodor Frings, Bd. 1 [Deutsche Texte des Mittelalters. 58], Berlin 1964, 1758ff.).

Es liegt auf der Hand, daß der Schaubildtechnik eine Tendenz innewohnt, die einzelne Szene herauszuheben. So fügt sie sich zu der blockhaften Erzählweise, die wir beschrieben haben, und unterstreicht damit eindrucksvoll die stilistische Einheit des Werks. Doch hat sie offenbar noch einen höheren poetischen Sinn: in ihrer Theatralik erscheint sie als Vehikel einer besonderen Art von Pathos, die das Klima der nibelungischen Welt bestimmt und Ausdruck einer eigentümlichen Humanität ist, die man nicht denken kann ohne die Errungenschaften der neuen höfischen Kultur und die sich doch ganz anders darstellt als die Humanität in den genuin höfischen Literaturgattungen, dem Minnesang und dem höfischen Roman.

Pathos der Innerlichkeit

Betrachten wir die große Konfrontationsszene der XXIX. Aventiure. Hagens Körperhaltung dort: sitzend, das Schwert über die Oberschenkel gelegt, entspricht einer Rechtsgebärde: es ist die Haltung, in der der Richter zu Gericht sitzt. In der mutmaßlichen – direkten oder indirekten – Quelle für diese Szene, die wir in der Chanson de geste ›Aliscans‹ fassen (die später Wolfram von Eschenbach im ›Willehalm‹ bearbeiten sollte) hatte der Rechtscharakter der Haltung seinen guten Sinn: der Held, Markgraf Wilhelm von Orange, nimmt sie gegenüber dem König Ludwig ein und demonstriert damit, daß sich dieser, der seiner Verpflichtung als Lehnsherr nicht nachkommen will, eines Rechtsbruchs schuldig macht. Im ›Nibelungenlied‹ hingegen ist die Haltung ihrer rechtlichen Bedeutung entkleidet: Hagen hat keinerlei Grund, sich zum Richter über Kriemhild aufzuwerfen (vielmehr bekennt er sich gerade in dieser Szene offen als Siegfrieds Mörder: Str. 1790); und als bloße Provokationsgeste wäre die Richterpose im Kontext schwer verständlich. Dennoch ist die Gebärde nicht sinnlos geworden – der Dichter hat ihr einen neuen Sinn gegeben, indem er sie in ihre beiden Komponenten zerlegte: das Sitzen und das Zeigen des Schwertes.

Als sich Kriemhild – die Krone auf dem Haupt und damit demonstrativ in ihrer Eigenschaft als Königin – Hagen und Volker nähert, mahnt dieser (1780):

›Nu stê wir von dem sedele‹, sprach der spileman:
›si ist ein küneginne; und lât si für gân.
bieten ir die êre: si ist ein edel wîp.
. . .‹

(»›Stehen wir von der Bank auf‹, sagte der Spielmann: ›sie ist eine Königin; und laßt sie vorübergehen. Erweisen wir ihr die Ehre: sie ist eine vornehme Frau . . .‹«). Damit ist ausgesprochen, was das höfische Protokoll erfordert. Hagen aber ist nicht bereit, dem nachzukommen (1781 f.):

›Nein durch mîne liebe‹, sprach aber Hagene:
›sô wolden sich versinnen dise degene,
daz ichz durch vorhte taete, und sold' ich hin gên.
ich enwil durch ir deheinen nimmer von dem sedele stên.

Jâ zimet ez uns beiden zewâre lâzen baz.
Zwiu solde ich den êren, der mir ist gehaz?
daz engetuon ich nimmer, die wîle ich hân den lîp.
ouch enruoch' ich, waz mich nîdet des künec Etzelen wîp.‹

(»›Mir zuliebe: nein‹, antwortete Hagen: ›sonst würden sich diese Helden einbilden, ich täte es aus Furcht, wenn ich mich von der Stelle rührte. Für keinen von ihnen werde ich von der Bank aufstehen. Es steht uns beiden wahrlich besser an, das zu lassen. Wozu sollte ich den ehren, der mich haßt? Das tue ich niemals, solange ich lebe. Auch ist mir gleichgültig, wie sehr König Etzels Frau mich haßt‹«). Wie man sieht, kommt es dem Dichter gerade nicht auf die Provokation an, auf die Wirkung, die die Verweigerung der Ehrerbietungsgeste auf Kriemhild haben konnte, sondern darauf, was in Hagen vorgeht: er bleibt sitzen, um sich selbst, um die Integrität seiner Person, wie er sie begreift, zu behaupten. Dem gesteigerten Interesse am inneren Menschen, das hier zum Ausdruck kommt, entspringt auch die Darstellung des Freundespaares, das mit Hilfe der Schaubildtechnik pathetisch ins Bild gesetzt wird: zu Beginn der Aventiure hält Hagen mit einem Blick über die Schulter nach Volker Ausschau, und dann lösen sich die beiden aus der Menge und gehen miteinander über den weiten Hof zu der Bank (1758,3 ff.). Was hier im Bild gezeigt wird:

Verbundenheit der Freunde gegenüber der Welt bewährt sich im folgenden Gespräch und in der folgenden Handlung. Volker versichert Hagen auf dessen fast ängstlich vorgebrachte Frage, daß er, komme was wolle, bereit sei, ihm gegen Kriemhilds Leute zu helfen (1777 ff.); und so bleibt er denn in der zitierten Passage Hagen zuliebe sitzen, obwohl er es vorgezogen hätte, höflich zu sein und aufzustehen. Die Gebärde des Sitzenbleibens dient also der Heroisierung der beiden Helden, in erster Linie natürlich Hagens. Und diese Heroisierung bedeutet zugleich eine Humanisierung, Vermenschlichung der starren Heldengestalten. Der Dichter hat das mit großer Kunst aus dem altepischen Motiv der Kriegerfreundschaft heraus entwickelt, deren Apotheose dann die berühmte XXXVII. Aventiure bringt: Hagens Schildbitte und Rüdigers Schildgabe.

Das Moment der Provokation, die Betroffenheit Kriemhilds, kommt erst mit der Schwertgeste ins Spiel. Entscheidend ist, daß es sich um Siegfrieds Schwert handelt. Erst als Kriemhild näher kommt, legt Hagen es über seine Beine (1783); sie erkennt es, und (1784):

Dô si daz swert erkande, dô gie ir trûrens nôt.
sîn gehilze daz was guldîn, diu scheide ein porte rôt.
ez mante si ir leide: weinen si began.
ich waene, ez hete dar umbe der küene Hagene getân.

(»Als sie das Schwert erkannt hatte, überwältigte sie der Schmerz. Sein Griff war aus Gold, die Scheide mit rotem Seidenband umwickelt. Es erinnerte sie an ihr Leid: sie brach in Tränen aus. Ich glaube, daß der kühne Hagen es deshalb getan hatte«). Wieder dient das Schaubild der Inszenierung von Innerlichkeit: das Vorweisen des Schwertes läßt Kriemhilds Leid hervorbrechen und gibt dem Dichter so Gelegenheit, sie uns in der überwältigenden Leidenschaft ihrer Liebe zu Siegfried zu zeigen.

Hagens heroische Größe und Kriemhilds Schmerz: ihrer Psychologie gilt vor allem die Aufmerksamkeit des Dichters, in ihrer Darstellung bewährt sich vor allem seine Kunst. Wir deuteten bereits an, daß solches Interesse am Menschen eine Errungenschaft der neuen höfischen Kultur des 12. Jahrhunderts ist. Daß es dem Dichter gelang, es in dem alten heroischen Stoff zur Geltung zu bringen, war wohl die Voraussetzung dafür, daß dieser Stoff damals Literatur werden konnte; Höfisierung im Äußeren, ritterliche Kostümierung der Vorzeitrecken allein hätte das schwerlich vermocht. Dabei liegt, jedenfalls für uns, eine besondere Faszination darin, daß diese Verinnerlichung des Geschehens im ›Nibelungenlied‹ nicht einfach den Mustern des höfischen Romans folgt (was auch kaum möglich gewesen sein dürfte), sondern dem archaischen »Gattungsstil angepaßt« ist und so »vor allem als pathetische Sentimentalisierung« erscheint (Alois Wolf, HSt S. 234/60). Es liegt, so könnte man vielleicht auch sagen, über aller modernen Humanität, die der Dichter den Gestalten einzuprägen bemüht ist, ein Hauch von Barbarentum, der uns zugleich anziehen und befremden mag.

V
INTERPRETATION UND REZEPTION

Das ›Nibelungenlied‹ präsentierte sich uns seltsam zwiegesichtig: zeigte eine mangelhafte Motivationsstruktur bei gleichwohl großer Kunst des Erzählens und Darstellens. Die Forschung hat sich jahrzehntelang darum bemüht und bemüht sich weithin noch heute, ein günstigeres Bild zu gewinnen, in dem die Mängel keine Rolle spielen oder gar nicht aufscheinen. Sie suchte und sucht nach einem umgreifenden Sinnkonzept, das hinter der Oberflächenhandlung steht und diese so organisiert, daß die Widersprüche und Ungereimtheiten der Handlungslogik aufgehoben sind.

Forschungsgeschichtlich gehört dieses Bemühen in den Zusammenhang der großen Protestbewegung gegen die Lehre Andreas Heuslers (vgl. S. 31 f.). Heusler hatte einst ältere Versuche dieser Art mit der bissigen Bemerkung abgetan, der »Meister um 1200« habe »sich mit dem Lindwurm der ›tieferen Bedeutung‹ noch nicht« herumschlagen müssen (Nibelungensage und Nibelungenlied [vgl. S. 112)] S. 58). Das Ungenügen an Heuslers Verfahren, den erhaltenen Text von dessen rekonstruierter Vorgeschichte her als historisch gewordenes Gebilde zu begreifen, mußte früher oder später auch seine Abneigung gegen jedwede interpretierende Sinnerschließung als borniert erscheinen lassen. Und so gab sich die Forschung – getragen auch von einem allgemeinen Aufschwung der Interpretationskunst in der Literaturwissenschaft – seit den fünfziger Jahren einer wahren Deutungslust hin, die rasch dazu führte, daß eine ganze Reihe grundverschiedener, sich gegenseitig ausschließender Interpretationen ins Gespräch gebracht war.

An skeptischen und warnenden Stimmen hat es freilich nicht gefehlt. Friedrich Neumann etwa wies mit

Nachdruck darauf hin, daß »schon die Zahl der sorgsam und klug geführten Versuche den Verdacht wecken« sollte, »hier sei schon im Ansatz etwas verfehlt worden« (Das Nibelungenlied in seiner Zeit [vgl. S. 114] S. 164). Und Hans Fromm stellte mit einiger Schärfe fest: »alle Versuche seit eh und je belegen, daß dem Epos die grundlegende und einheitschaffende Idee fehlt« (Atti S. 73). Man kann nicht sagen, diese Stimmen seien nicht gehört worden, aber sie haben dem hemmungslosen Interpretationsbetrieb am Ende keinen Einhalt gebieten können und es vor allem nicht vermocht, die Forschung dazu zu bewegen, sich ernsthaft auf die Frage einzulassen, die vor allem Interpretieren zu beantworten wäre: inwieweit die epische Struktur des überlieferten Textes es überhaupt erlaubt, ihn in der üblichen Weise auszulegen.

Wir wollen versuchen, uns das Problem wenigstens im grundsätzlichen klar zu machen. Wir dürfen uns davon nicht nur ein besseres Verständnis der verworrenen Forschungssituation versprechen, sondern auch einen genaueren Begriff von der Eigenart des Werks und, nicht zuletzt, einen Einblick in die Mechanismen der bewegten – teils kuriosen, teils verhängnisvollen – Geschichte seiner Rezeption.

Auszugehen ist von der Tatsache, daß das ›Nibelungenlied‹ auf den Leser in ungewöhnlichem Maße interpretationsbedürftig wirkt und daß schon die Zeitgenossen ein solches Interpretationsbedürfnis verspürt haben.

Die Sicht der Zeitgenossen

Die Überlieferung des ›Nibelungenliedes‹, sosehr sie uns philologisch zu schaffen macht, ist insofern ein Glücksfall, als sie es erlaubt, die Reaktion der Zeitgenossen auf das Werk zu studieren. Wir fassen diese Reaktion in der ›Klage‹ und in der *C-Bearbeitung.

Erinnern wir uns: die ›Klage‹ erscheint in der Überlieferung als eine Art Nachtrag zum ›Nibelungenlied‹ (vgl. S. 49 f.). In 4360 Reimpaarversen (nach der Ausgabe von Bartsch) erzählt sie, wie die Toten aufgefunden und bestattet werden, wie die Kunde von der Katastrophe in der Welt verbreitet wird – alles unter endlosen Klagen der Überlebenden – und wie Dietrich von Bern mit seiner Verlobten Herrad und dem alten Hildebrand in sein Erbreich aufbricht. Einleitend wird das Geschehen, das zur Katastrophe führte, mit einigen zusätzlichen Informationen rekapituliert, und der Verfasser räsoniert immer wieder über Schuld und Unschuld: er legt dar, daß Kriemhild allein aus Treue zu Siegfried gehandelt habe und daher von jeder Schuld freizusprechen sei (139 ff.), ja daß man annehmen müsse, diese ihre Treue habe ihr die ewige Seligkeit erworben (569 ff.); er verweist auf den *übermuot* der Akteure – die Sünde der *superbia* – als Quelle allen Übels und gibt unmißverständlich zu erkennen, daß Hagen die Hauptschuld trägt (u. a. 228 ff., 1250 ff., 3434 ff., 4030 ff.); und er führt aus, wie Etzel sein Unglück als Gottesstrafe dafür auffaßt, daß er einst vom Christentum, zu dem er sich bekehrt hatte, wieder abgefallen ist (948 ff.).

Die Forschung ist sich uneins darüber, wann die ›Klage‹ entstanden ist und wie sie sich entstehungsgeschichtlich zum ›Nibelungenlied‹ verhält. Einige halten es für möglich, daß sie vor dem ›Nibelungenlied‹ zu Pergament gekommen ist. Sie bezöge sich dann auf die vor diesem liegende Erzähltradition und hätte gewissermaßen als Pionier den Boden dafür bereitet, daß man es wagen konnte, die alte Geschichte aus mündlicher Überlieferung in einem großepischen Buchwerk zu erzählen. Andere stellen sich lieber vor, sie sei erst Jahrzehnte nach dem ›Nibelungenlied‹, vielleicht um 1220, entstanden. Für beide Positionen lassen sich gute Argumente anführen. Wahrscheinlicher ist jedoch die wohl vom überwiegenden Teil der Forschung vertretene Ansicht, daß die

›Klage‹ nicht lange nach dem ›Nibelungenlied‹ verfaßt wurde, in demselben Passauer Literaturkreis, als Zusatz zum Werk des Meisters, mit dem sie dann ja durchweg gemeinsam überliefert ist.

Das geistliche Räsonnement, das – nachgerade pedantisch wirkende – Bemühen um »historische« Korrektheit und Vollständigkeit, die wiederholten Wahrheitsbeteuerungen, die durch lange Tradition nicht zuletzt für geistliche Lehrgedichte in der Volkssprache sanktionierte Form des Reimpaars: das alles gibt der ›Klage‹ den Charakter eines seriösen Literaturwerks, das geeignet war, dem ›Nibelungenlied‹, das in gelehrten Klerikerkreisen zumindest problematisch sein mußte, literarische Anerkennung zu verschaffen. Es scheint, als sei die ›Klage‹ sozusagen die Eintrittskarte gewesen, die dem ›Nibelungenlied‹ den Zugang zur Welt der *litterati*, der gelehrten Kleriker, geöffnet hat (in diesem Sinne war es auch gemeint, wenn wir die Passage über die Aufzeichnung des Geschehens im Auftrag Bischof Pilgrims als »Echtheitszertifikat des ›Nibelungenliedes‹« bezeichnet haben – vgl. S. 50).

Entscheidend in unserem Zusammenhang ist das moralisch-geistliche Räsonnement. Es liefert eine Verständnisperspektive, einen Sinnzusammenhang, den das ›Nibelungenlied‹ selbst nicht zu bieten hatte. Das bedeutet nun aber nichts anderes, als daß die Zeitgenossen das ›Nibelungenlied‹ eben als interpretationsbedürftig empfunden haben, daß sie es so, wie der Dichter es darbot, nicht akzeptieren konnten. Der Verfasser der ›Klage‹ hat diesem Ungenügen entsprochen, indem er einen christlich motivierten Zusammenhang von Gut und Böse konstruierte, auf den sich das im ›Nibelungenlied‹ Erzählte erklärend beziehen ließ. Daß er damit das Sinnbedürfnis der Zeitgenossen in der Tat befriedigt hat, scheint die *C-Fassung zu zeigen. Es läßt sich, leider, nicht beweisen, doch spricht vieles dafür, daß deren Urheber die Interpretationstendenz: Hagen anzuschwärzen und

Kriemhild zu exkulpieren, aus der ›Klage‹ übernommen hat, die er ihrerseits in seine Bearbeitung einbezog (vgl. S. 60 ff.).

Man kann sich nicht deutlich genug vor Augen führen, daß das Mittelalter das ›Nibelungenlied‹ durchweg in solcher geistlichen Sicht gelesen hat bzw. hat lesen müssen. Die Forschung hat dieses mittelalterliche Textverständnis mit erstaunlich leichter Hand beiseite geschoben und den *AB-Text auf eigene Faust so interpretiert, als habe es die ›Klage‹ und die *C-Fassung nie gegeben. Selbstverständlich wird niemand behaupten wollen, ›Klage‹-Verfasser und *C-Bearbeiter hätten die »richtige« Interpretation des ›Nibelungenliedes‹ gefunden. Sie haben dem Werk vielmehr einen Sinn unterstellt, auf den die Geschichte, die es erzählt, in keiner Weise angelegt ist. Gerade die Einsicht in diesen Sachverhalt hätte der Forschung aber zeigen können, daß sie, wenn auch gewöhnlich subtiler, im Prinzip nicht anders verfährt: daß sie ständig der Gefahr ausgesetzt ist, mit ihren Interpretationen nicht Werksinn zu ermitteln, sondern werkfremd Sinn zu unterstellen.

Sinnunterstellung

Wie solche Sinnunterstellung in modernen Interpretationen aussieht, sei anhand der Hortforderung demonstriert. Wir sahen (S. 65 ff.), daß die Beibehaltung der alten Szene im ›Nibelungenlied‹ zu einem scharfen Bruch im Handlungszusammenhang geführt hat, den zu überbrücken sich der Dichter vergeblich bemühte. Die Forschung mochte ihn mit solchem künstlerischen Versagen nicht belasten und hat es sich angelegen sein lassen zu zeigen, daß hier nur auf den ersten Blick ein Bruch vorzuliegen scheint und die Szene sich bei näherem Hinsehen gerade so, wie der Dichter sie präsentiert, vorzüglich in den Handlungszusammenhang einpaßt. Das Peinliche daran ist nur, daß eine ganze Reihe verschiedener, einander widersprechender Erklärungsversuche vorgelegt wurde. Wir greifen zwei heraus, an denen das Problem besonders gut zu studieren ist: diejenigen Bert Nagels und Hans Kuhns.

Nach Bert Nagel (Staufische Klassik, Heidelberg 1977) »erscheint der Hort« zwar zunächst »rein materiell als eine Quelle der Macht und des Reichtums«, gewinnt »im Verlauf der Rachehandlung jedoch ... zunehmend eine andere Bedeutung« (S. 533). Als Hunnenkönigin »zur reichsten und mächtigsten Frau der Welt« geworden, bedürfe Kriemhild »des Hortes zur Rache nicht mehr« (S. 533). Er werde nun »eine ideelle Größe«, insofern sie in ihm, der Morgengabe Siegfrieds, »ein Teil von Siegfried selbst sehe« (S. 533). Und weil der Hort solchermaßen nicht von Siegfried zu trennen sei, müsse Kriemhild ihn von Hagen fordern, wolle sie nicht treulos werden. Der Hort sei »keine Alternative zu Siegfried«, sondern, im Gegenteil, »dessen mythisch-symbolische Repräsentanz« (S. 534). Da Kriemhild aber niemals auf die Rache für Siegfrieds Tod verzichten könne, sei »ihr Freilassungsangebot an den Todfeind ... nicht realistisch gemeint« (S. 534). Mit Recht unterstellend, »daß Hagen seinerseits das von ihm beschworene Hortgeheimnis niemals preisgeben« werde, quäle sie ihn in »spielerisch grausamem Auskosten der endlich erlangten Rachemöglichkeit« mit der Alternative: »Entweder brich deinen Eid oder stirb!« (S. 534 f.).

Kann es für Nagel keinen Bruch zwischen Rachemotiv und Hortmotiv geben, weil beide in seiner Sicht »letztlich dasselbe sind« (S. 534), insistiert Hans Kuhn auf diesem Bruch. Für ihn liegt höchste Kunst des Dichters darin, daß dieser gerade nicht versucht habe, den Bruch zu beseitigen, sondern die alte Szene »als das verwendete, was sie jetzt«, im Rahmen der neuen Konstellation, geworden »war: ein böser Mißklang auf der Höhe der Rachehandlung, zu der sich der zweite Teil der Doppelsage gewandelt hatte. Als Kriemhild, immer neu gekränkt und verhöhnt und von schweren Rückschlägen und Enttäuschungen getroffen, endlich unmittelbar vor der Rache für den Tod Siegfrieds« stehe, da vermöge »sie die Stunde nicht mehr zu begreifen«, lasse »sich zu einem sinnlosen Paktieren um die geraubten Schätze und zur Tötung ihres letzten Bruders hinreißen und« bringe »sich damit in demselben Augenblick um den gewonnenen Sieg und zugleich um alle menschliche Würde. Durch diese unerwartete Wendung und ihre Folgen« sei »das Epos erst ganz zu der fürchterlichen Tragödie geworden, die noch heute jeden Leser« erschüttere (NuK S. 351).

Bei aller Verschiedenheit im Ergebnis gehen die beiden Interpretationen von der gleichen Prämisse aus und verfahren auch methodisch gleich. Sie setzen voraus, daß der Text im Sinne einer psychologischen bzw. handlungslogischen Stimmigkeit kohärent ist. Und sie wollen solche Stimmigkeit nachweisen, indem sie sich bemühen, einen Motivationszusammenhang ausfindig zu machen, der im Text nicht explizit gegeben ist, sondern als gewissermaßen implizite Sinnstruktur das explizite Handeln der Personen bestimmt. Wenn man die Prämisse anerkennt, kann man gar nicht anders vorgehen, denn der Dichter präsentiert ja nur die Außenansicht, läßt die Szene sich abspielen, ohne einen Blick ins Innere der Personen zu gewähren, die Beweggründe vorzuzeigen, warum sie gerade so und nicht anders handeln. Da nun aber das Verhalten der Personen in der Außenperspektive unerwartet ist, d. h. ihre Beweggründe nicht ohne weiteres – aus dem Textzusammenhang oder aus Entsprechung zu lebensweltlichen Erfahrungsmustern – einsichtig werden, ergibt sich, daß die Interpretationen sich weder beweisen noch widerlegen lassen.

Daß Kriemhild ein emotionales Verhältnis zum Hort hat, in ihm vor allem oder gar ausschließlich das kostbare Vermächtnis Siegfrieds sieht, wird nirgendwo gesagt. Eine einzige Stelle gibt es, an der Siegfrieds Tod und der

Verlust des Hortes in einem Atemzug genannt werden (1141):

Mit iteniuwen leiden beswaeret was ir muot
umb ir mannes ende. unt dô si ir daz guot
alsô gar genâmen, dô gestuont ir klage
des lîbes nimmer mêre unz an ir jungesten tage.

(»Mit neuem Leid wurde sie beschwert wegen ihres Mannes Tod. Und als sie ihr den Schatz restlos genommen hatten, da hörte ihre Klage im Leben nicht mehr auf bis zu ihrem Ende«). Man wird das so zu verstehen haben, daß Hagens neuerliche Schandtat für Kriemhild auch das alte Leid, das er ihr zugefügt hatte, wieder ganz lebendig *(iteniuwe)* werden läßt. Die Annahme, im Hort sei für Kriemhild ihr geliebter erster Mann »symbolisch« präsent, läßt sich auf diese Stelle nicht gründen. Aber es findet sich umgekehrt auch nicht der geringste Hinweis darauf, daß dies nicht der Fall ist. Und ganz genauso gibt es keinen Einwand, der Kuhns Interpretation widerlegen könnte, und umgekehrt auch keine Möglichkeit, aus dem Text zu zeigen, daß sie zutrifft.

Wenn man sich nicht mit der schieren Beliebigkeit dieser Interpretationen zufriedengeben will, kommt man an der Einsicht nicht vorbei, daß sie nicht den historisch authentischen Sinn des Werks aufdecken, sondern es korrigieren und sich damit in die lange Reihe der Um- und Nachdichtungen stellen, die mit der ›Klage‹ und der *C-Bearbeitung beginnt. Daß es in solchem Umfang zu korrigierenden Weiterbildungen kommen konnte oder mußte, das ist die Folge der Motivationsdefizite des Werks.

Man kann die Probe aufs Exempel machen. Wenn die Überlegung richtig ist, dann darf man erwarten, daß der *C-Bearbeiter im Zusammenhang der Hortforderung an den Stellen eingegriffen hat, die sich uns als problematisch erwiesen haben. Und das ist in der Tat der Fall.

Er hat, erstens, versucht, die Kluft zwischen Rachemotiv und Hortmotiv zu verringern. Zu diesem Zweck rückte er im Rahmen der ersten der beiden Hortforderungsszenen, in die gleiche Richtung denkend wie die Verfechter der modernen Symbol-These, den Hort und Siegfried zusammen und drängte den materiellen Aspekt zurück. Aus Kriemhilds Klage um den Verlust des Hortes (1743,4):

›des hân ich alle zîte vil manigen trûrigen tac‹

(»›Darum habe ich nur noch traurige Tage‹«) machte er eine Klage um den Hort und um Siegfried (*C 1783,4):

›nâch im und sîme herren hân ich vil manegen leiden tac‹

(»›Um ihn und um seinen Herrn traure ich alle Zeit‹«) und ließ Kriemhild abschließend, in einer eigens eingeschobenen Strophe, beteuern (*C 1785,1 f.):

›Jâne rede ihz niht darumbe, deich mêre goldes welle gern.
ich hâns sô vil ze gebene, deich iuwer gâbe mac enbern.
...‹

(»›Ich sage das nicht, weil ich mehr Gold haben wollte. Ich habe davon so viel zu verschenken, daß ich auf eine Gabe von euch verzichten kann ...‹«). Und er ersetzte die aus der Außenperspektive gegebene Vorausdeutung auf den Mord an Gunther und Hagen, die den Schlußauftritt einleitet (2366,4):

der Kriemhilde râche wart an in beiden genuoc

(»Kriemhilds Rache erging vollkommen an den beiden«) durch eine Reflexion Kriemhilds, die zeigen soll, daß es ihr einzig und allein um Rache für Siegfried zu tun ist (*C 2425,4):

si dâht: ›ich geriche hiute mîns vil lieben mannes lîp‹

(»Sie dachte: ›Ich räche heute meinen geliebten Mann‹«). Zweitens lieferte der *C-Bearbeiter, die Außenperspektive wieder durch einen Blick in den Kopf des Handelnden durchbrechend, in einer Zusatzstrophe ein Motiv für Hagens Anschlag auf Gunther, das zugleich seiner Tendenz zugute kam, Kriemhilds Gegenspieler nach Kräften ins Unrecht zu setzen (*C 2428):

Er wiste wol diu maere, sine liez in niht genesen.
wie möhte ein untriuwe immer sterker wesen?
er vorhte, sô si hête im sînen lîp genomen,
daz si danne ir bruoder lieze heim ze lande komen.

(»Er wußte genau, daß sie ihn nicht würde davonkommen lassen. Wie hätte es jemals eine größere Treulosigkeit geben können? Er fürchtete, wenn sie ihn getötet hätte, daß sie dann ihren Bruder heimkehren ließe«).

So kann es kaum zweifelhaft sein: die modernen Interpreten der Hortforderungsszene arbeiten, vom selben Sinnbedürfnis getrieben, mit demselben Verfahren der Sinnunterstellung wie der *C-Bearbeiter – und überschreiten damit die Grenzen der historischen Interpretierbarkeit des Textes, die sich daraus ergeben, daß sowohl die objektiven Möglichkeiten als auch die subjektive Fähigkeit des Dichters, das traditionelle Stoffmaterial buchepisch zu integrieren, beschränkt waren.

Inwieweit der Befund sich verallgemeinern läßt, ist beim heutigen Stand der Forschung noch nicht recht abzusehen. Sicher ist, daß gegenüber der großen Mehrzahl der vorliegenden Interpretationen dringend der Verdacht auf Sinnunterstellung besteht. Erkennbar sind dabei immer wieder zwei Grundmuster, die sich aus den Argumentationen Bert Nagels und Hans Kuhns abstrahieren lassen: die Interpreten leugnen die Existenz von Brüchen im Werkgefüge (wie Nagel), oder sie sehen gerade in ihnen den Sinngehalt verkörpert (wie Kuhn). Wo immer man Interpreten in dieser Weise um Harmonisierung oder um Funktionalisierung der widerständigen Textstruktur bemüht sieht, ist Skepsis am Platze.

Ideologische Vereinnahmung

Die Beliebigkeit der meisten Interpretationen des ›Nibelungenliedes‹ ist beunruhigend, doch muß man wenigstens nicht befürchten, daß sie Schaden anrichten: das Nachdenken der Interpreten findet im Elfenbeinturm des Wissenschaftsbetriebs statt. Das war nicht immer so.

Über fast anderthalb Jahrhunderte, von den Anfängen der wissenschaftlichen Germanistik bis zum Ende der nationalsozialistischen Herrschaft, gingen öffentliches und wissenschaftliches Interesse am ›Nibelungenlied‹ weithin Hand in Hand. Als im Jahre 1810 an der soeben gegründeten Universität Berlin die erste Professur für deutsche Sprache und Literatur eingerichtet wurde, besetzte man sie mit einem Mann, der sich durch eine Bearbeitung des ›Nibelungenliedes‹ »einen Namen als enthusiastischer Patriot gemacht« hatte – und es scheint eben dieser Patriotismus gewesen zu sein, der ihm, Friedrich Heinrich von der Hagen, einem »philologischen Dilettanten«, den Ruf einbrachte (Johannes Janota in: Eine Wissenschaft etabliert sich. 1810–1870 [Deutsche Texte. 53], hg. von J. J., Tübingen 1980, S. 16f.). Denn die Universitätsgründung stand im Zeichen der patriotischen Erneuerung Preußens nach dem Zusammenbruch von 1806, als die preußischen Truppen bei Jena und Auerstedt von Napoleon vernichtend geschlagen wurden und Deutschland, nach der Auflösung des Heiligen Römischen Reiches Deutscher Nation, endgültig unter französischen Einfluß kam. Das aus antifranzösischem Affekt erwachsene Nationalgefühl verband sich mit der Mittelalterbegeisterung der Romantik und bescherte der mittelalterlichen, »altdeutschen« Dichtung eine ideologische Schlüsselrolle als Garantin »vaterländischer Identität und Legitimation« (Wunderlich [vgl. S. 117)] S. 11).

»Es scheint«, so heißt es in von der Hagens Vorrede zu der Bearbeitung des ›Nibelungenliedes‹, die 1807 erschienen war, »es scheint, als suche man in der Vergangenheit und Dichtung, was in der Gegenwart schmerzlich untergeht. Es ist aber dies tröstliche Streben noch allein die lebendige Urkunde des unvertilgbaren Deutschen Karakters, der über alle Dienstbarkeit erhaben, jede fremde Fessel über kurz oder lang immer wieder zerbricht, und dadurch nur belehrt und geläutert, seine angestammte Natur und Freiheit wieder ergreift. ... Unterdessen aber möchte einem Deutschen Gemüthe wohl nichts mehr zum Trost und zur wahrhaften Erbauung vorgestellt werden können, als der unsterbliche alte Heldengesang, der hier aus langer Vergessenheit lebendig und verjüngt wieder hervorgeht: das Lied der Nibelungen, unbedenklich eins der größten und wunderwürdigsten Werke aller Zeiten und Völker, durchaus aus Deutschem Leben und Sinne erwachsen und zur eigenthümlichen Vollendung gediehen, und als das erhabenste und vollkommenste Denkmal einer so lange verdunkelten Nazionalpoesie, unter den übrigen, zwar auch nicht unbedeutenden und geringen Resten derselben, doch ganz einzig und unerreicht dastehend, – dem kolossalen Wunderbau Erwins von Steinbach vergleichbar. Kein anderes Lied mag ein vaterländisches Herz so rühren und ergreifen, so ergötzen und stärken, als dieses ..., worin dem Jünglinge die Schönheit und Anmuth jugendlicher Heldengestalten, kühner, ritterlicher Scherz, Uebermuth, Stolz und Trutz, männliche und minnigliche Jungfrauen in des Frühlings und des Schmuckes Pracht, holde Zucht, einfache, fromme und freundliche Sitte, zarte Scheu und Schaam, und liebliches, wonniges Minnespiel, und über alles eine unvergeßliche, ewige Liebe sich darstellen; und worin endlich ein durch dieselbe grauenvoll zusammengeschlungenes Verhängniß eine andere zarte Liebe in der Blüte zerstöhrt und alles unaufhaltsam in den Untergang reißt, aber eben in diesem Sturze die herrlichsten männlichen Tugenden offenbart, als da sind: Gastlichkeit, Biederkeit, Redlichkeit, Treue und Freundschaft bis in den Tod, Menschlichkeit, Milde und Großmuth in des Kampfes Noth, Heldensinn, unerschütterlicher Standmuth, übermenschliche Tapferkeit, Kühnheit, und willige Opferung für Ehre, Pflicht und Recht; Tugenden, die in der Verschlingung mit den wilden Leidenschaften und düstern Gewalten der Rache, des Zornes, des Grimmes, der Wuth und der grausen Todeslust, nur noch glänzender und mannigfaltiger erscheinen, und uns, zwar traurend und klagend, doch auch getröstet und gestärkt zurücklassen, uns mit Ergebung in das Unabwendliche, doch zugleich mit Muth zu Wort und That, mit Stolz und Vertrauen auf Vaterland und Volk, mit Hoffnung auf dereinstige Wiederkehr Deutscher Glorie und Weltherrlichkeit erfüllen« (zitiert nach dem Wiederabdruck in der 2. Ausgabe: Der Nibelungen Lied, erneuet und erklärt durch Friedr. Heinr. von der Hagen, Frankfurt am Main 1824, S. 1 ff.).

Historische Gerechtigkeit gebietet, darauf hinzuweisen, daß hinter diesem altväterlichen Pathos ein fortschrittliches politisches Programm steht: von der Hagen »denkt, wenn er auf die Erneuerung des Reiches und die Wiedergeburt der nationalen Einheit aus dem Geist des Mittelalters hofft, an nichts Geringeres als die freiheitliche Staatsform der Republik« (Helmut Brackert, Nibelungenlied und Nationalgedanke [vgl. S. 117] S. 349). Doch sind hier im Kern schon alle Klischees einer reaktionären und am Ende mörderischen Rezeption des ›Nibelungenliedes‹ versammelt. Die verhängnisvollste Rolle sollte dabei die Berufung auf die »Treue« spielen, die von der Hagen unter den »männlichen Tugenden« nennt, die das Lied verherrliche. Sie erscheint etwa in der vielgelesenen Literaturgeschichte des Marburger Professors

A. F. C. Vilmar, von der zwischen 1845 und 1911 nicht weniger als 27 Auflagen herausgekommen sind, als die Sinnmitte des ganzen Werks (und darüber hinaus der mittelhochdeutschen Heldendichtung schlechthin): »Ehe ich nun meine Leser bitte, mich zu den einzelnen Schöpfungen unseres Volksepos zu begleiten, habe ich noch einen allgemeinen Charakter ihres Inhalts anzugeben, der sie alle gleichmäßig auszeichnet – den rothen Faden nachzuweisen, welcher durch sie alle hindurchläuft und sie als deutsche Lieder stempelt, als Lieder, in denen das innerste, reinste, edelste Herzblut des deutschen Volkes strömt. Es ist die Treue des deutschen Volkes, die sich in diesen Liedern ein unvergängliches Denkmal gesetzt hat. Mit unauslöschlicher Anhänglichkeit ist das Stammeshaupt seinen Gliedern, mit gleich unauslöschlicher Anhänglichkeit sind die Stammesglieder dem Stammesoberhaupt zugethan. . . . Für den lieben König und Herrn wird alles gethan, wird treulich gekämpft, wird willig geblutet, wird freudig in den Tod gegangen . . . Und umgekehrt: von dem treuen Dienstmanne laßen die Könige nicht bis in den Tod, bis zu ihrem und des ganzen Stammes furchtbaren Untergange. Hagen erschlägt den Siegfried aus Mannentreue gegen seine Königin Brunhild; Hagen widerrät den Zug ins Hunnenland, da aber die Könige, seine Herren, die Fart dennoch beschloßen haben, so gehet er fest und mutig mit, als der Nibelunge ›helflicher Trost‹, wiewol er sicher voraus weiß, daß diese Fart sein Tod, der Tod seiner Herren und der Untergang des Burgundengeschlechtes sein wird. Und im Kampfe stehet er bei seinen lieben Herren bis an das Ende. Als dagegen die Feinde von den Burgundenkönigen nur ihn allein wollen ausgeliefert haben, und für die Auslieferung Hagens den Königen freien Abzug versprechen – da ringt sich ein Schrei des Entsetzens aus den Herzen der Könige hervor: fahr hin o Vaterland, fahr hin o Gattin, fahr hin blühende Braut, fahr hin o junges Leben, fahr hin du edler Stamm der Burgunden, dessen allerletzte wir sind – Hagen wird nicht ausgeliefert. – Rüdiger von Bechlaren, Chriemhilden und Etzels Mann, kämpft mit Gernot, dem Burgunden, dem liebsten seiner Freunde, den grimmen Todeskampf, denn Gernot ist seiner Herrin – zwar Bruder, aber Feind. Sie überleben einander nicht: zugleich fallen die Freund-Feinde, aber die Treue ist gehalten bis in den Tod. – ... Diese Züge ... sind das eigentliche Lebenselement des deutschen Volkes, das eigentliche schlagende Herz des deutschen Epos. Und für diese Treue muß ein Sinn bei dem Lesen unserer Heldengedichte vorhanden sein, oder sie werden nicht begriffen, nicht verstanden. Ich habe früher die Bitte ausgesprochen, sich erinnern zu wollen, daß ohne Eingehen auf die deutsche Gesinnung unser Epos nicht anspreche: es war die Gesinnung der deutschen Treue, der Mannen- und Unterthanen-Treue und der Königs-Treue, auf welche ich hindeutete. Die Größe der Helden und die Größe ihrer Thaten ist auf so bestimmte und entschiedene Weise durch ihre Gesinnung der Treue bedingt, daß dieselbe geradezu als das wichtigste und vorherrschende poetische Motiv aufgefaßt werden muß« (A[ugust] F[riedrich] C[hristian] Vilmar, Vorlesungen über die Geschichte der deutschen National=Literatur, Marburg und Leipzig 1845, S. 60ff.).

Das Interpretationsmuster, das hier entfaltet wird, war populär. Es verdichtete sich zum Schlagwort von der »Nibelungentreue«, das der Reichskanzler Fürst von Bülow in einer Reichstagsrede am 29. März 1909 prägte, um das Verhältnis des Reichs zu Österreich-Ungarn zu kennzeichnen. Worauf das hinauslaufen mußte, konnte man ein paar Jahre später in einer Kriegsrede des einflußreichen (und im Rahmen der Fachwissenschaft hochverdienten) Germanisten Gustav Roethe hören, der damals den Berliner Lehrstuhl innehatte: »In der deutschen Treue vereint sich alles, Leidenschaft, Idealismus, Ganzheit, Wahrhaftigkeit; die Leidenschaft zur Idee ist ihr innerster Kern. Schon Tacitus oder seine Gewährsmänner haben sie beobachtet. Dem Römer war sie eine *prava pervicacia,* eine schlimme Hartnäckigkeit: und steckt in Hagens Nibelungentreue, an der nicht nur er, sondern auch das Geschlecht seiner königlichen Herren zu Grunde geht, nicht wirklich eine verhängnisvolle Starrheit von Kopf und Herz? Und trotzdem, welch köstliche Mitgift deutscher Größe ist diese Treue! Es handelt sich um das rückhaltlose Einsetzen des ganzen Menschen, das nicht dingt, nicht wägt, nicht schwankt, sondern durchhält bis zuletzt, und mag der Erdball darüber in Trümmer gehen« (Gustav Roethe, Von deutscher Art und Kultur, Berlin 1915, S. 35 f.). Was hier, in unbegreiflicher Verblendung, beschworen wurde, sollte sich im Zweiten Weltkrieg erfüllen. Daß sich die Verantwortlichen wieder der Nibelungen-Klischees bedienten, um das Geschehen zu verklären, kann nicht überraschen. Wie ein Echo auf die Phrasen Roethes klingt der Appell, den Hermann Göring angesichts der sich abzeichnenden Niederlage in Stalingrad zum 10. Jahrestag der nationalsozialistischen Machtergreifung im Berliner Sportpalast an Angehörige der Wehrmacht richtete: »Aus all diesen gigantischen Kämpfen ragt nun gleich einem gewaltigen Monument der Kampf um Stalingrad heraus. Er wird der größte Heroenkampf in unserer Geschichte bleiben. Was dort jetzt unsere Grenadiere, Pioniere, Artilleristen, Flakartilleristen und wer sonst in dieser Stadt ist, vom General bis zum letzten Mann, leisten, ist einmalig. Mit ungebrochenem Mut, und doch zum Teil ermattet und erschöpft, kämpfen sie gegen eine gewaltige Übermacht um jeden Block, um jeden Stein, um jedes Loch, um jeden Graben. Wir kennen ein gewaltiges Heldenlied von einem Kampf ohnegleichen, es heißt ›Der Kampf der Nibelungen‹. Auch sie standen in einer Halle voll Feuer und Brand, löschten den Durst mit dem eigenen Blut, aber sie kämpften bis zum Letzten. Ein solcher Kampf tobt heute dort, und noch in tausend Jahren wird jeder Deutsche mit heiligem Schauer von diesem Kampf in

Ehrfurcht sprechen und sich erinnern, daß dort trotz allem Deutschlands Sieg entschieden worden ist. ... Vergeßt nicht, daß zu den vornehmsten Grundtugenden des ganzen Soldatentums neben Kameradschaft und Pflichttreue vor allem die Opferbereitschaft gehört. Es hat immer kühne Männer gegeben, die sich geopfert haben, um etwas Größeres für die anderen zu erreichen« (Völkischer Beobachter vom 3. Februar 1943, S. 3).

Die Belegreihe steht exemplarisch für eine schier unübersehbare (und gewiß noch nicht annähernd erfaßte) Fülle von Dokumenten nationalistisch ideologischer Vereinnahmung des ›Nibelungenliedes‹. Gemeinsam ist diesen Äußerungen, daß sie die jeweilige Gegenwart ohne Umstände auf das Idealbild einer Vergangenheit beziehen, für die das Werk steht. Solche Beziehung entpflichtet von der Analyse der gegenwärtigen Verhältnisse, indem sie den scheinbar gesicherten Sinn des heroischen Geschehens für die Gegenwart in Anspruch nimmt. Und sie vermag, ist sie einmal eingebürgert, zu überreden und zu überrumpeln kraft der Wirkungsmächtigkeit des Klischees, die kritische Rationalität gar nicht erst aufkommen läßt.

Daß gerade das ›Nibelungenlied‹ zu derartigem Mißbrauch herhalten mußte, hat viele Gründe. Hier soll nur einer zur Sprache kommen, der sich aus der Konstitution des Werks ergibt, wie wir sie zu durchleuchten suchten. Gemeint ist jene Doppelgesichtigkeit: auf der einen Seite die lockere, widersprüchliche, fehlerhafte Faktur des Erzählgefüges, die zu sinnunterstellender Deutung herausfordert und ihr fast jeden Raum gewährt; und auf der anderen Seite die Kraft, die von der Sprach- und Darstellungskunst des Dichters ausgeht und noch den nüchternsten und distanziertesten Leser in Bann zu schlagen vermag. Beides machten sich die Agitatoren zunutze, und beidem sind wohl die meisten von ihnen zugleich selbst erlegen.

Bleiben wir bei der »Nibelungentreue«. Gewiß zeichnen sich die Könige gegenüber ihrem Vasallen Hagen und zeichnet sich Hagen gegenüber seinen Herren durch »Treue« aus. Aber selbst wenn man davon absieht, daß der in mittelalterlichen Rechtsvorstellungen verwurzelte »Treue«-Begriff des Werks nur sehr bedingt etwas mit der gepriesenen nationalen Tugend zu tun hat, bleibt doch die Frage, wie die nationalistischen Interpreten mit dem ersten Teil fertig werden, in dem sich die Könige und Hagen als höchst »treulos« erweisen, fähig und bereit zu Verrat, Mord und jeder Niedertracht. Wir wissen, daß diese Widersprüchlichkeit stoffgeschichtlich bedingt ist (nicht anders als die befremdende Wendung, daß Hagen in der Schlußszene unversehens zum Verräter an seinem Herrn wird). Der Dichter hat nichts getan, um die Widersprüche abzugleichen (daß er, wie man gelegentlich lesen kann, »gemischte« Charaktere habe vorführen wollen, ist ganz unwahrscheinlich). Wie wir sehen, hat dies schon früh zu sinnunterstellend vereinheitlichender Deutung geführt: der ›Klage‹-Dichter und der *C-Bearbeiter haben das ganze Werk aus der Perspektive des ersten Teils interpretiert. Die »Treue«-Propagandisten taten dasselbe von der anderen Seite her: sie haben die Sicht des zweiten Teils verallgemeinert. Doch dürften die wenigsten von ihnen das gesamte Werk im Auge gehabt haben (wie etwa Vilmar). Die meisten werden – nicht zuletzt unter dem suggestiven Eindruck des Bildes der in der brennenden Halle kämpfenden Männer – den für ihre Agitation passenden Teil des epischen Geschehens schlicht isoliert und, alles übrige ausblendend, für das Ganze genommen haben.

Nur so erklärt sich auch der auf den ersten Blick irritierende Umstand, daß die gleichen Kreise ohne weiteres in der Lage waren, auch Siegfried – das Opfer der »Nibelungentreue« – als Identifikationsfigur zu akzeptieren, so im Zusammenhang mit der berüchtigten »Dolchstoßlegende«, die die deutsche Niederlage im Ersten Weltkrieg erklären sollte: »Wie Siegfried unter dem hinterlistigen

Speerwurf des grimmen Hagen«, erklärte etwa der Generalfeldmarschall und spätere Reichspräsident Paul von Hindenburg in seinem ›Politischen Testament‹, »so stürzte unsere ermattete Front; vergebens hatte sie versucht, aus dem versiegenden Quell der heimatlichen Kraft neues Leben zu trinken« (Walther Hubatsch, Hindenburg und der Staat. Aus den Papieren des Generalfeldmarschalls und Reichspräsidenten von 1878 bis 1934, Göttingen 1966, S. 380). Hier wird ganz entsprechend – und wieder unterstützt durch ein suggestives Bild: das des sterbenden Siegfried mit dem Speer im Rücken – willkürlich ein Teil des Textes herausgebrochen und doch, unterschwellig, die Autorität des Werks schlechthin in Anspruch genommen, um die Richtigkeit der Aussage zu bewähren.

Auch dies ist eine Form von Sinnunterstellung. Daß sie, offensichtlich, überzeugen konnte, liegt, wie noch einmal betont sei, nicht zuletzt am Text selbst: die Inkonsistenz des epischen Gefüges, die blockhaft isolierende Erzählweise, die bildmächtigen Szenenarrangements waren ihr günstig. Genaue Einsicht in diese historisch bedingte Konstitution des Textes, die auch nicht die Augen verschließt vor dem künstlerisch Fragwürdigen und Mißlungenen, ist der beste Schutz vor der Überwältigung durch die ideologischen Vereinfacher.

ZU DEN ZITATEN AUS MITTELALTERLICHEN TEXTEN

Das ›Nibelungenlied‹ wird nach Bartsch / de Boor, die *C-Bearbeitung nach Hennig, die ›Klage‹ nach Bartsch zitiert (vgl. S. 110); um der besseren Verständlichkeit willen ist gelegentlich eine andere Interpunktion gewählt. Die Ausgaben der sonst noch zitierten mittelalterlichen Texte sind, direkt oder per Querverweis, an Ort und Stelle nachgewiesen.

Zur Aussprache der mittelhochdeutschen Texte sei angemerkt: *â ê î ô û* sind lang, *a e i o u ä ö ü* kurz zu sprechen; *ae oe iu* stehen für langes *ä ö ü; ie* bezeichnet nicht wie im Neuhochdeutschen langes *i*, sondern einen auf dem ersten Bestandteil betonten Diphthong (Zwielaut): *í–e; ou* und *ei* kann man wie neuhochdeutsch *au* und *ei* aussprechen; *c* (im Auslaut) steht für *k; h* bezeichnet – im Prinzip gemäß der Verteilung in den entsprechenden neuhochdeutschen Wörtern – teils den Hauchlaut wie im Neuhochdeutschen (*hûs* »Haus«), teils den Reibelaut *ch* (*naht* »Nacht«); ebenso bezeichnet *z* teils den *ts*-Laut wie im Neuhochdeutschen (*zal* »Zahl«), teils den stimmlosen *s*-Laut (*daz* »das« bzw. »daß«); *sc* steht für *sch.* Als Einführung in die mittelhochdeutsche Grammatik sei empfohlen: Kurt Gärtner / Hans-Hugo Steinhoff, Minimalgrammatik zur Arbeit mit mittelhochdeutschen Texten. Übersicht über die wichtigsten Abweichungen vom Neuhochdeutschen (Göppinger Arbeiten zur Germanistik. 183), 3. Aufl., Göppingen 1979.

Für die Aussprache der Zitate aus der ›Thidrekssaga‹ ist vor allem zu beachten, daß *þ* und *ð* dem englischen *th*-Laut entsprechen (ebenso das *Th-* in der üblichen Umschrift des Werktitels).

ZUM UMSCHLAGBILD

Das Bild auf dem Umschlag des vorliegenden Bändchens zeigt die Eingangsinitiale des ›Nibelungenlied‹-Textes der Handschrift B (Ms. 857 der Stiftsbibliothek St. Gallen, S. 291 – vgl. o. S. 53). Die Gestalt, die der Maler in den Buchstaben *E* plaziert hat, soll wahrscheinlich den Dichter darstellen, der anhebt, sein Werk vorzutragen.

Daß die Haltung, in der die Gestalt gezeigt wird, die des Redeanfangs ist, hat Anneliese Waldschmidt nachgewiesen (Gebärdensprache. Stiluntersuchungen an Hebbels ›Nibelungen‹ und am Nibelungenlied, Magister-Arbeit Marburg 1986, S. 131). Die Gestalt hält die linke Hand so, wie es in der antiken Rhetorik (die in der gelehrten Tradition des Mittelalters fortgewirkt hat) dem Redner zur Eröffnung der Rede empfohlen wird: *Est autem gestus ille maxime communis, quo medius digitus in pollicem contrahitur explicitis tribus, et principiis utilis ...* (»Die allgemeinste Gebärde aber, den Mittelfinger mit dem Daumen zusammenzuschließen, während die 3 anderen Finger entfaltet bleiben, erweist sich sowohl für den Redeanfang als brauchbar ...« – Marcus Fabius Quintilianus: Institutionis oratoriae libri XII / Ausbildung des Redners. Zwölf Bücher, hg. und übers. von Helmut Rahn, Teil 2, Darmstadt 1975, S. 642/643).

Daß mit der Gestalt der Dichter gemeint ist, kann man aus Initialen desselben Typs schließen, bei denen es sich mit Sicherheit um Autor-Bilder handelt. Von besonderem Interesse ist dabei eine Gruppe von Sammelhandschriften provenzalischer Trobador-Lyrik, die im 13. Jahrhundert in Oberitalien entstanden sind (vgl. D'Arco Silvio Avalle, La letteratura medievale in lingua d'oc nella sua tradizione manoscritta, Turin 1961; ders.,

Überlieferungsgeschichte der altprovenzalischen Literatur, in: Geschichte der Textüberlieferung der antiken und mittelalterlichen Literatur, Bd. 2, Zürich 1964, S. 261–318; weitere Literatur und ausgezeichnete farbige Abbildungen bei: Angelica Rieger, »Ins e.l cor port, dona, vostra faisso«. Image et imaginaire de la femme à travers l'enluminure dans les chansonniers de troubadours, in: Cahiers de civilisation médiévale 28, 1985, S. 385–415). Die Autorbild-Initialen dort wären auf Stilverwandtschaft mit den Initialen des St. Galler Codex zu überprüfen im Hinblick auf eine schon ältere – ohne Berücksichtigung der Trobador-Handschriften aufgestellte – These, derzufolge dessen Buchschmuck von Mitgliedern einer Paduaner Malerschule stammt, die nördlich der Alpen (vielleicht in Salzburg) tätig waren (vgl. Ingrid Hänsel bzw. Hänsel-Hacker, Die Miniaturmalerei einer Paduaner Schule im Ducento, in: Jahrbuch der österreichischen byzantinischen Gesellschaft 2, 1952, S. 105–148; Die Fresken der Kirche St. Nikolaus bei Matrei in Osttirol, das Werk einer Paduaner Malerschule des 13. Jhs., ibid. 3, 1954, S. 109–122).

LITERATURHINWEISE

Die Forschungsliteratur zum ›Nibelungenlied‹ ist derart umfangreich und verzweigt, daß auch der Fachmann Mühe hat, sich zu orientieren. Unentbehrliches Hilfsmittel ist das Studienbuch von Werner Hoffmann, Das Nibelungenlied (Sammlung Metzler. 7), 5. Aufl., Stuttgart 1982: es bietet knappe, forschungsorientierte Abrisse der verschiedenen Themenbereiche mit umfangreichen Literaturangaben. – Einen Eindruck von der Entwicklung der neueren Forschung kann man anhand einiger Sammelbände gewinnen: Zur germanisch-deutschen Heldensage, hg. von Karl Hauck (Wege der Forschung. 14), Darmstadt 1961, Neudruck 1965; Colloquio Italo-Germanico sul Tema: I Nibelunghi (Accademia Nazionale dei Lincei. Atti dei Convegni Lincei. 1), Rom 1974; Nibelungenlied und Kudrun, hg. von Heinz Rupp (Wege der Forschung. 54), Darmstadt 1976; Nibelungenlied (Ausstellungskatalog des Vorarlberger Landesmuseums. 86), Bregenz 1979; Hohenemser Studien zum Nibelungenlied = Montfort. Vierteljahresschrift für Geschichte und Gegenwart Vorarlbergs 32/3. 4, 1980; Nibelungenlied und Klage. Sage und Geschichte, Struktur und Gattung. Passauer Nibelungengespräche 1985, hg. von Fritz Peter Knapp, Heidelberg (im Druck). – Die jüngste Handbuch-Darstellung stammt von Michael Curschmann, ›Nibelungenlied‹ und ›Klage‹, in: Die deutsche Literatur des Mittelalters, Verfasserlexikon, 2. Aufl., hg. von Kurt Ruh, Bd. 6, Berlin/New York (im Druck).

Als maßgebliche Ausgabe des ›Nibelungenliedes‹ gilt: Das Nibelungenlied, nach der Ausgabe von Karl Bartsch hg. von Helmut de Boor (Deutsche Klassiker des Mittelalters), 21. Aufl., Wiesbaden 1979. Die Ausgabe bietet neben dem Text (*B) nützliche, in erster Linie für den Anfänger bestimmte Wort- und Sacherklärungen und eine ausführliche Einleitung mit Bibliographie, aber keine Lesarten. Das einst vorbildliche Werk ist inzwischen leider in jeder Hinsicht veraltet und bedürfte dringend einer Revision von Grund auf. Für den *C-Text steht hingegen eine moderne Ausgabe zur Verfügung: Das Nibelungenlied nach der Handschrift C, hg. von Ursula Hennig (Altdeutsche Textbibliothek. 83), Tübingen 1977. Die ›Klage‹ liest man am bequemsten in der Ausgabe von Karl Bartsch: Diu Klage. Mit den Lesarten sämtlicher Handschriften, Leipzig 1875, Neudruck Darmstadt 1964. – Eine befriedigende Übersetzung ins Neuhochdeutsche gibt es nicht. Am ehesten brauchbar ist diejenige von Helmut Brackert: Das Nibelungenlied,

Mittelhochdeutscher Text und Übertragung, 2 Bände (Fischer Bücherei. Bücher des Wissens. 6038. 6039), Frankfurt 1970. 71 (seither laufend Neudrucke). Ausgezeichnet ist die Übersetzung ins Englische von Arthur Thomas Hatto: The Nibelungenlied (Penguin Classics), revidierte Ausgabe, Harmondsworth (England) 1969 (seither laufend Neudrucke). – Wer sich für die Varianten der Überlieferung interessiert, findet sie umfassend dokumentiert bei Michael S. Batts, Das Nibelungenlied. Paralleldruck der Handschriften A, B und C nebst Lesarten der übrigen Handschriften, Tübingen 1971. Zur Kontrolle der Angaben bei Batts stehen Abbildungswerke zur Verfügung, die auch eine Vorstellung vom Aussehen der Handschriften vermitteln, vor allem: Das Nibelungenlied. Abbildungen, Transkriptionen und Materialien zur gesamten handschriftlichen Überlieferung der I. und der XXX. Aventiure, hg. von Otfrid Ehrismann (Litterae. 23), Göppingen 1973 (Schwarzweiß-Abbildungen mit Transkription); Das Nibelungenlied und die Klage. Handschrift B (Cod. Sangall. 857) (Deutsche Texte in Handschriften. 1), Köln / Graz 1962 (Schwarzweiß-Abbildungen, leider bis an die Grenze der Lesbarkeit verkleinert); Das Nibelungenlied und die Klage. Handschrift C der F. F. Hofbibliothek Donaueschingen, Faksimileband und Kommentarband, Stuttgart 1968 (Vollfaksimile von hervorragender Qualität).

Eine ausgezeichnete Einführung in die Probleme der Erforschung der germanischen Heldensage und zugleich einen Überblick über die wichtigsten Stoffe bietet Klaus von See, Germanische Heldensage. Stoffe, Probleme, Methoden, 2. Aufl., Wiesbaden 1981. In Auseinandersetzung mit der Theorie Andreas Heuslers hat Walter Haug das heute maßgebliche Verständnismodell für Entstehung und Entwicklung der Heldensage entworfen: Andreas Heuslers Heldensagenmodell: Prämissen, Kritik und Gegenentwurf, in: ZfdA 104, 1975, S. 273–292. – Eine material- und perspektivenreiche Darstellung der Heldensagentradition in Deutschland bis an die Schwelle des hohen Mittelalters findet man bei Wolfgang Haubrichs, Die Anfänge (Geschichte der deutschen Literatur von den Anfängen bis zum Beginn der Neuzeit, hg. von Joachim Heinzle. 1/1), Frankfurt (im Druck). Wichtig in unserem Zusammenhang sind vor allem Haubrichs' Ausführungen zur Funktion der Heldensage. – Was speziell die historischen Grundlagen und die historische Verbindlichkeit der Nibelungensage betrifft, so sind die wichtigsten Zeugnisse zusammengestellt bei Otto Gschwantler, Die historische Glaubwürdigkeit der Nibelungensage, in: AVL S. 55–69. – Die Problematik von Otto Höflers Mythos-Theorie ist zuletzt umsichtig (und fair) von Heinrich Beck erörtert worden: Zu Otto Höflers Siegfried-Arminius-Untersuchungen, in: PBB 107, 1985, S. 92–107. – Albert B. Lords klassische Darstellung der »oral poetry«-Theorie, die die herrschenden Vorstellungen von mündlicher Überlieferung geprägt hat (The Singer of Tales, Cambridge/Mass. 1960), ist auch in einer deutschen Fassung zugänglich: Der Sänger erzählt (Literatur als Kunst), München 1965. Die grundsätzliche Problematik der Anwendung der Theorie auf schriftlich überlieferte mittelalterliche Texte ist erläutert bei Joachim Heinzle, Mittelhochdeutsche Dietrichepik (Münchener Texte und Untersuchungen zur deutschen Literatur des Mittelalters. 62), Zürich / München 1978, S. 67ff. Wichtig für die Beurteilung der Verhältnisse im besonderen Falle des ›Nibelungenliedes‹ sind die Überlegungen von Hans Fromm, Der oder die Dichter des Nibelungenliedes?, in: Atti S. 63–74. Zu vergleichen ist dazu jetzt der unten zitierte Aufsatz von Michael Curschmann (Nibelungenlied und Nibelungenklage). – Die Einsicht, daß und wie Dichtung und speziell Heldensage als Hausüberlieferung gelebt hat, ist vor allem Karl Hauck zu verdanken; grundlegend ist sein Aufsatz: Haus- und sippengebundene Literatur mittelalterlicher Adelsgeschlechter von Adelssatiren des 11. und 12. Jahrhunderts her erläutert, in: Mitteilungen des Instituts für Österreichische Geschichtsforschung 62, 1954, S. 121–145, Neufassung in: Geschichtsdenken und Geschichtsbild im Mittelalter, hg. von Walther Lammers (Wege der Forschung. 21), Darmstadt 1961, Neudruck 1984, S. 165–199. Welcher Zeugniswert in diesem Zusammenhang der urkundlichen Überlieferung von Personennamen zukommt, hat – im Prinzip richtungweisend, im einzelnen methodisch fragwürdig – Reinhard Wenskus demonstriert: Wie die Nibelungen-Überlieferung nach Bayern kam, in: Zeitschrift für bayerische Landesgeschichte 36, 1973, S. 393–449. Der Ansatz ist seither besonders von Wilhelm Störmer weiterverfolgt worden, zuletzt in der Studie: Nibelungentradition als Hausüberlieferung in frühmittelalterlichen Adelsfamilien? Beobachtungen zu Nibelungennamen im 8./9. Jahrhundert vornehmlich in Bayern, in: PNg. – Andreas Heuslers klassische Abhandlung über die Entwicklung der Nibelungensage: Nibelungensage und Nibelungenlied, Dortmund 1920, liegt mittlerweile in 6. Auflage, Dortmund 1965, vor. Wie Heuslers Hypothesengebäude aus heutiger Sicht revidiert werden könnte, hat Walter Haug gezeigt: Normatives Modell oder hermeneutisches Experiment: Überlegungen zu einer grundsätzlichen Revision des Heuslerschen Nibelungen-Modells, in: HSt S. 212/38–226/52. Die Möglichkeiten und Grenzen der – für die Einsicht in die unmittelbare Vorgeschichte des ›Nibelungenliedes‹ besonders wichtigen – Rekonstruktion der ›Älteren Not‹ durch Vergleich des ›Nibelungenliedes‹ und der ›Thidrekssaga‹ hat Gerhart Lohse in einem methodisch mustergültigen Aufsatz ausgelotet: Die Beziehungen zwischen der Thidrekssaga und den Handschriften des Nibelungenliedes, in: PBB (Tübingen) 81, 1959, S. 295–347. Aufschlußreich ist in diesem Zusammenhang auch der von Wolfgang Mohr geführte Nachweis, daß im ›Nibelungenlied‹ wahrscheinlich zwei Traditionen der Erzählung vom Beginn der Kämpfe am Etzelhof kombiniert sind: Spiegelung von Heldendichtung in mittelalterlichen Epen, in: PBB (Tübingen) 88, 1967, S. 241–248 (hier 241–245). – Die versgeschichtliche Beurteilung der Nibelungen-Strophe ist von Horst Brunner auf eine neue Grundlage gestellt worden: Strukturprobleme der Epenmelodien, in: Deutsche Heldenepik in Tirol, hg. von Egon Kühebacher (Schriftenreihe des Südtiroler Kulturinstitutes. 7), Bozen 1979, S. 300–328. Die Konsequenzen, die sich daraus für die Rekonstruktion der Vorgeschichte des ›Nibelungenliedes‹ ergeben, hat Burghart Wachinger in einem unten zitierten Aufsatz (Die Klage und das Nibelungenlied) angedeutet. Die Versuche, die Melodie zu rekonstruieren, sind zusammengestellt und kritisch kommentiert bei Ulrich Müller, Überlegungen und Versuche zur Melodie des Nibelungenliedes, zur Kürenberger-Strophe und zur sogenannten »Elegie« Walthers von der Vogelweide, in: Zur gesellschaftlichen Funktionalität mittelalterlicher deutscher Literatur (Wissenschaftliche Beiträge der Ernst-Moritz-Arndt-Universität Greifswald. Deutsche Literatur des Mittelalters. 1), Greifswald 1984, S. 27–42. Mit Vorsicht zu genießen sind Aufführungsversuche, wie sie auch auf Schallplatten dokumentiert sind: sie haben in der Regel bestenfalls einen bescheidenen Unterhaltungswert und sind unter Umständen eher geeignet, das historische Verständnis des Werks zu behindern, als es zu fördern.

Die Passauer Verbindungen sind aus lokalhistorischer (und lokalpatriotischer) Sicht zusammengestellt und eingehend kommentiert bei Max Heuwieser, Passau und das Nibelungenlied, in: Zeitschrift für bayerische Landesgeschichte 14, 1943/44, S. 5–62. Ein eindrucksvolles Porträt Bischof Wolfgers hat Werner Goez gezeichnet: Gestalten des Hochmittelalters, Darmstadt 1983, S. 293–314. Die Frage der Haustradition Bischof Pilgrims hat Uwe Meves im Zusammenhang mit dem Institut des adligen Mäzenatentums erörtert: Zur Rolle der Sieghardinger für die Adelsliteratur im Südosten des Reiches (10.–13. Jh.), auf der Grundlage personen- und besitzgeschichtlicher Überlegungen, in: Adelsherrschaft und Literatur, hg. von Horst Wenzel (Beiträge zur älteren deutschen Literaturgeschichte. 6), Bern / Frankfurt / Las Vegas 1980, S. 115–180; sie wurde zuletzt in der oben zitierten Studie von Wilhelm Störmer (Nibelungentradition als Hausüberlieferung) behandelt. Die Gönner- und Lokalisierungsfrage spielt eine wichtige Rolle auch im Zusammenhang der in neuerer Zeit mehrfach unternommenen Bemühungen, die sozialhistorische Bedeutung des ›Nibelungenliedes‹ zu ermitteln. Vorläufig abschließend dazu: Fritz Peter Knapp, Nibelungentreue wider Babenberg? Das Heldenepos und die verfassungsgeschichtliche Entwicklung Österreichs im Lichte der neuesten Forschung, in: PBB 107, 1985, S. 174–189. – Den Grund für die Anonymität des Dichters hat Otto Höfler in einem bedeutenden Aufsatz aufgedeckt: Die Anonymität des Nibelungenliedes, in: Deutsche Vierteljahrsschrift für Literaturwissenschaft und Geistesgeschichte 29, 1955, S. 167–213, ergänzte Fassung in: GDH S. 330–392. – Die für die neuere Forschung grundlegende Beurteilung der Überlieferung durch Helmut Brackert, Beiträge zur Handschriftenkritik des Nibelungenliedes (Quellen und Forschungen zur Sprach- und Kulturgeschichte der germanischen Völker N. F. 11), Berlin 1963, ist in einer Rezension von Joachim Bumke maßgeblich umformuliert worden: Euphorion 58, 1964, S. 428–438. Zu neuen Einsichten in die Überlieferung gelangt man bis heute nicht nur durch wiederholte Analyse des bekannten Bestandes an Textzeugen, sondern auch durch Neufunde. Die wichtigste Entdeckung der letzten Jahre ist die Handschrift n, die eine hochinteressante spätmittelalterliche Bearbeitung bietet: Jürgen Vorderstemann, Eine unbekannte Handschrift des Nibelungenliedes in der Hessischen Landes- und Hochschulbibliothek Darmstadt, in: ZfdA 105, 1976, S. 115–122; Teilabbildung: Die 30. Aventiure des Nibelungenliedes in der Darmstädter Handschrift n (Hs. 4257), hg. von Jürgen Vorderstemann, in: Litterae ignotae, hg. von Ulrich Müller (Litterae. 50), Göppingen 1977, S. 11–19. Der Text harrt noch einer genauen Untersuchung; die kodikologischen Fragen (u. a. Datierung und Zusammensetzung der ehemaligen Sammelhandschrift, von der die Nibelungen-Handschrift nur einen Teil bildet) haben inzwischen Kurt Hans Staub und Birgitt Weimann-Hilberg geklärt: Johann von Würzburg (II), Wilhelm von Österreich. Ein neu aufgefundener Textzeuge in der Hessischen Landes- und Hochschulbibliothek Darmstadt, in: Miscellanea Neerlandica. Opstellen voor Dr. Jan Deschamps, hg. von Elly Cockx-Indestege und Frans P. M. Hendrickx, Leuven (im Druck). Der jüngste Fund betrifft weitere Blätter des Fragmentenbündels Q, die Hans-Friedrich Rosenfeld publizieren wird: Neue Nibelungenfragmente aus Rosenheim und München, in: PBB 109, 1987 (im Druck). – Die Bearbeitung *C hat zuletzt Werner Hoffmann ausführlich beschrieben: Die Fassung *C des Nibelungenliedes und die Klage, in: Festschrift Gottfried Weber zu seinem 70. Geburtstag, hg. von Heinz Otto Burger und Klaus von See (Frankfurter Beiträge zur Germanistik 1), Bad Homburg v. d. H. / Berlin / Zürich 1967, S. 109–143.

Wegweisend für das Verständnis der Problematik der Textkonstituierung ist eine Abhandlung von Friedrich Neumann gewesen: Das Nibelungenlied in seiner Zeit (Kleine Vandenhoeck-Reihe. 253 S), Göttingen 1967, S. 60–203. – Die Überlegungen zur Hortforderung und zur ersten Strophe sind ausführlich entwickelt und im einzelnen belegt bei: Joachim Heinzle, Gnade für Hagen? Die epische Struktur des Nibelungenliedes und das Dilemma der Interpreten, in: PNg. – Daß hinter der Darstellung der Betrugshandlung (und darüber hinaus der Ermordung Siegfrieds) zwei konkurrierende Überlieferungen stehen, hat Joachim Bumke gezeigt: Die Quellen der Brünhildfabel im Nibelungenlied, in: Euphorion 54, 1960, S. 1–38. Der Aufsatz kann zugleich einen Eindruck davon vermitteln, wie die Forschung jener Jahre sich bemüht hat, aus dem Schatten Heuslers herauszutreten. Für die weitere Diskussion vergleiche man: Hans Schottmann, Der Streit der Königinnen, in: »Sagen mit sinne«, Festschrift für Marie-Luise Dittrich zum 65. Geburtstag, hg. von Helmut Rücker und Kurt Otto Seidel (Göppinger Arbeiten zur Germanistik. 180), Göppingen 1976, S. 132–155, und: Theodore M. Andersson, The Legend of Brynhild (Islandica. 43), Ithaca / London 1980, S. 216 ff.

Formelsprache und Erzählduktus des ›Nibelungenliedes‹ sind oft beschrieben worden. Ein breit angelegtes Inventar der einschlägigen Kunstmittel bietet Friedrich Panzer, Das Nibelungenlied. Entstehung und Gehalt, Stuttgart 1955, S. 114 ff. Grundlegend für das Verständnis der künstlerischen Funktion der Vorausdeutungsformeln und der Aventiurengliederung ist die Dissertation von Burghart Wachinger, Studien zum Nibelungenlied. Vorausdeutungen, Aufbau, Motivierung, Tübingen 1960. Das »Nibelungische« hat Michael Curschmann in Auseinandersetzung mit der »oral poetry«-Forschung zu beschreiben versucht: Nibelungenlied und Nibelungenklage. Über Mündlichkeit und Schriftlichkeit im Prozeß der Episierung, in: Deutsche Literatur im Mittelalter. Kontakte und Perspektiven, hg. von Christoph Cormeau, Stuttgart 1979, S. 85–119. Zur Diskussion von Curschmanns Ansatz ist zu vergleichen: Burghart Wachinger, Die Klage und das Nibelungenlied, in: HSt S. 264/90–275/101. – Die Bedeutung der Schaubildtechnik hat Joachim Bumke in dem oben zitierten Aufsatz (Quellen der Brünhildfabel) herausgestellt. Wichtig in diesem Zusammenhang ist auch ein älterer Aufsatz von Hugo Kuhn, Über nordische und deutsche Szenenregie in der Nibelungendichtung, in: Edda, Skalden, Saga. Festschrift zum 70. Geburtstag von Felix Genzmer, hg. von Hermann Schneider, Heidelberg 1952, S. 279–306, wieder in: H. K., Dichtung und Welt im Mittelalter, Stuttgart 1969 (H. K., Kleine Schriften. 1), S. 196–219, 277–283. – Die Rolle, die das Pathos der Innerlichkeit bei der Literarisierung des Nibelungenstoffes gespielt hat, ist von Alois Wolf erkannt worden: Die Verschriftlichung der Nibelungensage und die französisch-deutschen Literaturbeziehungen im Mittelalter, in: HSt S. 227/53–245/71; Die Verschriftlichung von europäischen Heldensagen als mittelalterliches Kulturproblem, in: Heldensagen und Heldendichtung im Germanischen, hg. von Heinrich Beck (Ergänzungsbände zum Reallexikon der germanischen Altertumskunde. 2), Berlin (im Druck); Nibelungenlied – chanson de geste – höfischer Roman. Zur Problematik der Verschriftlichung der deutschen Nibelungensagen, in: PNg. Wolfs Ansatz, dem die Forschung mit den wichtigsten Erkenntniszuwachs der letzten Jahre verdankt, wird noch ausführlich zu diskutieren sein (wobei vor allem zu klären ist, ob es angeht, in dem von Wolf postulierten Umfang mit Einfluß der Chanson de geste-Tradition auf die Nibelungensage bzw. das ›Nibelungenlied‹ zu rechnen). Das von Wolf entwickelte Verständnis der Hagen-Gestalt ist u. a. vorbereitet worden in der klassischen Analyse der XXXVII. Aventiure durch Peter Wapnewski, Rüdigers Schild, in: Euphorion 54, 1960, S. 380–410, wieder in: NuK S. 134–178.

Zur neueren Diskussion über die Datierung der ›Klage‹ und ihr Verhältnis zum ›Nibelungenlied‹ sind die oben zitierten Aufsätze von Burghart Wachinger (Die Klage und das Nibelungenlied) und Michael Curschmann (Nibelungenlied und Nibelungenklage) zu konsultieren, weiter ein Aufsatz von Norbert Voorwinden: Nibelungenklage und Nibelungenlied, in: HSt S. 276/102–287/113. Die – in der Forschung vorübergehend heftig umkämpfte – Gattungsfrage und die mutmaßliche Funktion der ›Klage‹, das ›Nibelungenlied‹ als Literaturwerk akzeptabel zu machen, hat Fritz Peter Knapp erhellt: *Tragoedia* und *Planctus*. Der Eintritt des Nibelungenliedes in die Welt der *litterati*, in: PNg. Als Folie für das Verständnis des *AB-Textes sind ›Klage‹ und *C-Bearbeitung methodisch vorbildlich von Hans Kuhn herangezogen worden: Der Teufel im Niblungenlied, in: ZfdA 94, 1965, S. 280–306, wieder in: H. K., Kleine Schriften, Bd. 2, hg. von Dietrich Hofmann, Berlin 1971, S. 158–182, und in: NuK S. 333–366. – Einen knappen Überblick über die verwickelte Geschichte der Deutung des Nibelungenliedes findet man bei Werner Hoffmann, Das Nibelungenlied (s. o.), S. 20 ff. Wir begnügen uns hier damit, drei herausragende und einflußreiche Beiträge zu nennen, die die Höhenlinie der Forschungsentwicklung erkennen lassen: Werner Schröder, Die Tragödie Kriemhilts im Nibelungenlied, in: ZfdA 90, 1960/61, S. 41–80 und 123–160, wieder in: W. Sch., Nibelungenlied-Studien, Stuttgart 1968, S. 48–156; Gottfried Weber, Das Nibelungenlied. Problem und Idee, Stuttgart 1963; Walter Haug, Höfische Idealität und heroische Tradition im Nibelungenlied, in: Atti S. 35–50. Den aktuellen Stand der (nach wie vor äußerst dissonanten) Diskussion repräsentieren die einschlägigen Beiträge in PNg: Walter Haug, Montage und Individualität im Nibelungenlied; Jan-Dirk Müller, Motivationsstrukturen und personale Identität im Nibelungenlied. Zur Gattungsdiskussion um »Epos« oder »Roman«; René Pérennec, Epische Kontinuität, Psychologie und Säkularisierung christlicher Denkschemata im Nibelungenlied. Zur Interpretierbarkeit des Nibelungenliedes; Peter K. Stein, Dietrich von Bern im Nibelungenlied. Bemerkungen zur Frage der »historisch-zeitgeschichtlichen« Betrachtung hochmittelalterlicher Erzähldichtung am Beispiel des Nibelungenliedes. – Das Phänomen der Sinnunterstellung ist – unter Einbeziehung eines weiteren Beispiels für »harmonisierende« Interpretation der Hortforderungsszene – ausführlich beschrieben und erzähltheoretisch erläutert in dem oben zitierten Aufsatz von Joachim Heinzle (Gnade für Hagen?). – Eine instruktive (in der Wiedergabe der Texte leider nicht sehr zuverlässige) Zitatensammlung zur Rezeptionsgeschichte des ›Nibelungenliedes‹ hat Werner Wunderlich zusammengestellt: Der Schatz des Drachentödters. Materialien zur Wirkungsgeschichte des Nibelungenliedes (Literaturwissenschaft – Gesellschaftswissenschaft. 30), Stuttgart 1977. Zur Beurteilung des Materials sei verwiesen auf die einläßliche, wissenschaftliche und populäre Rezeption zusammensehende Darstellung von Otfrid Ehrismann, Das Nibelungenlied in Deutschland. Studien zur Rezeption des Nibelungenlieds von der Mitte des 18. Jahrhunderts bis zum Ersten Weltkrieg (Münchener Germanistische Beiträge. 14), München 1975, und auf die Skizzen von Helmut Brackert: Nibelungenlied und Nationalgedanke. Zur Geschichte einer deutschen Ideologie, in: Mediaevalia litteraria. Festschrift für Helmut de Boor zum 80. Geburtstag, hg. von Ursula Hennig und Herbert Kolb, München 1971, S. 343–364, und Francis G. Gentry: Die Rezeption des Nibelungenliedes in der Weimarer Republik, in: Das Weiterleben des Mittelalters in der deutschen Literatur, hg. von James F. Poag und Gerhild Scholz-Williams, Königstein 1983, S. 142–156.

REGISTER

Das Register erfaßt eine Auswahl wichtiger Namen, Werktitel und Sachfragen. Es ist darauf angelegt, dem Benutzer zu helfen, der das Bändchen gelesen hat und etwas nachschlagen will.

Chrétien de Troyes
Yvain, le Chevalier au Lion

Texte intégral, adapté par Anne-Marie Cadot-Colin

LE DOSSIER

Roman de chevalerie, roman courtois

L'ENQUÊTE

Qui sont les chevaliers ?

Notes et d
Éric S
certifi

Collection d
Bertrand Lou

Hatier

Sommaire

Médaillon avec chevalier, détail. Extrait du Jongleur de Notre-Dame, *XIIIe siècle. Bibliothèque de l'arsenal, Paris.*

ISBN : 978-2-218-93973-0

Les termes avec un * sont définis dans le petit lexique p. 156.

Qui sont les personnages ?

Les personnages principaux

YVAIN

L'un des chevaliers les plus prestigieux de la cour du roi Arthur, il s'illustre dans des combats héroïques et rassemble toutes les qualités du preux chevalier.

LE ROI ARTHUR

Roi légendaire de Bretagne, il réunit à sa cour les chevaliers les plus extraordinaires autour de la Table ronde. Son épouse est la reine Guenièvre.

Les personnages secondaires

LES FIGURES DU MAL

Surnommé le géant de la Montagne, **Harpin** est extrêmement fort et violent. Il persécute le beau-frère d'Yvain dont il veut épouser la fille et n'accepte de le laisser en paix que s'il est vaincu en combat singulier. **Les deux fils du nétun** sont des créatures malfaisantes et brutales qui empêchent la libération des captives du château de Pesme Aventure.

LES AUTRES CHEVALIERS DE LA TABLE RONDE

Meilleur ami d'Yvain, **Gauvain** est aussi un chevalier renommé de la cour d'Arthur. **Le sénéchal Keu** est responsable de l'organisation de la vie de cour et est réputé pour ses remarques désagréables. Cousin d'Yvain, **Calogrenant** provoque le départ d'Yvain à la recherche du gardien de la fontaine.

LAUDINE ET LUNETTE

Épouse du gardien de la fontaine et dame du château, Laudine épouse Yvain qui a tué son mari en combat singulier. Lunette est la suivante de Laudine, elle vient en aide à Yvain par reconnaissance et lui sauvera la vie.

LES FEMMES EN DÉTRESSE

Harcelée par le comte Alier, **la dame de Noroison** est sauvée par Yvain. **Les demoiselles de Noire-Épine** sont en désaccord au sujet de l'héritage laissé par leur père : le jugement de Dieu et un combat entre deux chevaliers régleront leur conflit. **Les captives du château de Pesme Aventure** sont forcées de travailler jusqu'à épuisement : elles seront délivrées par un homme capable de vaincre les deux fils du nétun.

LE LION

Animal merveilleux, il fait preuve de nobles qualités. Il est fidèle à Yvain qui lui a sauvé la vie.

Quelle est l'histoire ?

Les circonstances

L'histoire débute à la cour du roi Arthur, dans la ville de Carduel, où de nombreuses dames et chevaliers sont réunis à l'occasion des fêtes de la Pentecôte. L'un d'eux, Calogrenant, raconte une mésaventure qui lui est arrivée. À l'issue de son récit, son cousin Yvain décide de quitter la cour pour le venger. Il est alors entraîné dans une série d'aventures plus étonnantes les unes que les autres.

L'action

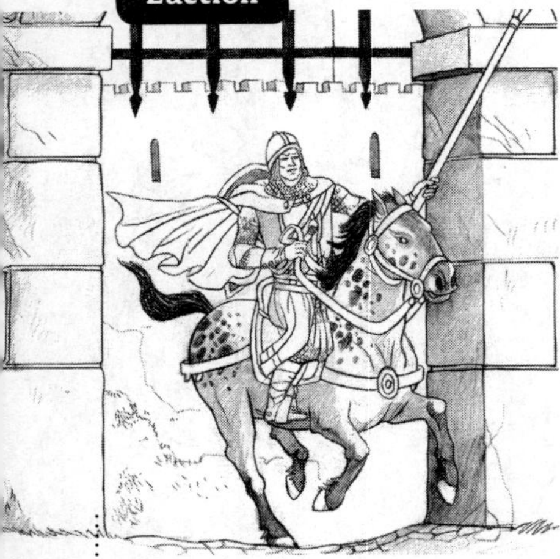

À la ccur d'Arthur, Calogrenant raconte sa défaite face à un chevalier aux abords d'une fontaine magique. Yvain part secrètement le venger.

Après avoir rencontré bien des embûches, et s'être fait indiquer le chemin à suivre par le gardien des taureaux, Yvain affronte le gardien de la fontaine et le tue en combat singulier. Il épouse alors Laudine, sa veuve, et devient lui-même gardien de la fontaine.

Chevalier recevant l'écharpe de sa dame et partant pour le tournoi, extrait du Roman de la Poire, *vers 1275.*

Le but

Chrétien de Troyes met en scène un héros aux qualités physiques et morales extraordinaires et exalte, à travers lui, les valeurs de la chevalerie et de l'amour courtois*. S'inspirant d'histoires anciennes issues de la tradition celte, il crée une œuvre de fiction pure où s'exprime l'idéal d'une société en pleine mutation.

Yvain part avec son ami Gauvain pour s'illustrer dans des tournois. Mais il n'a pas tenu sa promesse envers son épouse qui le rejette. Yvain sombre dans la folie.

Un jour, dans la forêt, Yvain sauve un lion attaqué par un serpent. L'animal reconnaissant devient alors son fidèle compagnon, ce qui lui vaut le surnom de « Chevalier au Lion ». Il accomplit de nombreux exploits pour reconquérir Laudine.

Qui est l'auteur ?

Chrétien de Troyes

● UN INCONNU CÉLÈBRE

Nous savons peu de choses sur Chrétien de Troyes, mais son nom laisse supposer qu'il était Champenois. Il naît entre 1130 et 1135 et meurt entre 1183 et 1190. C'est parce qu'il se nomme lui-même dans les prologues et les épilogues de ses œuvres qu'on peut lui attribuer nombre de romans écrits entre 1170 et 1190, parmi lesquels *Lancelot ou le Chevalier de la Charrette*, *Yvain ou le Chevalier au Lion*, et *Perceval ou le Conte du Graal* qui est resté inachevé.

● AU SERVICE DES GRANDS

Chrétien de Troyes n'est pas un conteur ambulant mais un clerc*, c'est-à-dire un personnage instruit qui sait lire et écrire le latin. Il est d'abord au service de la comtesse Marie de Champagne, fille du roi de France Louis VII et d'Aliénor d'Aquitaine, puis à celui du comte de Flandres.

● L'INVENTEUR DU GENRE

Chrétien de Troyes est l'un des inventeurs du roman* et le créateur du roman arthurien, en empruntant « la matière de Bretagne »*. De son vivant, son œuvre remporte un succès important : elle est imitée, poursuivie ou traduite dans l'Europe entière. À partir de l'an mille, grâce aux échanges commerciaux et culturels, les livres « voyagent » : ainsi, *Le Conte du Graal* est sans doute le premier « best-seller » de l'histoire de la littérature.

VIE DE CHRÉTIEN DE TROYES	**1130-1135** Naissance de Chrétien de Troyes	**vers 1170** *Érec et Énide*	**vers 1176** *Cligès*	**vers 1177 et 1181** *Le Chevalier au Lion et Le Chevalier de la Charrette*	
HISTOIRE	**1027-1087** Guillaume le Conquérant	**1098** Création de l'abbaye de Cîteaux et de l'ordre des moines cisterciens	**1099 (15 juillet)** Prise de Jérusalem par Godefroy de Bouillon	**1130-1180** Règne de Louis VII	**1147-1149** Deuxième croisade

Que se passe-t-il à l'époque ?

Sur le plan politique

UN ROYAUME EN CONSTRUCTION

Louis VII et Philippe Auguste agrandissent le domaine royal et créent une administration permettant de le contrôler. Philippe Auguste fait de Paris sa capitale et fait bâtir les châteaux forts.

LE CIMENT RELIGIEUX

La religion chrétienne est un élément unificateur de l'Occident : on construit de majestueuses cathédrales et on organise des croisades vers la Terre sainte.

LE SYSTÈME FÉODAL

Au XIIe siècle, le système féodal se structure de façon pyramidale : les vassaux* à la tête de fiefs* d'importance moyenne se lient à un seigneur plus puissant, le suzerain*, lui-même vassal du roi.

Dans le domaine des lettres

UNE NOUVELLE LANGUE

La langue française naît au Moyen Âge à partir du latin. Sous l'influence des populations germaniques, des langues nouvelles apparaissent : ce sont les langues romanes*.

UNE NOUVELLE LITTÉRATURE

Au XIe siècle, les œuvres littéraires sont les chansons de geste*.
Le XIIe siècle voit apparaître le roman, œuvre écrite en langue romane (issue du latin), qui vante les exploits des chevaliers et l'amour courtois.

UNE LITTÉRATURE ORALE

Les textes sont transmis oralement : les conteurs itinérants racontent les histoires écrites par des poètes (troubadours)* et des clercs.
Les manuscrits sont recopiés par des moines.

entre 1182 et 1190
Le Conte du Graal

1183-1190
Mort de Chrétien de Troyes

1155-1227
Gengis Khan

1157-1199
Richard Cœur de Lion

1160
Début de la construction de Notre-Dame de Paris

1180-1223
Règne de Philippe Auguste

1224
Naissance de Louis XI (saint Louis)

Yvain, le Chevalier au Lion

Prologue

Ma dame, la comtesse de Champagne, veut que j'entreprenne de faire un nouveau roman. Elle m'a demandé, à moi Chrétien de Troyes● d'écrire un beau récit d'aventure et d'amour, qui puisse plaire aux dames et aux seigneurs de sa cour. Je mettrai donc tout mon art, ma sagesse et ma peine dans cet ouvrage, pour satisfaire cette noble dame, qui brille parmi les autres femmes, comme le diamant parmi les perles.

L'histoire que j'ai choisie ne se passe point aujourd'hui. De nos jours, en effet, personne ne sait plus ce que c'est que d'aimer : l'amour est un sujet de plaisanterie. Au temps du roi Arthur, le chevalier qui avait donné son cœur à une dame ne le reprenait jamais, et cet amour courtois[1] durait toute sa vie.

Arthur, le noble roi de Bretagne, était si preux[2] et courtois[3] qu'il avait rassemblé à sa cour les meilleurs chevaliers. Ils parcouraient le monde en quête d'aventure et, aux grandes fêtes, ils se retrouvaient avec le roi autour de la Table ronde●. Là, chacun

1. **Amour courtois** : dans la littérature du Moyen Âge, l'amour courtois constitue l'idéal de l'amour. Le chevalier doit aimer sa dame d'un amour absolu et unique, et la servir en toutes circonstances.
2. **Preux** : qui fait preuve de qualités chevaleresques, en particulier de courage.
3. **Courtois** (à propos d'un chevalier) : pourvu de qualités qui le rendent digne de vivre à la cour ; le chevalier courtois est noble, généreux, respectueux des autres et des femmes en particulier.

● **Chrétien de Troyes rappelle que son « mécène », la comtesse Marie de Champagne, lui a demandé de concevoir un nouveau roman. Il s'adresse directement aux lecteurs ou aux auditeurs qui entendront conter l'histoire. Nous sommes entre 1177 et 1181.**

● **Dans les romans exploitant la matière de Bretagne, il est dit que le roi Arthur réunit ses meilleurs chevaliers autour d'une Table ronde. Par sa forme, cette table insiste sur le fait qu'aucun des chevaliers qui y siègent, pas même le roi, n'a plus d'importance que les autres.**

racontait ce qu'il lui était arrivé : parfois des combats terribles, quand il fallait affronter des adversaires redoutables ou des monstres effrayants, parfois des histoires d'amour. Les dames et les demoiselles de la cour d'Arthur aimaient beaucoup ces récits, et chaque chevalier tentait, par ses brillants exploits, de conquérir le cœur de la dame dont il était amoureux.

Je vais donc vous raconter l'histoire d'un chevalier de la Table ronde, Yvain ; vous apprendrez comment et dans quelles aventures il gagna le surnom de Chevalier au Lion. Nobles seigneurs et charmantes dames, cette histoire vaut la peine d'être écoutée. Ouvrez donc bien grand vos oreilles et vos cœurs ! L'oreille ne suffit pas, car la parole y arrive comme le vent qui vole : elle ne peut y demeurer. Si le cœur n'est pas ouvert pour la saisir et s'en emparer, elle s'envolera, et ce sera grand dommage, car mon histoire est pleine d'enseignement. Elle vous apprendra beaucoup sur l'amour, comment on le gagne et comment on le perd, si l'on n'y prend point garde.

Apparition du Graal aux chevaliers de la Table ronde, extrait de La Quête du Saint Graal *de Robert de Borron, XVe siècle.*

I

À LA COUR DU ROI ARTHUR

Cette année-là, le roi Arthur avait réuni sa cour à Carduel, au pays de Galles[1], pour la fête de Pentecôte●. Les réjouissances[2] furent magnifiques, comme il convenait à un illustre roi : il y avait là de nombreux chevaliers, hardis[3] et redoutables, ainsi que des dames et des demoiselles ravissantes et nobles.

Après le festin, à travers les salles, chevaliers et dames formèrent de petits groupes pour bavarder et entendre les histoires que les uns ou les autres avaient à raconter. Mais à leur surprise à tous, le roi se retira pour se reposer, et la reine le suivit dans ses appartements. Dehors, devant la porte de la chambre, se tenait un petit groupe avec Keu, le sénéchal[4], et monseigneur Gauvain. Il y avait là aussi Sagremor et Dodinel, ainsi que monseigneur Yvain et son cousin Calogrenant. Ce Calogrenant, un chevalier très aimable, avait alors commencé le récit d'une aventure qui, disait-il, avait tourné non à son honneur, mais à sa honte. C'est à ce moment-là que la reine sortit de la chambre et vint se joindre silencieusement au petit groupe qui écoutait.

Personne ne la vit, sauf Calogrenant qui, sautant sur ses pieds, se leva vivement à son approche. Le sénéchal Keu, qui ne perdait

1. **Pays de Galles** : c'est aujourd'hui un pays situé au sud-ouest de l'Angleterre qui fait partie du Royaume-Uni.
2. **Réjouissances** : banquets et cérémonies organisés pour cette fête religieuse.
3. **Hardis** : courageux.
4. **Sénéchal** : seigneur important qui a la charge de l'organisation de la vie de cour, des festivités et des campagnes militaires.

● **Située cinquante jours après Pâques dans le calendrier chrétien, la fête de la Pentecôte se déroule au mois de mai ou juin.**

jamais une occasion de railler[1] les uns et les autres par ses propos venimeux, l'interpella :

– Par Dieu, Calogrenant, comme vous voilà agile, et prompt à sauter en l'air pour honorer ma dame ! Aucun doute, vous êtes plus courtois que nous tous ! Vous le croyez du moins, j'en suis certain, tellement vous manquez de bon sens. Quant à la reine, elle va penser que c'est par paresse ou par négligence que nous ne nous sommes pas levés, et elle vous accordera le prix de courtoisie.

– En vérité, Keu, intervint la reine, vous auriez risqué d'éclater si vous n'aviez pas pu vous vider du venin dont vous êtes plein ! Vous êtes odieux, de chercher toujours ainsi querelle à vos compagnons.

– Dame, rétorqua le sénéchal, je n'ai rien dit qu'on puisse me reprocher, prolonger la dispute serait inutile. Mais si nous ne gagnons rien à votre compagnie, veillez du moins à ce que nous n'y perdions point. Faites-lui continuer le récit qu'il avait si bien commencé.

Calogrenant intervint alors :

– Dame, je ne m'inquiète point de cette querelle. On ne peut empêcher le fumier de puer, ni les taons[2] de piquer... ni monseigneur Keu de dire des injures. Il en a dit mille fois à des chevaliers plus illustres que moi, et je me soucie peu de l'affaire. Mais, de grâce, ne m'imposez pas de raconter la suite de cette aventure, car il m'est pénible d'en parler.

– Allons, Calogrenant, fit Keu, ne nous privez pas du récit de vos exploits ! Nous désirons savoir la suite, et je suis sûr que ma dame insistera pour la connaître.

– Calogrenant, dit la reine, ne vous souciez pas des propos venimeux de Keu. Il ne pense qu'à dire des méchancetés, comme

1. **Le railler** : se moquer de lui, le ridiculiser par ses propos.
2. **Taon** : insecte piqueur ressemblant à une sorte de grosse mouche.

à son habitude. Mais ne refusez pas, à cause de lui, de raconter une histoire digne d'intérêt. Faites-le par amitié pour moi.

– Dame, je craindrais trop de vous fâcher, mais sachez bien qu'il m'en coûte beaucoup. Je vais donc raconter cette aventure, puisque cela vous fait plaisir.

Calogrenant reprit ainsi son récit :

– Voilà ce qui m'arriva, il y a plus de six ans : je cheminais tout seul, à la recherche d'aventures, équipé de toutes mes armes, comme le doit un chevalier. Je trouvai sur ma droite un chemin, qui me conduisit au cœur d'une forêt épaisse : c'était la forêt de Brocéliande●. Le sentier était difficile, plein de ronces et d'épines, et je le suivais à grand-peine. Finalement, je sortis de la forêt pour pénétrer dans une lande[1] ; là, je vis un petit château à une demi-lieue[2], et je me hâtai au trot dans sa direction. Il était entouré d'une palissade et d'un large fossé ; sur le pont-levis se tenait son propriétaire, avec sur son poing un épervier[3] dressé pour la chasse. À peine l'avais-je salué qu'il s'empressa de m'accueillir, en m'aidant à mettre pied à terre. J'avais bien besoin d'un logis pour le soir, et le vavasseur[4] ne cessait de bénir ma venue●. Il me fit entrer dans la cour, et là, il frappa trois coups sur un gong en

1. **Lande** : terre où la végétation est constituée de plantes de taille modeste comme les fougères.
2. **Lieue** : unité de distance équivalant à environ quatre kilomètres. Une demi-lieue vaut donc deux kilomètres.
3. **Épervier** : oiseau de proie.
4. **Vavasseur** : vassal d'un vassal ; donc un noble possédant un domaine modeste.

● **Cette forêt est considérée comme magique dans les légendes arthuriennes. Aujourd'hui, on la situe en Bretagne.**

● **Au Moyen Âge, le devoir d'hospitalité est sacré. Le seigneur doit accueillir le chevalier errant et se réjouir de sa venue.**

cuivre. Ce son fit sortir tout le monde de la maison ; les serviteurs s'occupèrent de mon cheval. Je vis alors venir vers moi une belle jeune fille de noble allure. C'était la fille du seigneur. Avec grâce[1] et adresse, elle me désarma et me revêtit d'un précieux manteau[2] bleu fourré. Je restai seul avec elle, ce qui ne me déplaisait pas, car elle était ravissante à contempler. Elle m'emmena m'asseoir dans un très joli petit jardin et me tint compagnie jusqu'à l'heure du souper. Après un repas parfait, que nous prîmes avec sa fille, le vavasseur me dit qu'il y avait bien longtemps qu'il n'avait hébergé un chevalier errant en quête d'aventure●. Il me pria, à mon retour, de repasser par sa demeure, et j'acceptai bien volontiers. Le lendemain matin, dès le point du jour, je me levai après une excellente nuit ; je pris congé[3] de mon hôte et de sa fille et pris la route sur mon cheval.

» À peu de distance du château, j'arrivai dans une clairière. Là, je trouvai des taureaux sauvages en train de se battre avec une violence terrible. Ces bêtes farouches et indomptables faisaient un tel vacarme que, je dois bien l'avouer, je reculai d'un pas, saisi de peur : aucun animal n'est plus dangereux et féroce qu'un taureau ! J'aperçus alors, assis sur un tronc d'arbre, un paysan à la peau sombre comme un Maure● : il était d'une laideur et d'une taille stupéfiantes. Il faisait bien dix-sept pieds● de haut

1. **Avec grâce** : ses gestes sont élégants et raffinés.
2. **Manteau** : sorte de grande cape sans manches, le manteau est un vêtement d'apparat souvent porté à l'intérieur.
3. **Prendre congé** : faire ses adieux.

● **Le chevalier errant, comme son nom l'indique, voyage et offre ses services aux personnes qui en ont besoin. C'est l'un des types de héros de romans du Moyen Âge.**

● **À cette époque, on nomme Maures ou Sarrasins les peuples musulmans venus d'Afrique du Nord ; ces peuples ont la peau basanée.**

● **Unité de mesure. Le pied valait environ trente centimètres. Dix-sept pieds font donc plus de cinq mètres.**

et avait une tête énorme, plus grosse que celle d'un cheval, des cheveux noirs hérissés et un front pelé. Ses oreilles étaient poilues et grandes comme celles d'un éléphant, et ses sourcils touffus. Avec cela, une face large et plate, des yeux de chouette, un nez de chat, une bouche fendue comme la gueule d'un loup, de grandes dents jaunes et pointues comme un sanglier. Il était bossu et se tenait appuyé sur sa massue, dans un étrange habit : le vêtement n'était fait ni de laine ni de lin[1], mais seulement de deux peaux de bêtes, taureaux ou bœufs, attachées à son cou.

» Me voyant approcher, le paysan sauta sur ses pieds. Voulait-il porter la main sur moi ? Je me préparai à me défendre. Pourtant il resta immobile, debout sur son tronc d'arbre ; il me regardait sans dire un mot, comme l'aurait fait une bête. Je crus qu'il ne savait ni raisonner[2] ni parler. Je m'enhardis cependant à lui demander :

» – Hé, dis-moi donc, es-tu ou non une bonne créature ?

» – Je suis un homme !

» – Quel genre d'homme es-tu ?

» – Tel que tu me vois.

» – Et que fais-tu ?

» – Je reste là, et je garde ces bêtes dans le bois.

» – Tu les gardes ? Mais ce sont des bêtes sauvages ! Elles n'ont jamais connu l'homme, et l'on ne peut les garder sauf dans un enclos.

» – Et pourtant, je suis leur gardien et je les gouverne[3]. Aucune ne peut s'échapper.

1. **Lin** : étoffe réalisée par le tissage de la plante du même nom.
2. **Raisonner** : penser. Calogrenant pense qu'il ne s'agit pas d'un être doué de raison, donc que ce n'est pas un être humain.
3. **Je les gouverne** : les taureaux m'obéissent.

Devant cet être monstrueux, Calogrenant se demande s'il a affaire à un homme, créature de Dieu, ou à un démon, créature du Diable.

» – Et comment fais-tu ?

» – Elles n'osent même pas bouger, quand elles me voient venir. Si j'en attrape une, je la saisis par les cornes avec mes deux poings puissants, et toutes les autres tremblent de peur et se rassemblent autour de moi comme pour demander grâce[1]. Mais je suis le seul à pouvoir les approcher : tout autre se ferait tuer aussitôt. C'est ainsi que je suis le seigneur de mes bêtes. Mais toi, à ton tour, dis-moi qui tu es et ce que tu cherches.

» – Je suis, tu le vois bien, un chevalier, et ce que je cherche, je ne le trouve pas. J'ai beaucoup cherché sans rien trouver.

» – Et que voudrais-tu trouver ?

» – Des aventures, pour mettre à l'épreuve ma vaillance[2] et mon courage ! Pourrais-tu m'indiquer, je t'en prie, une aventure ou un prodige[3] ?

» – Pour cela, n'y compte pas. Je ne connais rien aux aventures, je n'en ai même jamais entendu parler. Mais si tu voulais aller jusqu'à une fontaine toute proche, je crois que tu n'en reviendrais pas sans peine, ni sans payer ton passage● : il faudrait faire exactement ce qui est prescrit. Tu vas trouver tout près d'ici un sentier ; prends garde de ne pas t'égarer et suis-le tout droit. Tu arriveras à la fontaine. Elle bout à gros bouillons, et pourtant elle est froide comme le marbre. Un arbre magnifique lui donne de l'ombre, le plus beau qui fut jamais au monde. Il ne perd jamais

1. **Demander grâce** : avouer que l'on se soumet à quelqu'un, que l'on est en son pouvoir. Cela fait partie du vocabulaire des duels de chevaliers.
2. **Vaillance** : bravoure, grand courage.
3. **Prodige** : action extraordinaire.

● **Le chevalier errant se trouve souvent confronté à des épreuves sur sa route et doit, par exemple, combattre un chevalier pour avoir le droit de traverser un pont. Il faut donc comprendre que, pour survivre à cette aventure, Calogrenant devra déployer des efforts extraordinaires.**

ses feuilles, même en hiver. Un bassin de métal[1] y est suspendu, au bout d'une longue chaîne qui va jusqu'à la fontaine. Tu trouveras à côté un perron[2], que je ne saurais te décrire, tellement il est prodigieux, et aussi une chapelle[3], petite, mais très belle. Écoute bien : si tu prends de l'eau avec le bassin et que tu la verses sur le perron, une terrible tempête se déchaînera. Pas une bête ne restera dans le bois : chevreuils, daims, cerfs et sangliers prendront la fuite. Même les oiseaux s'échapperont, car tu verras les arbres se briser sous l'assaut du vent, de la pluie et de la foudre. Si tu arrives à t'en sortir sans grands dommages, tu auras eu plus de chance qu'aucun autre chevalier qui y soit jamais allé.

» Je quittai alors le gardien et pris le sentier indiqué. Il était presque midi quand j'aperçus la chapelle et l'arbre. C'était un pin, le plus beau qui ait jamais poussé sur terre. Il était si touffu qu'aucune goutte de pluie n'aurait pu le traverser. Je vis le bassin d'or fin suspendu à l'arbre. Quant à la fontaine, elle bouillait comme de l'eau brûlante. Le perron était taillé dans une seule émeraude et soutenu par quatre rubis flamboyants, plus vermeils qu'un soleil levant. Vous pouvez me croire, tout ce que je rapporte est vrai ! J'eus alors le désir de voir le prodige de la tempête. Quelle folie, quand j'y pense maintenant ! Dès que j'eus arrosé le perron avec l'eau puisée dans le bassin, je vis le ciel noir de nuages se déchirer et la foudre tomber en quatorze endroits à la fois ! C'était un déchaînement : les éclairs m'aveuglaient, les nuages en furie[4] jetaient neige, pluie et grêle. Je pensai mourir, frappé par la foudre ou écrasé par les arbres qui se brisaient à

1. **Bassin de métal** : récipient servant à puiser l'eau.
2. **Perron** : gros bloc de pierre. En français moderne, cela désigne le seuil ou l'escalier de quelques marches devant une maison.
3. **Chapelle** : sorte de petite église.
4. **Furie** : déchaînement de violence.

côté de moi. Mais grâce à Dieu, la tempête ne dura pas et les vents se calmèrent. L'air redevint pur et clair, et je fus rassuré. C'est alors que les oiseaux revinrent ; ils se rassemblèrent et se perchèrent sur toutes les branches du pin. Ils se mirent à chanter leur joie en chœur : chaque mélodie était différente et pourtant elle s'accordait avec celle des autres en une harmonie parfaite. Leur chant remplit mon cœur d'une joie inexprimable, telle que je n'en avais jamais connue.

» Je restais là immobile à les écouter, quand tout à coup j'entendis venir une troupe de chevaliers. Ils devaient bien être dix, vu le vacarme qu'ils faisaient. Mais non, il n'y avait là qu'un seul chevalier ! À sa vue, je remontai sur mon cheval sans tarder. Plein de rage, il fonça vers moi comme un aigle sur sa proie et, hurlant de toutes ses forces, il me lança son défi :

» – Vassal●, vous m'avez gravement offensé, sans même me lancer un défi avant de m'attaquer, comme vous auriez dû le faire ! Vous m'avez causé un grand dommage : c'est mon bois que je vois ici abattu. Je porte plainte à juste titre, car vous m'avez obligé à sortir de mon château qui menaçait de s'effondrer. Ni rempart ni mur n'auraient pu résister. Vous êtes mon ennemi, et vous allez payer cher le mal que vous m'avez fait !

» À ces mots, nous nous précipitâmes l'un contre l'autre, chacun se protégeant au mieux de son écu. Le chevalier avait un bon cheval et une lance solide. Il était plus grand que moi et, aussi bien pour la taille que pour le cheval, j'étais désavantagé. Je dis la vérité, croyez-moi, pour atténuer un peu ma honte. Je frappai aussi fort que je le pus, et lui donnai un grand coup,

● **Un vassal est sous les ordres d'un suzerain. Le terme est ici agressif : il désigne l'autre comme un inférieur.**

qui l'atteignit au milieu de son écu[1]. Ma lance vola en éclats et la sienne resta intacte. Le chevalier m'en donna un tel coup qu'il me jeta à bas de mon cheval et m'aplatit à terre. Il me laissa vaincu et humilié, sans m'accorder un regard. Il emmena mon cheval et rentra chez lui. Complètement perdu, je restai là, plein d'angoisse[2] et de honte. Je m'assis à côté de la fontaine. Que faire ? Suivre le chevalier ? Ç'aurait été une folie, je ne savais même pas quel chemin il avait pris. Finalement, je pensai à la promesse faite à mon hôte, de revenir en passant chez lui. C'est ce que je décidai de faire, mais je dus ôter mes armes pour cheminer plus à l'aise, et c'est ainsi que je revins, tout honteux. Quand j'arrivai à la nuit chez le vavasseur, je le trouvai pareil à lui-même, aussi aimable et accueillant qu'à l'aller. Ni sa fille ni lui ne semblaient moins heureux de me voir. Ils m'accordèrent les mêmes marques d'estime et m'assurèrent qu'aucun homme, à leur connaissance, n'avait réchappé de l'épreuve sans être tué ou emprisonné.

» Voilà donc mon aventure. C'était une vraie folie, qui a tourné à ma honte●, et c'est une autre folie de vous l'avoir racontée.

1. **Écu** : bouclier du chevalier.
2. **Plein d'angoisse** : étonné et terrifié.

● **Calogrant est honteux d'avoir été vaincu mais aussi d'avoir dû abandonner ses armes, symbole de son statut de chevalier.**

2

Yvain à la fontaine

À peine Calogrenant avait-il terminé son récit que monseigneur Yvain s'écria :

– Par ma foi, Calogrenant, vous êtes mon cousin germain, et j'ai beaucoup d'affection pour vous. La vraie folie, c'est de m'avoir caché si longtemps cette aventure ! Ne m'en veuillez pas si je parle de folie car, si je peux, j'irai venger votre honte au plus vite.

Keu ne pouvait laisser passer cette occasion de répandre son venin.

– On voit bien que vous avez vidé plus d'une coupe à ce festin ! C'est le vin qui rend les chevaliers audacieux ! Après un repas bien arrosé, chacun se propose d'aller tuer Saladin●. Dites-moi, monseigneur Yvain, votre équipement est-il déjà préparé ? Pas une pièce d'armure, pas une bannière[1] ne manque ? Partez-vous ce soir ou demain ? Quand vous irez à cette épreuve, dites-le-nous, car nous tenons à vous escorter.

– Avez-vous perdu la tête, Keu, s'écria la reine, que votre langue ne s'arrête jamais ? Maudite soit cette langue, qui ne cesse de dénigrer[2] : elle vous fait détester partout. Vous recevrez un jour la punition de toutes ces méchancetés.

1. **Bannière** : sorte de drapeau attaché à la lance du chevalier et portant ses armoiries (emblèmes).
2. **Dénigrer** : critiquer, calomnier.

● **Saladin est le nom donné en Occident à Salah al-Din, sultan du XIIe siècle qui reprit Jérusalem aux croisés. C'est le type même de l'ennemi redoutable et prestigieux.**

– Dame, intervint alors Yvain, sachez que toutes les moqueries de Keu me laissent froid. Je ne veux pas me quereller ni répondre à ses provocations, et ressembler à un chien hargneux qui se hérisse et grogne quand un autre lui montre les dents.

Pendant qu'ils parlaient ainsi, le roi Arthur sortit de sa chambre où il avait fait une longue sieste. Les barons[1] se levèrent à son arrivée, mais il les fit rasseoir. Il s'assit à côté de la reine, qui lui répéta fidèlement tout ce qu'avait raconté Calogrenant. Le roi, ayant écouté, fit le serment, sur l'âme d'Uter Pendragon son père, d'aller à la fontaine. Avant quinze jours passés, il déclencherait la tempête et verrait le prodige. Il y ferait étape la veille de la Saint-Jean, avec tous ceux qui voudraient l'accompagner.

Ces paroles furent chaudement approuvées par la cour : tous, aussi bien les barons que les jeunes chevaliers, désiraient fort y aller. Mais au milieu de cette allégresse[2], monseigneur Yvain faisait triste mine, car il pensait bien s'y rendre tout seul. Si le roi s'y présentait, le droit de livrer le combat serait sûrement accordé à Keu, qui se précipiterait pour l'obtenir, ou bien à monseigneur Gauvain… Cette idée le désespérait !

Yvain prit alors la décision d'y aller sans attendre personne. Il affronterait seul l'épreuve, quoi qu'il en advienne, échec ou réussite. Il serait avant trois jours en Brocéliande. Là, il chercherait jusqu'à ce qu'il trouve le sentier plein de ronces et parvienne à la maison du vavasseur hospitalier et de sa fille. Il arriverait ensuite à la clairière où il verrait les taureaux et leur gardien terrifiant, le grand paysan hideux et bossu, noir comme un forgeron. Il trouverait enfin le perron, la fontaine avec le bassin, et les oiseaux posés sur le grand pin. Il déclencherait alors la pluie et le vent.

1. **Barons** : chevaliers les plus importants de la cour.
2. **Allégresse** : joie.

Tout cela, il le ferait en secret, et l'on verrait bien ce qui en sortirait, la honte ou l'honneur.

Monseigneur Yvain s'esquiva de la cour sans dire un mot à personne et se dirigea vers sa demeure. Là, il fit mettre la selle à son cheval et appela un de ses écuyers à qui il ne cachait rien :

– Je vais sortir tranquillement par la porte, monté sur mon palefroi. Toi, tu me rejoindras plus loin, dans un lieu discret, avec mes armes et mon destrier. Quand tu me les auras donnés, tu reviendras ici avec le palefroi. Mais surtout, prends bien garde à ne rien raconter à qui que ce soit !

– Seigneur, soyez sans inquiétude, personne n'en saura rien par moi. Allez, je vous suivrai bientôt.

Monseigneur Yvain monta aussitôt à cheval, bien décidé à ne pas revenir devant la cour avant d'avoir vengé la honte de son cousin. L'écuyer courut chercher les armes et le destrier. Suivant son seigneur à la trace, il le rejoignit dans un endroit écarté. Là, il l'aida à s'équiper et ils échangèrent leurs chevaux.

Le chevalier ne perdit pas un instant, il chevaucha par les montagnes et par les vallées, à travers les forêts profondes. Il rencontra bien des embûches en franchissant des contrées sauvages et hostiles. Il découvrit enfin le sentier étroit et plein de ronces, dans la forêt ténébreuse. Sûr d'être sur le bon chemin, il pressa son cheval, car son seul désir était de voir la fontaine et son perron,

L'écuyer est un jeune noble qui fait son apprentissage de chevalier ; il a en charge les armes et les chevaux de son seigneur.

Au Moyen Âge, les chevaux portaient des noms différents selon leur fonction. Le palefroi est le cheval de promenade ou de voyage. Il se distingue du destrier, cheval de bataille dressé pour le combat à la lance.
Quand le chevalier ne le monte pas, l'écuyer le mène à côté en le guidant par la main droite (la dextre).

avec le grand pin qui l'ombrageait, et de déclencher la terrible tempête. Mais avant d'y parvenir, il lui fallut passer la nuit chez le vavasseur, où il trouva l'accueil généreux et bienveillant qu'on lui avait laissé prévoir. La jeune fille surpassait encore, en courtoisie et en beauté, tout ce qu'avait pu dire Calogrenant.

Le lendemain, il partit dès l'aube et arriva à la clairière. Là, il découvrit les taureaux et leur gardien, qui lui indiqua le chemin à suivre. Mais il se signa[1] plus de cent fois, dans sa stupéfaction : comment la nature avait-elle pu produire un monstre aussi hideux ? Après cela, il chevaucha jusqu'à la fontaine, où il trouva tout ce qu'il voulait voir. Sans perdre un instant et sans hésiter, il versa d'un seul coup sur le perron un plein bassin d'eau. Aussitôt la tempête se déchaîna, comme il était prévu. Lorsque Dieu fit revenir le beau temps, les oiseaux se rassemblèrent sur le pin et chantèrent leur joie merveilleuse au-dessus de la fontaine périlleuse. Mais leur concert joyeux fut interrompu par le fracas d'un cheval qui arrivait au galop. Enflammé d'un courroux ardent, le gardien de la fontaine arrivait.

Aussitôt qu'ils se virent, les deux hommes s'élancèrent l'un contre l'autre, animés d'une haine mortelle. Chacun avait une lance solide, et ils se donnaient des coups terribles, perçant les écus, déchirant les hauberts. Les lances rompues furent vite en morceaux sur le sol. Ils s'affrontèrent alors à l'épée. Les écus déchiquetés ne purent bientôt plus les couvrir, car leurs courroies avaient été tranchées. Il leur fallut se battre sans protection : les coups d'épée arrivaient librement sur les bras et les hanches, le sang coulait. Farouchement ils s'affrontaient, solides comme des rocs. Leurs heaumes étaient tout cabossés, et leurs hauberts si

1. **Se signa** : fit un signe de croix pour appeler la protection de Dieu.

déchirés qu'ils ne valaient pas plus qu'un froc[1] de moine pour les protéger ! Les épées menaçaient maintenant leurs visages. Comment une bataille aussi rude pouvait-elle durer aussi longtemps ? Mais les deux adversaires étaient si indomptables que pas un n'avait cédé un pouce de terrain à l'autre. Leurs chevaux étant encore intacts, ils poursuivirent le combat sans mettre pied à terre. À la fin monseigneur Yvain fracassa le heaume[2] du chevalier. Celui-ci resta étourdi et assommé : jamais encore il n'avait reçu un aussi terrible coup. Il avait le crâne fendu, et la cervelle coulait avec le sang jusqu'à tacher son haubert[3]. Se sentant blessé à mort, près de s'évanouir, il prit la fuite vers son château. Dès qu'on le vit, on abaissa le pont-levis et on lui ouvrit toute grande la porte. Monseigneur Yvain, éperonnant son cheval, se rua à sa poursuite ; il le serrait de près, furieux de voir sa victoire lui échapper. S'il ne le prenait pas, mort ou vif, il aurait perdu sa peine. Les railleries de Keu étaient encore toutes fraîches à sa mémoire, et il savait bien qu'à la cour on ne le croirait pas, s'il ne rapportait pas de véritables preuves de son exploit.

Les voici donc tous deux à la porte du château, où ils pénétrèrent, l'un poursuivant l'autre, sans rencontrer personne. Ils arrivèrent d'un même élan au seuil du palais●. La porte était haute, mais le passage étroit : deux hommes ne pouvaient y entrer de front ou se croiser. Elle cachait un piège redoutable : il y avait sous la voûte deux trébuchets[4], qui retenaient en l'air

1. **Froc** : longue robe de laine portée par les moines.
2. **Heaume** : casque du chevalier.
3. **Haubert** : tunique en cotte de mailles.
4. **Trébuchets** : pièces de bois articulées du mécanisme permettant de lever et d'abaisser une lourde porte.

● **Le château désigne souvent au Moyen Âge l'ensemble des habitations regroupées à l'intérieur d'une enceinte fortifiée. La demeure du seigneur, au centre, est nommée tour, donjon ou palais.**

une porte coulissante en fer, aiguisée et tranchante. Il suffisait que quelqu'un effleure ce mécanisme pour qu'aussitôt la porte, libérée, descende et tranche en deux celui qu'elle atteignait. Le chemin entre les deux trébuchets était étroit, et le seigneur, qui le connaissait bien, passa juste où il fallait. Mais monseigneur Yvain, comme un insensé, se précipita derrière lui à bride abattue pour le saisir par l'arçon[1] de sa selle. Ce fut une chance pour lui de s'être ainsi penché en avant, car autrement, il eût été coupé en deux. Le cheval en effet marcha sur le trébuchet de bois, et aussitôt le mécanisme se déclencha : la porte aiguisée comme une lame trancha la selle et l'arrière du cheval. Dieu merci, elle ne toucha pas Yvain, elle s'abattit, rasant son dos, lui tranchant les deux éperons au ras des talons. Il tomba à terre, plein d'effroi : il s'en était fallu d'un rien !

Pendant ce temps, le chevalier, qui était blessé à mort, franchit une seconde porte du même genre, qui retomba aussitôt derrière lui. Voilà monseigneur Yvain prisonnier.

*Combat d'Yvain et d'Esclador le Roux, le cheval d'Yvain blessé par la porte piégée. Extrait d'*Yvain, le Chevalier au Lion *de Chrétien de Troyes, XIVe siècle.*

1. **Arçons** : rebords à l'avant et à l'arrière de la selle qui aident le cavalier à se maintenir en place.

3

Yvain prisonnier

Yvain resta là tout égaré. Il était enfermé dans une grande salle, dont le plafond était orné de clous dorés, et les murs peints de riches couleurs. Mais ce qui le désespérait, c'était d'ignorer où son ennemi avait bien pu passer. Il était donc plongé dans le désarroi, quand il vit soudain s'ouvrir la porte étroite d'une petite chambre, et une demoiselle● entrer dans la salle. Elle découvrit monseigneur Yvain et s'alarma pour lui :

– Chevalier, je crains que vous ne soyez pas le bienvenu ici. Si l'on vous aperçoit, vous allez être mis en pièces, car mon seigneur, Esclador le Roux, est blessé à mort, et je sais bien que c'est vous qui l'avez tué. Ma dame est plongée dans la douleur, et ses gens autour d'elle poussent des cris déchirants : ils sont bien près de se tuer de chagrin. Ils savent que vous êtes prisonnier de ces murs, mais ils n'arrivent pas, tant leur peine est grande, à décider s'ils veulent vous tuer ou vous garder captif !

– À dire vrai, aucune de ces deux solutions ne me plaît.

– En effet, dit-elle, et je vais faire tout mon possible pour qu'il en soit autrement. Je vois que vous n'êtes pas trop effrayé, et cela prouve que vous êtes un vaillant chevalier. Sachez que, si je le peux, je vous aiderai, car jadis vous en avez fait autant pour moi.

● **Ce mot désigne une femme noble mais d'un rang moins élevé que la dame qui possède par elle-même des terres ou qui est l'épouse d'un seigneur. Mariée ou non, la demoiselle fait souvent partie de la suite d'une dame.**

Je m'appelle Lunette[1], et je suis la suivante[2] de la dame de ce château, la noble Laudine. Un jour, ma dame m'avait envoyée porter un message à la cour du roi Arthur ; je ne sais si je manquais de courtoisie ou de raffinement, mais aucun chevalier ne daigna m'adresser la parole, sauf vous qui êtes ici. Vous m'avez traitée avec beaucoup de considération, et vous allez en recevoir la récompense. Je sais bien quel est votre nom : vous êtes Yvain, le fils du roi Urien. Vous pouvez en être sûr, vous ne serez ni capturé ni mis à mal. Prenez cet anneau qui m'appartient, vous me le rendrez lorsque je vous aurai délivré.

Lunette lui tendit alors un anneau, en lui expliquant son pouvoir : si l'on tournait vers l'intérieur la pierre qui y était incrustée, de manière à la serrer dans son poing, on devenait invisible. L'anneau cachait celui qui le portait, comme l'écorce cache le tronc de l'arbre. Il n'avait plus rien à craindre, même au milieu de ses ennemis : personne ne pourrait lui faire de mal. Voilà qui plaisait bien à monseigneur Yvain !

La demoiselle le fit asseoir sur un lit recouvert d'une riche couverture et proposa de lui apporter à manger. Il accepta très volontiers. Elle courut dans sa chambre et revint bien vite, portant un chapon rôti, un gâteau et une nappe, avec un plein pot d'excellent vin. Elle l'invita à prendre ce repas, et Yvain lui fit honneur, car il avait bien besoin de reprendre des forces.

À peine avait-il fini de manger et de boire, que les chevaliers commencèrent à parcourir le château pour retrouver celui qui avait tué leur seigneur. Ils ne pensaient qu'à le venger.

1. **Lunette** : « petite lune ». Les lunettes de vue n'existent pas au Moyen Âge.
2. **Suivante** : jeune fille noble, dame de compagnie d'une femme de haut rang.

– Vous entendez, dit la demoiselle à Yvain, les voilà tous à votre recherche ! Surtout, ne bougez pas de ce lit, malgré tout le vacarme et le bruit qu'ils pourront faire. La salle va être remplie d'une foule de gens qui vous haïssent à mort. On va sans doute apporter bientôt le corps dans le cercueil. Ils sont bien décidés à vous trouver : ils vont chercher partout, sous les bancs et sous les lits, mais en pure perte. Ils seront fous de rage, si déconfits et si frustrés que vous pourrez bien vous amuser à ce spectacle. Mais je vous laisse, car je n'ose m'attarder davantage. Je remercie Dieu de m'avoir donné l'occasion de vous aider, et de vous rendre ainsi le bien que vous m'avez fait.

Sur ces mots Lunette sortit, laissant la place aux gens du château, qui se précipitèrent vers les deux portes, armés d'épées et de bâtons. Ils avaient vu devant la porte la moitié du cheval tranché en deux, et ils étaient bien sûrs de trouver dedans le cavalier, qu'ils brûlaient de mettre à mort. Faisant lever la porte, ils se ruèrent à l'intérieur, et là, ils trouvèrent l'autre moitié du cheval mort... et rien d'autre ! Ils eurent beau écarquiller les yeux, ils ne virent personne. Ils regardèrent autour d'eux, fous de rage et stupéfaits.

– Comment est-ce possible ? Il n'y a ici ni porte ni fenêtre par où l'on puisse s'évader, à moins de voler comme un oiseau, ou de sauter comme un écureuil ! Les fenêtres ont des barreaux et les portes ont été fermées après le passage de notre seigneur. L'homme doit être là-dedans, mort ou vivant. Tout ce qu'on peut voir, c'est la moitié de la selle et les deux éperons coupés net, qui sont tombés de ses pieds. Cherchons encore dans tous les recoins, car il est encore ici, c'est certain. Il ne peut pas avoir disparu, à moins d'un mauvais tour de magie.

Ils fouillèrent toute la salle comme des enragés, frappant contre les murs, les lits, les bancs. Seul le lit où reposait Yvain ne fut pas touché, car il était vide, de toute évidence. Ils renversèrent bancs et escabeaux pour mieux voir en dessous, et donnèrent des coups avec leurs bâtons, comme le fait l'aveugle qui cherche quelque chose à tâtons.

Pendant qu'ils se démenaient ainsi, entra dans la salle une femme plus belle qu'aucune créature au monde : c'était Laudine, la dame du château. Elle était accablée de douleur, bien près de se donner la mort à elle-même. Par moments, elle poussait de grands cris, puis elle tombait à terre évanouie. Se relevant ensuite, elle déchirait ses vêtements et s'arrachait les cheveux, comme une femme qui a perdu la tête. Rien ne pouvait la consoler, car devant elle on apportait le corps de son époux, mort, dans son cercueil. Ses cris étaient déchirants : jamais, pensait-elle, son chagrin ne pourrait s'apaiser.

La procession qui accompagnait le corps d'Esclador le Roux s'avança : en tête venaient les religieuses portant la croix, l'eau bénite et les cierges, puis les prêtres avec les encensoirs et les missels, où ils devaient lire les prières pour l'âme du malheureux défunt●. On n'entendait que gémissements et cris de douleur, tant le deuil était grand.

La procession passa, mais au milieu de la salle, il y eut soudain un grand tumulte. Tous les assistants se groupèrent autour du cercueil pour voir ce prodige incroyable : le sang vermeil jaillissait tout chaud de la plaie du mort ! C'était la preuve● évidente que le

● **Différents objets du culte chrétien sont réunis ici. Les cierges sont de grandes bougies de cire, les encensoirs, de petits vases de métal où l'on fait brûler de l'encens (parfum utilisé depuis l'Antiquité pour les cultes religieux). Les missels sont des livres contenant des prières et les textes de la messe.**

● **Croyance fort répandue au Moyen Âge : on pensait que les plaies d'un mort se mettaient à saigner en présence de son meurtrier.**

meurtrier se trouvait là, présent dans la pièce. Aussitôt, tous se remirent à chercher, renversant les meubles, fouillant chaque recoin. Sans plus de succès. Monseigneur Yvain, là où il était couché, reçut bien des coups, mais sans bouger d'un pouce ni ouvrir la bouche. Les autres étaient hors d'eux, pleins d'angoisse et de colère à la vue du sang vermeil qui ne cessait de couler des blessures.

– Le meurtrier est ici, et nous ne pouvons le voir. Il y a là diablerie ou magie.

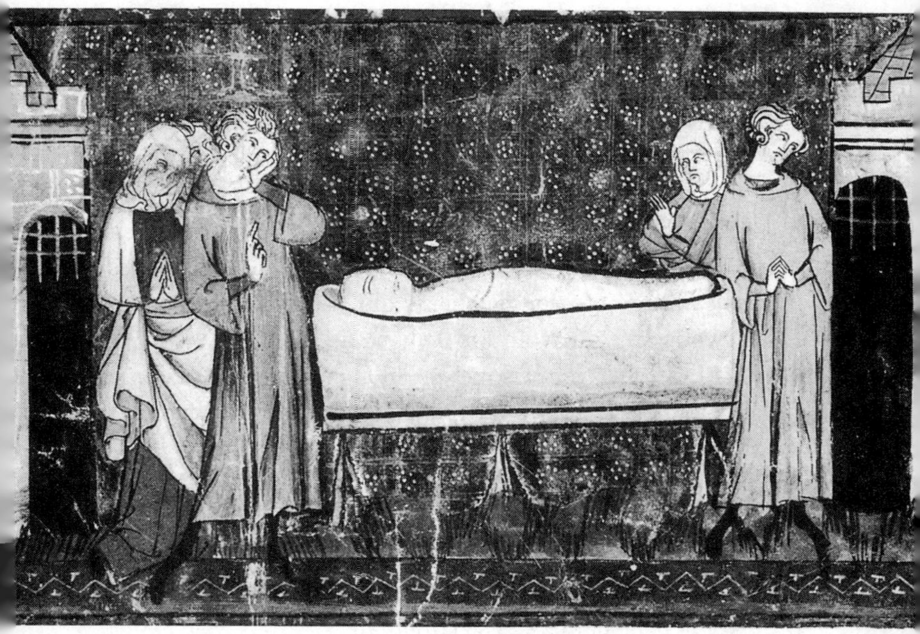

*Lamentations devant la dépouille d'Esclador le Roux, extrait d'*Yvain, le Chevalier au Lion *de Chrétien de Troyes, XIV*e *siècle.*

La dame était folle de douleur et criait, dans son délire :

– Va-t-on enfin trouver l'assassin, le traître qui a tué mon vaillant époux ? Seigneur Dieu, tu n'as pas le droit de le laisser s'échapper ! Aide-nous contre lui, écarte le maléfice. C'est un fantôme ou un démon qui s'est introduit ici parmi nous. Si je ne puis le voir, c'est que je suis ensorcelée ! Montre-toi donc, fantôme : tu es bien lâche de te cacher devant moi, alors que tu as affronté mon époux ! Mais comment as-tu pu le vaincre, sinon par trahison ? Aucun simple mortel n'aurait pu lui tenir tête, car il n'avait pas son pareil au monde.

Voilà comment la dame s'affligeait et se torturait elle-même. Ses gens étaient en proie à une douleur immense. Ils emportèrent le corps pour l'enterrer. Ils avaient tout fait pour retrouver le meurtrier, mais à la fin, écœurés, ils furent obligés d'abandonner.

Yvain ne resta pas longtemps seul dans la salle. Il vit bientôt revenir Lunette.

– Cher seigneur, lui dit-elle, vous avez subi une véritable invasion ! Ils ont déchaîné une vraie tempête ici, fouillant toutes les caches comme un chien de chasse qui suit à la trace perdrix ou caille ! Vous avez dû avoir une belle peur.

– Ma foi, vous avez raison, je n'en ai jamais eu de telle. Mais, si cela était possible, je voudrais bien regarder dehors par un trou ou par une fenêtre, pour voir la procession et le corps.

En fait, il ne s'intéressait ni au corps ni à la procession. C'était dans l'espoir de revoir la dame du château qu'il faisait cette demande.

La demoiselle l'installa donc à une petite fenêtre et, de là, il put observer la belle dame, qui se lamentait :

– Cher époux, que Dieu prenne en pitié votre âme ! Jamais, je l'affirme, aucun chevalier ne fut votre égal. Personne ne montra autant de belles qualités : vous étiez noble, courageux, courtois et généreux. Que votre âme trouve place dans la communauté des saints, très cher époux !

À ces mots, égarée de douleur, elle se mit à déchirer et lacérer ses vêtements. Yvain aurait bien voulu courir lui retenir les mains, mais Lunette le supplia :

– Ne faites surtout pas de folie ! Vous êtes ici très bien. Ne bougez, pour rien au monde, avant que le deuil soit calmé. Laissez ces gens s'en aller, ils finiront bien par rentrer chez eux. Vous allez donc vous asseoir à cette fenêtre et les regarder passer ; personne ne peut vous voir. Mais surtout, pas d'imprudence, vous y laisseriez votre tête : ce ne serait pas bravoure, mais folie. Bref, tenez-vous tranquille jusqu'à mon retour, car je n'ose m'attarder davantage. Si je restais absente plus longtemps, cela risquerait d'éveiller les soupçons.

Sur ces mots, elle s'en alla, et le chevalier resta, posté devant la fenêtre. Il était désolé car il voyait qu'on était en train d'enterrer le cadavre et qu'il ne pourrait rien conserver de lui, qui fasse la preuve de sa victoire. Il serait déshonoré et ne parviendrait pas à se défendre face aux perfidies[1] et méchancetés de Keu. Le sénéchal ne manquerait pas de l'abreuver de sarcasmes[2].

Mais ces amères réflexions furent bientôt chassées par de nouvelles pensées, douces comme le miel. C'était l'amour qui venait le visiter, et s'installer en lui pour y régner en maître. Son ennemie s'était emparée de son cœur, le cœur de l'homme qu'elle détestait le plus. Elle avait bien vengé, sans le savoir, la mort de son époux. Yvain était blessé d'une plaie dont il ne guérirait jamais.

Monseigneur Yvain était toujours à la fenêtre. Les gens étaient partis, une fois l'enterrement terminé. Laudine était restée seule,

1. **Perfidies** : propos malveillants.
2. **Sarcasmes** : moqueries.

en proie à la douleur, tantôt se tordant les mains, tantôt se prenant à la gorge, puis se calmant soudain pour essayer de lire des prières dans son psautier, enluminé de lettres d'or●. Et plus Yvain la regardait, et plus il l'aimait et désirait lui parler. Mais ce désir était sans espoir, car il ne pouvait croire qu'il puisse un jour le réaliser.

– Je dois être complètement fou, pour désirer ce que je n'obtiendrai jamais. J'ai blessé à mort son époux, et j'imagine que je vais faire la paix avec elle ! Par ma foi, c'est une idée insensée, car elle me hait à cette heure plus que toute autre créature, et elle a bien raison... « À cette heure » est le mot juste, car ne dit-on pas « Souvent femme varie » ? Son humeur ne pourra-t-elle à une autre heure changer ? Oui, elle changera, je veux le croire, et je ne dois pas désespérer. Au contraire, je vais aimer mon ennemie. Je l'appelle « mon ennemie » parce qu'elle me hait, et elle n'a pas tort, puisque j'ai tué la personne qu'elle aimait. Quant à moi, je ne suis pas son ennemi, mais son ami, car je l'aime plus que tout au monde.

» Comme je souffre de la voir dans cet état ! Ses beaux cheveux, brillants comme de l'or pur, qu'elle arrache sans pitié ! Ses pleurs ne cessent de couler, mais, même pleins de larmes, ses yeux sont les plus beaux du monde. Et ce qui me désole le plus, c'est qu'elle griffe ce visage délicat aux fraîches couleurs, qui n'a pas mérité une telle férocité. Elle se fait le plus de mal possible ! Quelle frénésie[1] ! Pourquoi tordre ses blanches mains, frapper et déchirer sa poitrine ? Ne serait-elle pas une pure merveille à contempler si elle était heureuse, alors qu'elle est déjà si belle dans le chagrin ?

1. **Frénésie** : état d'agitation extrême.

● **Le psautier est un livre de prières, contenant des psaumes, c'est-à-dire des chants religieux.**

C'est ainsi que monseigneur Yvain contemplait celle qui se détruisait de douleur. Il resta à la fenêtre jusqu'à ce qu'il vît partir la dame, et descendre à nouveau les deux portes coulissantes. Un autre aurait été navré d'être emprisonné en ce lieu. Mais tout cela lui était bien égal, car il ne serait parti à aucun prix : l'amour le retenait prisonnier.

Lunette revint le trouver. Elle voulait lui tenir compagnie, afin de le réconforter et le distraire un peu. Elle le trouva plongé dans ses pensées et abattu.

– Alors, monseigneur Yvain, comment s'est passée cette journée ?

– D'une manière qui m'a beaucoup plu.

– Beaucoup plu ? Est-ce bien la vérité ? Quel plaisir de voir les gens vous rechercher pour vous tuer, à moins d'avoir envie de mourir !

– Certes, ma chère amie, je n'ai aucune envie de mourir. Toutefois, j'ai vu une chose qui m'a plu infiniment, qui me plaît encore et me plaira à tout jamais.

– N'en parlons plus, car je vois bien de quoi il est question. Je ne suis pas assez sotte pour ne pas comprendre. Suivez-moi plutôt, car je vais m'occuper de vous délivrer de cette prison.

– Soyez certaine que je ne sortirai pas d'ici avant longtemps, si ce doit être en cachette comme un voleur.

À ces mots, il entra à sa suite dans la petite chambre donnant sur la salle. La demoiselle lui fournit tout ce dont il avait besoin pour la nuit, puis le quitta. Mais elle gardait en mémoire ses paroles, combien il avait été ravi par ce qu'il avait vu aujourd'hui.

4

La dame du château

Lunette était en si bons termes avec sa dame qu'elle pouvait aborder tous les sujets avec elle, car elle était sa suivante et sa confidente. Pourquoi aurait-elle hésité à réconforter Laudine et à la conseiller suivant ses intérêts ?

La première fois qu'elle la vit en tête-à-tête, elle lui parla ainsi :

– Dame, je suis surprise de vous voir agir de manière insensée. Croyez-vous retrouver votre époux en vous lamentant de la sorte ?

– Non, mais je voudrais être morte de chagrin.

– Et pourquoi ?

– Pour rejoindre mon mari, le noble Esclador.

– Le rejoindre ? Dieu vous en garde ! Priez-le plutôt de vous rendre un époux de même vaillance !

– C'est impossible ! Il n'en existe pas d'aussi vaillant !

– Si, bien sûr, et je vous le prouverai.

– Tais-toi, va-t'en ! Jamais je ne trouverai un tel homme.

– Mais si, dame, si vous y consentez. Mais dites-moi maintenant, sans vous vexer, qui protégera votre domaine quand le roi Arthur viendra à la fontaine ? Vous avez appris qu'il y sera dans une semaine. Il vous faut à présent prendre une décision pour défendre votre fontaine●, et vous n'arrêtez pas de pleurer ! Il n'y a pas de temps à perdre, car les chevaliers d'ici ne valent pas plus

● **Si aucun chevalier du château n'est capable de défendre la fontaine contre les chevaliers du roi Arthur, les possessions de la dame reviendront au roi. On retrouve souvent dans les romans du Moyen Âge ce type de situation où un chevalier fait le vœu de défendre un lieu (un pont, une porte).**

qu'une chambrière[1] : pas un ne prendra l'écu ou la lance pour combattre. Ils sont très forts en parole, mais aucun ne tiendra tête aux chevaliers du roi Arthur, qui pourra s'emparer de toutes vos terres.

Laudine savait que sa suivante avait raison. Mais comme toutes les femmes, elle était entêtée : elle préférait refuser un avis judicieux[2], plutôt que d'admettre qu'elle avait tort.

– Va-t'en, et ne m'en parle plus jamais. Ton bavardage m'exaspère !

– Voilà qui est parfait ! On voit bien que vous êtes une femme : les sages conseils ne font que vous irriter.

Elle la laissa seule, et Laudine se mit à réfléchir : elle comprit qu'elle avait eu tort. Elle aurait dû lui faire dire comment il était possible de trouver un chevalier supérieur à son mari. Elle voudrait bien que Lunette le lui dise, mais elle le lui a défendu ! Cette pensée l'occupa jusqu'au retour de la jeune fille. Sans tenir aucun compte de son interdiction, la demoiselle reprit immédiatement :

– Est-il bien raisonnable de vous détruire ainsi ? Pour l'amour de Dieu, renoncez à un chagrin aussi excessif ! Une dame de votre rang doit se contrôler. Pensez-vous que toute prouesse[3] soit morte avec votre mari ? Il y a bien par le monde cent chevaliers qui valent autant que lui !

– C'est un pur mensonge. Pourrais-tu m'en citer un seul ?

– Vous m'en voudriez trop. Ce serait encore colère et menaces.

– Je n'en ferai rien, je t'assure. Mais j'ai l'impression que tu me tends un piège...

– Je vais donc vous le dire, en espérant qu'il n'en sorte que du bien pour vous. Vous allez me trouver insolente, mais j'en prends

1 **Chambrière** : femme de chambre.
2. **Judicieux** : qui révèle un bon jugement.
3. **Prouesse** : acte de courage, d'héroïsme.

le risque. À votre avis, quand deux chevaliers se sont affrontés dans un combat singulier, lequel est le meilleur ? Le vaincu ou le vainqueur ? Pour ma part, je donne le prix au vainqueur. Le chevalier qui a poursuivi votre mari jusque dans ce château devait donc être plus vaillant que lui.

– Voilà la pire folie que j'aie jamais entendue ! Fuis, fille écervelée et odieuse[1], et ne reviens plus devant moi pour dire de pareilles sottises.

– Je savais bien, ma dame, que mes propos ne vous plairaient pas. Mais vous n'avez pas tenu votre promesse de ne pas vous fâcher. Quant à moi, j'ai perdu une bonne occasion de me taire !

Elle retourna donc s'occuper d'Yvain, qui se morfondait[2] dans sa chambre, malheureux de ne pas voir la dame. Il ignorait tout de ce que la demoiselle était en train de machiner[3] pour lui.

La nuit arriva, mais la dame ne dormait pas : elle était en proie à de grands tourments. Elle se faisait beaucoup de souci pour la défense de sa fontaine, et elle commençait à regretter d'avoir blâmé et maltraité sa suivante. Elle était sûre en effet que Lunette n'avait agi que par affection pour elle ; c'était une amie loyale et fidèle, et elle ne lui aurait jamais donné un mauvais conseil. La jeune fille était intervenue dans son intérêt à elle, et elle avait eu tort de ne pas l'écouter.

Voilà changé l'état d'esprit de la dame : celui qu'elle haïssait, elle l'imaginait maintenant comparaissant devant elle. Elle l'accuserait d'abord : « Est-ce bien toi qui as tué mon époux ? » Il ne pourrait le nier : « Je vous l'accorde. » Et elle : « Et pour quelle raison ? L'as-tu fait par haine pour moi ? As-tu voulu me nuire ? » Il s'en

1. **Odieuse** : détestable.
2. **Se morfondait** : était en proie à une grande tristesse.
3. **Machiner** : organiser en vue d'une intrigue.

défendrait : « Que je meure si j'ai voulu vous faire du mal ! » Elle pourrait conclure : « Tu n'as donc aucun tort envers moi. Envers lui non plus, car il t'aurait tué s'il l'avait pu. » Elle était sûre d'avoir statué[1] en toute justice, selon le droit et la raison.

Au matin, l'esprit encore échauffé du débat de la nuit●, elle avait hâte de revoir sa suivante. Celle-ci, sans le savoir, avait gagné sa cause. C'est alors que Lunette revint, pour recommencer son discours où elle l'avait laissé. Mais la dame était toute honteuse de l'avoir rudoyée[2] et injuriée. Elle eut l'intelligence de s'excuser :

– Pardonne-moi les paroles insultantes et blessantes que j'ai eu la folie de te dire hier. Je suis prête à écouter tes avis. Dis-moi, si tu le sais, ce chevalier dont tu m'as parlé, quel homme est-il ? Quel est son lignage[3] ? S'il est d'un rang digne du mien, je l'épouserai et ferai de lui le seigneur de ma terre, mais à condition que personne ne sache qu'il a tué mon époux.

– Au nom de Dieu, ma dame, il en sera ainsi. Vous aurez le mari le plus noble, le plus généreux, le plus beau qu'on puisse rêver.

– Quel est son nom ?

– Monseigneur Yvain.

– Par ma foi, sa famille est d'une haute noblesse : c'est le fils du roi Urien.

– Sans aucun doute.

– Et quand pourrons-nous l'avoir ?

– D'ici cinq jours, je pense.

1. **Avoir statué** : avoir pris une décision.
2. **Rudoyée** : traitée avec dureté.
3. **Lignage** : ensemble des personnes d'une même famille, c'est-à-dire les ancêtres et les descendants.

● **La dame hésite entre son désir de venger son mari et la nécessité de choisir un défenseur pour la fontaine. Cette hésitation suscite un débat intérieur.**

– C'est bien trop long ! Qu'il vienne ce soir ou demain !

– Ma foi, ma dame, il lui faudrait pour cela être un oiseau ! Laissez-moi le temps d'envoyer un messager à la cour d'Arthur pour qu'il le ramène. Vous l'aurez dans trois jours au plus tard. Entre-temps, convoquez vos barons et demandez-leur conseil au sujet du roi Arthur et de la fontaine. Pas un ne se proposera pour la défendre. Vous pourrez alors dire à bon droit que vous êtes obligée de vous marier, qu'un chevalier très renommé prétend à votre main, et que vous n'osez rien faire sans leur approbation[1]. Ils sont tellement lâches qu'ils se jetteront à vos pieds pour que vous acceptiez ce mariage !

– Par ma foi, ce projet correspond exactement à ce que j'envisageais. Dépêche-toi maintenant, ne tarde pas ! Arrange-toi pour retrouver ce chevalier !

Et Lunette fit semblant d'envoyer chercher Yvain à la cour. Pendant ce temps, elle prit soin de lui : chaque jour il prit un bain, sa tête fut lavée et peignée. Elle prépara pour lui une cotte[2] d'écarlate[3] vermeille toute neuve, fourrée de petit-gris[4]. Elle lui procura tout ce qui était nécessaire à son élégance : une broche d'or avec des pierres précieuses pour fermer son col, une belle ceinture ouvragée et une aumônière[5] de brocart[6]. Elle fit alors annoncer à Laudine que le messager était arrivé.

– Et monseigneur Yvain ? Sera-t-il bientôt là ?

1. **Approbation** : accord.
2. **Cotte** : sorte de robe portée par les hommes et les femmes.
3. **Écarlate** : au Moyen Âge, étoffe précieuse de laine fine, souvent teinte de vives couleurs. En français moderne, le mot désigne un rouge vif.
4. **Petit-gris** : fourrure d'un écureuil gris de Russie, très appréciée à l'époque.
5. **Aumônière** : petit sac, souvent richement brodé, que l'on porte à la ceinture ; on y range des aumônes pour les pauvres.
6. **Brocart** : riche tissu de soie brodé de fils d'or ou d'argent.

– Il est déjà ici.

– Qu'il entre donc vite, mais discrètement. Ne laisse personne d'autre pénétrer ici.

La demoiselle revint vers son hôte, mais elle eut soin de ne point laisser paraître sur son visage la joie qui l'habitait. Elle lui fit croire que sa dame avait découvert qu'il avait été hébergé au château.

– Ma dame a tout appris et m'a beaucoup blâmée. Elle m'a cependant garanti que je pouvais vous conduire à elle sans qu'on vous fasse du mal. Elle n'en veut pas à votre vie, mais elle désire vous retenir captif.

– Je l'accepte volontiers, car je veux être son prisonnier.

– Vous le serez, je puis vous l'assurer. Ne vous inquiétez pas cependant, la prison qui vous attend ne sera pas trop pénible.

La demoiselle l'inquiétait et le rassurait tout à la fois, en parlant à mots couverts de la prison où il serait mis. Il ne savait pas que c'était la prison de l'amour : aimer, c'est être captif.

Lunette emmena par la main monseigneur Yvain dans un lieu où il allait être fort apprécié. Mais lui craignait d'être mal accueilli, et avec quelques raisons. Ils trouvèrent la dame assise sur un lit recouvert d'une couverture vermeille. Elle ne disait pas un mot, et Yvain s'effraya, pensant être tombé dans un piège. Il resta debout, à l'écart, et finalement la demoiselle dut prendre la parole :

– Que je sois mille fois maudite, pour avoir emmené devant une belle dame un chevalier qui reste paralysé et muet, incapable de l'aborder !

Elle le tira alors par le poignet :

– Avancez donc, chevalier, et n'ayez pas peur que ma dame vous morde ! Demandez-lui plutôt pardon et réconciliation, pour qu'elle accepte d'oublier la mort d'Esclador le Roux, qui fut son époux.

Aussitôt, monseigneur Yvain joignit les mains et se mit à genoux● devant la dame :

– Dame, j'implore de tout mon cœur votre grâce. Vous pouvez faire de moi ce que vous voudrez, je vous en serai reconnaissant.

– Et si je vous tue ?

– Dame, grand merci, c'est tout ce que vous m'entendrez dire.

– Voilà une réponse incroyable ! Vous vous mettez entièrement en mon pouvoir ?

– Oui, une force me pousse à me soumettre à votre volonté. Vous pouvez m'ordonner ce que vous voulez. Je ferai n'importe quoi pour réparer la mort que j'ai causée.

– Dites-moi donc – et vous serez quitte de toute réparation – si vous avez commis une faute envers moi en tuant mon mari.

– Dame, ayez pitié ! Quand votre époux m'a attaqué, ai-je eu tort de me défendre ? Si celui qui se défend tue son agresseur, dites-moi s'il est coupable !

– Pas du tout, en bonne justice. Je crois de plus qu'il ne servirait à rien de vous faire tuer. Je vous pardonne donc tous les torts que vous avez pu avoir envers moi. Mais je voudrais bien savoir d'où vient cette force qui vous commande de consentir entièrement à mes volontés. Asseyez-vous, et racontez-moi d'où vous vient cette soumission[1].

– Dame, elle vient de mon cœur.

1. **Soumission** : attitude qui consiste à reconnaître le pouvoir de quelqu'un sur soi.

● ***Joindre les mains, se mettre à genoux*** **devant quelqu'un sont des gestes de soumission, par lesquels on se met en son pouvoir. On retrouve ce geste aussi bien dans la relation du chrétien à Dieu que dans la relation du vassal au suzerain. Il faut se souvenir de cette coutume pour la suite de l'histoire.**

– Et comment ce cœur a-t-il été touché, cher ami ?

– Par l'image que mes yeux ont contemplée.

– Et qu'ont-ils contemplé, ces yeux ?

– Dame, ils ont contemplé votre beauté.

– Et la beauté, quel tort a-t-elle eu dans l'affaire ?

– Son seul tort a été de me faire aimer.

– Aimer, et qui ?

– Vous, ma chère dame !

– Vraiment, et de quelle manière ?

– D'un amour tel que je ne peux penser qu'à vous, que je me donne entièrement à vous, que pour vous je veux vivre et mourir !

– Et oseriez-vous entreprendre de défendre pour moi ma fontaine ?

– Assurément, et contre n'importe quel adversaire !

– Eh bien, sachez-le, la paix est faite entre nous.

C'est ainsi que leur accord fut conclu.

La dame avait auparavant réuni le conseil de ses barons. Elle mit Yvain au courant de ses projets :

– Rendons-nous dans la salle, où se trouvent mes hommes. Ils m'ont recommandé, à cause de la nécessité de défendre la fontaine, de prendre rapidement un mari. Je vous accepte donc pour époux, car je ne dois pas refuser un vaillant défenseur, et, qui plus est, un fils de roi.

La demoiselle voyait réalisés tous ses vœux et Yvain était comblé. La dame le conduisit dans la salle où les chevaliers furent saisis d'admiration devant la noble allure d'Yvain. Tous se levèrent pour lui faire honneur ; ils murmuraient entre eux :

– Voici celui que notre dame va prendre pour époux. Assurément c'est un bon choix, car il semble de haute naissance.

La dame donna la parole à son sénéchal, qui exposa la situation :

– Seigneurs, la guerre est à nos portes. Le roi Arthur va venir sous peu dévaster nos terres. Le pays sera livré au pillage si nous ne trouvons pas un hardi défenseur. Il y a six ans, notre dame a choisi, sur votre conseil, Esclador le Roux. Il a gouverné le pays comme il convenait, mais maintenant le voici enterré. C'est grand dommage qu'il ait si peu vécu ; à présent, il faut faire face. Une femme ne peut porter l'écu ni manier la lance, mais elle peut sauver la situation en prenant un bon époux. C'est ce dont nous avons besoin, si nous voulons maintenir la belle coutume● de ce château. Soyez donc de bon conseil !

Tous s'accordèrent à trouver ces paroles pleines de bon sens. Ils la supplièrent donc à genoux. Elle n'avait pas besoin d'être suppliée, car c'était sa volonté à elle qui se réalisait ici ! Mais elle était assez intelligente pour paraître exaucer leur prière et accorder comme à regret ce qu'elle aurait fait de toute façon, même si on le lui avait interdit.

– Seigneurs, puisque c'est votre bon plaisir, voici à côté de moi un chevalier qui m'a beaucoup sollicitée et recherchée en mariage. Il veut se mettre à mon service et je l'en remercie. Jamais encore je ne l'avais rencontré, mais sa réputation est grande. Sachez que c'est un homme de haute naissance : c'est le fils du roi Urien. Il n'est pas seulement de haut lignage, c'est un chevalier vaillant et courtois. Il ne serait pas sage de le refuser : c'est monseigneur Yvain qui demande ma main.

– Vous avez sagement parlé, répondirent-ils. Il faut conclure ces noces aujourd'hui même.

● **La *belle coutume de ce château* est l'obligation attachée à la fontaine. Celui qui va à la fontaine et verse l'eau sur le perron est obligé d'affronter le défenseur de la fontaine...**

Elle avait réussi à obtenir leur accord unanime[1] ; on la pressait de faire ce qu'elle aurait fait de toute façon, car son cœur l'y poussait. Mais elle voulait le faire avec l'approbation de tous, comme il convenait à une dame de haut rang.

On fit alors venir le chapelain[2], et Laudine prit pour époux monseigneur Yvain, en présence de tous ses barons. C'est ainsi qu'il épousa la dame de Landuc, fille du duc de Laududet. Les noces furent célébrées le jour même, avec un luxe incroyable et dans l'allégresse générale.

Voilà monseigneur Yvain maître du château. Le mort était oublié, et son meurtrier avait épousé sa femme. Tout le monde était ravi de ce nouveau seigneur, auquel ils trouvaient toutes les qualités. Les festivités durèrent jusqu'à la fête de la Saint-Jean, jour où l'on attendait la venue du roi Arthur.

1. **Leur accord unanime** : l'accord de tous sans exception.
2. **Chapelain** : religieux attaché au service de la chapelle, dans un château.

5

Arthur au château de Laudine

Pendant ce temps, le roi Arthur s'était mis en route pour venir voir le prodige de la fontaine et de la tempête. Il avait quitté Carduel escorté de ses chevaliers, qui souhaitaient tous prendre part à l'aventure. Keu, le sénéchal, ne put tenir sa mauvaise langue :

– Je ne vois pas monseigneur Yvain parmi nous. Qu'est-il donc devenu ? N'est-ce pas lui qui s'était vanté de venger son cousin Calogrenant ? Je crois que le bon vin du repas y était pour beaucoup ! S'il avait réussi, nous l'aurions bien su, mais son absence parle pour lui. Il s'est enfui, je pense, pour ne pas affronter l'épreuve.

Le noble et généreux Gauvain ne pouvait laisser passer ces paroles :

– Vous feriez mieux de vous taire, Keu. Si monseigneur Yvain n'est pas avec nous, c'est qu'il a dû avoir un empêchement. Arrêtez ces propos insultants.

Arrivé à la fontaine, le roi, qui voulait voir la tempête, versa sur le perron l'eau puisée dans le bassin d'or. Aussitôt les éléments se déchaînèrent, et monseigneur Yvain● ne tarda pas à arriver, revêtu de son armure●. Monté sur son cheval fougueux, il se précipita pour défendre la fontaine.

Aussitôt, avant tous les autres, Keu demanda au roi l'autorisation de combattre. Comme toujours, il voulait être le premier,

● **Yvain est à présent le gardien de la fontaine puisqu'il est l'époux de Laudine.**

● **L'armure protège complètement le corps du chevalier, et le heaume lui masque le visage. Yvain ne peut donc être identifié.**

quoi qu'il arrive, à affronter l'adversaire. Le roi le lui accorda et le sénéchal enfourcha son cheval. Yvain l'avait parfaitement reconnu à ses armoiries●, et il était ravi à l'idée de lui donner une bonne leçon. Ils se ruèrent donc l'un contre l'autre au galop de leurs destriers. Les lances furent fracassées, mais le coup d'Yvain

*Combat d'Yvain et du sénéchal Keu. Yvain menant le cheval de Keu devant Arthur, extrait d'*Yvain, le Chevalier au Lion *de Chrétien de Troyes, XIVe siècle.*

● Les armoiries sont les emblèmes du chevalier. Elles sont représentées sur la bannière qui orne sa lance et sont peintes sur son écu. C'est donc un moyen d'identifier son adversaire dont le visage est couvert par le heaume.

avait été plus puissant. Keu, désarçonné, fit la culbute et tomba piteusement à terre. Bien des spectateurs ne purent se retenir de sourire, car tous avaient été victimes de ses sarcasmes.

Monseigneur Yvain ne voulait pas lui faire de mal. Il mit pied à terre et alla prendre le cheval de Keu pour l'amener au roi.

– Seigneur, je vous rends ce cheval. Il n'est pas question que je m'empare de ce qui vous appartient.

– Et qui êtes-vous ? Je suis incapable de vous reconnaître. Dites-moi votre nom ou découvrez votre visage !

– C'est moi, Yvain, votre fidèle chevalier.

Keu était effondré, et honteux d'avoir prétendu qu'Yvain s'était enfui. Mais les autres étaient ravis : ils n'étaient pas fâchés de la déconvenue du sénéchal, et surtout ils se réjouissaient de retrouver Yvain. Gauvain tout particulièrement, car c'était le compagnon d'aventure qu'il préférait. Quant au roi, il lui demanda de lui raconter tout ce qui lui était arrivé. Yvain leur rapporta point par point ses aventures, et comment la demoiselle lui avait sauvé la vie. Après cela, il invita le roi et tous ses chevaliers à séjourner dans sa demeure. Ce serait pour lui un grand honneur ! Le roi accepta de rester huit jours entiers. Ils montèrent à cheval et se dirigèrent vers le château. Yvain avait envoyé un écuyer pour prévenir Laudine de la venue du roi. La dame, toute heureuse, pria ses chevaliers d'aller à la rencontre du roi de Bretagne. Ils le saluèrent avec beaucoup de considération, manifestant leur joie de le recevoir.

À l'arrivée du roi, le château était en liesse[1] ; on avait sorti des tapis pour couvrir le sol des rues, et de riches soieries pour orner les murs des maisons. La ville retentissait du son des cors et des

1. **Liesse** : joie collective.

clairons ; les jeunes filles chantaient, accompagnées de flûtes, de tambourins et de cymbales, pour fêter le roi Arthur.

La dame de Landuc parut alors, vêtue d'une robe d'hermine[1] digne d'une impératrice. Un diadème[2] de rubis ornait ses magnifiques cheveux blonds. Elle était belle comme une déesse. Souriante, elle s'approcha gracieusement du roi pour l'aider à descendre de cheval en lui tenant l'étrier, afin de lui faire honneur :

– Soyez le bienvenu, seigneur roi, et vous aussi, monseigneur Gauvain. Béni soit le jour qui vous amène en ces lieux !

Le roi la salua tout aussi aimablement, et la prit galamment par la taille, en homme courtois. Tous furent accueillis de façon joyeuse, chacun s'efforçant de leur être agréable.

Au milieu de cette allégresse, deux personnes eurent un plaisir particulier à se rencontrer. Ce fut une rencontre entre la Lune et le Soleil ! Gauvain n'était-il pas appelé « le soleil de la chevalerie », pareil à l'astre d'or qui illumine le monde chaque matin de ses rayons ? Quant à Lunette, comme l'astre des nuits dont elle portait le nom●, elle était incomparable de fidélité et de dévouement.

C'était une ravissante brunette, de noble naissance, dont la sagesse et l'habileté s'alliaient à un caractère enjoué. Gauvain fut fort heureux de la connaître, car elle avait sauvé la vie de son meilleur ami. Elle lui raconta donc en détail tous ses efforts pour convaincre sa dame d'épouser Yvain, et comment elle l'avait sorti des mains de ceux qui le cherchaient, en lui donnant l'anneau : il était parmi eux et ils ne le voyaient pas ! Monseigneur Gauvain s'amusa beaucoup à ce récit :

1. **Hermine** : fourrure blanche précieuse.
2. **Diadème** : bijou en forme de couronne.

● **Il faut se souvenir que *Lunette* signifie « petite lune ».**

– Demoiselle, sachez que je suis à vous en cas de besoin, et même si vous n'avez pas besoin de moi ! Je suis vôtre, soyez dorénavant ma demoiselle !

– J'accepte avec reconnaissance, même si je ne souhaite pas être dans une telle détresse que j'aie besoin de votre aide.

La fête fut magnifique. Il y avait bien soixante dames, toutes belles, nobles et élégantes : elles étaient là pour se divertir en compagnie des chevaliers, qui s'asseyaient avec elles pour bavarder et les courtiser. Quelle fête pour monseigneur Yvain, de pouvoir ainsi recevoir le roi ! Laudine était à ses côtés et s'empressait auprès de ses hôtes de manière exquise. La semaine se passa dans ces divertissements. Les bois et les rivières permettaient de chasser, et Yvain avait plaisir à montrer, à tous, les vastes domaines de son épouse.

Durant cette semaine, tous les chevaliers, sans exception, avaient multiplié leurs efforts et leurs prières pour pouvoir emmener Yvain avec eux. Monseigneur Gauvain se montrait particulièrement insistant :

– Comment, seigneur Yvain, seriez-vous à présent de ces chevaliers qui, à cause de leurs femmes, ne s'intéressent plus aux combats ? Malheur à celui dont le mariage amoindrit la valeur ! Celui qui a pour épouse une belle dame doit au contraire chercher à faire grandir son prestige. Si sa renommée décline, l'amour qu'on lui porte en fera autant. Une femme a vite fait de retirer sa faveur à un homme, si celui-ci la déçoit. Allons, il faut que votre gloire grandisse !

» Nous partirons ensemble courir les tournois, pour qu'on ne prétende pas que vous êtes un mari jaloux. Il ne faut pas rester dans son château à rêvasser, mais sortir de chez soi et participer à des joutes[1], quoi qu'il en coûte. Je ne voudrais pas que notre

1. **Joutes** : tournois durant lesquels le chevalier peut faire preuve de bravoure et accroître sa renommée.

compagnonnage ait à souffrir de votre nouvel état. Vous verrez, la joie d'amour ne sera que plus douce, quand vous reviendrez chez vous après de rudes combats : on goûte encore mieux un plaisir dont on a été privé. Si vous vous habituez maintenant au confort du bonheur conjugal, vous ne pourrez plus vous en passer, et vous serez perdu pour la vie aventureuse. Notez que je sais bien qu'il est facile de donner d'excellents conseils à autrui... j'aurais moi-même le cœur déchiré, si je devais quitter une aussi belle dame !

Gauvain fit tant et si bien par ses discours et ses prières qu'Yvain promit d'en parler à sa femme, et de partir avec ses compagnons, si elle le permettait. Il était bien résolu à retourner en Bretagne. Il alla donc la trouver.

– Ma très chère dame, vous qui êtes mon cœur et mon âme, ma vie et mon bonheur, accordez-moi un don, je vous en prie !

Elle le lui promit aussitôt, sans savoir ce qu'il voulait demander :

– Cher époux, vous pouvez exiger de moi ce qu'il vous plaira.

Monseigneur Yvain, sur-le-champ, lui demanda la permission d'accompagner le roi et d'aller participer aux tournois, pour ne pas passer pour un lâche.

– Je vous accorde ce congé[1], mais pour un temps limité. Prenez garde, si ce délai devait être dépassé, l'amour que j'ai pour vous se transformerait en haine, soyez-en sûr. Sachez que je n'ai qu'une parole : si vous trahissez votre promesse, moi je tiendrai la mienne. Pensez à revenir dans un an jour pour jour, huit jours après la fête de Saint-Jean.

– Ma très chère dame, dit Yvain bouleversé, cette date est beaucoup trop éloignée ! Je compte bien être de retour avant, si Dieu le veut. Mais je ne peux pas être sûr de ce qui m'arrivera :

1. **Congé** : autorisation de partir.

si je suis malade, blessé ou prisonnier, il me sera impossible de respecter le délai fixé !

– Seigneur, je ferai donc une exception. Tant que vous penserez à moi, nul danger ne vous atteindra. Mettez à votre doigt cet anneau qui m'appartient. La pierre qui y est incrustée a des pouvoirs prodigieux : sous sa protection, un amoureux fidèle et loyal ne peut subir aucun dommage. Ni prison ni blessure ne le menacera, tant qu'il se souviendra de son amie. Cet anneau vous garantira mieux qu'un écu ou un haubert. Je n'ai jamais voulu le prêter à personne, mais à vous je le confie par amour.

Voici donc monseigneur Yvain libre de partir. Bien des larmes furent versées au moment des adieux. Mais le roi Arthur était impatient de s'en aller, et l'on amena les palefrois équipés pour le voyage. Il fallait se séparer, et Yvain dut s'arracher aux larmes et aux baisers de Laudine. La dame, après l'avoir accompagné un moment, revint au château. Elle gardait avec elle le cœur d'Yvain, mais lui, d'autres pensées n'allaient-elles pas bientôt le distraire ? Il allait retrouver avec ses compagnons la vie aventureuse des tournois !

Et je peux déjà vous dire qu'Yvain va s'y donner pleinement : son temps sera bien occupé, car monseigneur Gauvain ne permettra pas qu'il le quitte. J'ai bien peur● qu'Yvain ne respecte pas le délai fixé par sa dame. S'il le dépasse d'un seul jour, il le payera très cher : il ne retrouvera sans doute jamais son amour.

● **Le narrateur intervient ici pour annoncer la suite de l'histoire. Cela ne nuit pas au plaisir du lecteur ou de l'auditeur, car Yvain devra se racheter et c'est donc la promesse de nombreuses aventures.**

6

La folie d'Yvain

Toute l'année passa ainsi. Yvain s'illustra par de grandes prouesses en compagnie de Gauvain. Celui-ci le fit si bien s'attarder dans les joutes et les tournois, qu'un an entier s'écoula, et que l'on parvint au 15 août, date où le roi Arthur devait réunir sa cour à Chester●. La veille, monseigneur Yvain avait remporté le premier prix dans un tournoi réputé. Les deux compagnons avaient fait dresser leur pavillon[1] en dehors de la ville, pour y inviter leurs amis. Le roi leur fit l'honneur de les rejoindre et s'assit parmi eux.

Soudain, Yvain devint tout pensif. Depuis qu'il avait quitté sa dame, il n'avait pas pris le temps de s'absorber ainsi dans ses pensées. Des larmes lui montèrent aux yeux, lorsqu'il se rendit compte qu'il avait violé sa promesse. La date fixée pour son retour était largement dépassée.

Il était là, perdu dans ses pensées, quand il vit venir droit vers la tente une demoiselle inconnue, montée sur un palefroi noir. Elle s'avança rapidement, et mit pied à terre devant eux, en laissant tomber son manteau. Elle entra dans la tente et se dirigea vers le roi. Elle salua de la part de sa dame le roi, monseigneur Gauvain et tous les autres chevaliers. Tous sauf Yvain.

1. **Pavillon** : grande tente que les chevaliers utilisaient lors de leurs déplacements, pour les tournois ou les guerres.

● **Au Moyen Âge, les rois se déplacent souvent et viennent tenir leur cour dans diverses résidences. Le roi a quitté Carduel pour Chester, une ville située aujourd'hui dans le nord-ouest de l'Angleterre.**

– Ma dame ne salue pas Yvain, le traître, l'homme menteur et perfide qui s'est moqué d'elle. Il a séduit son cœur, et elle le lui a donné sans réserve. Mais sa confiance a été trompée, car ce n'était pas un amant loyal. Elle a bien découvert sa perfidie : il n'a pas tenu sa promesse, et elle n'a plus aucune confiance en lui.

» Yvain, tu as bien perdu la mémoire : tu as oublié que tu devais revenir auprès de ma dame au bout d'un an. Elle t'avait fixé la date de la Saint-Jean, et pendant ton absence, elle avait fait peindre aux murs de sa chambre un calendrier pour mesurer le temps qui la séparait de ton retour. C'est ainsi que se conduisent les vrais amants : ils ne cessent de compter et d'additionner les jours, les mois et les saisons. Mais tu nous as tous trahis en l'abandonnant.

» Yvain, tu n'es plus rien pour ma dame. Elle te fait dire que tu ne dois plus jamais te présenter devant elle, et que tu dois rendre l'anneau qu'elle t'a donné. C'est moi, ici présente, qui suis chargée de te le reprendre. Rends-le-moi, il le faut.

Yvain ne pouvait répondre. L'esprit, les mots lui manquaient. La demoiselle s'élança vers lui et arracha l'anneau de son doigt. Elle remonta sur son cheval et partit aussitôt, le laissant dans un grand tourment. Et ce tourment ne cessait de croître : tout ce qu'il voyait ou entendait lui était insupportable. Il ne songeait qu'à prendre la fuite, tout seul, dans un lieu si désert que personne ne saurait rien de lui. Quelle aide attendre des autres ? À qui se plaindre de lui-même, qui avait causé sa propre mort ? Il éprouvait tant de haine contre lui qu'il aurait voulu disparaître de la surface de la terre.

Il quitta l'assemblée des barons, et s'éloigna des tentes. Là, une tourmente se leva dans sa tête, si puissante qu'il perdit la raison. Il arracha ses vêtements et se mit à fuir, tout nu, comme un homme sauvage, à travers les champs et les vallées.

Ses compagnons ignoraient ce qu'il était devenu, et le cherchèrent partout, dans les maisons, derrière les haies et dans les vergers, mais il avait disparu. Dans sa fuite, il rencontra un valet[1] qui portait un arc et cinq flèches bien aiguisées. Il s'en saisit, mais il ne parvint pas à se souvenir comment on s'en servait pour chasser : il avait perdu la mémoire.

Dans la forêt, Yvain guettait les animaux. Il les tuait et mangeait la venaison[2] toute crue. La folie avait fait de lui un homme sauvage : le corps nu, hirsute, il parcourait les bois, ayant tout oublié de la vie de l'homme.

Il demeura longtemps dans la forêt, comme une brute privée de raison, quand il arriva un beau jour devant la petite maison d'un ermite[3], qui était en train de défricher. Quand celui-ci vit s'approcher cet être tout nu, il comprit bien qu'il avait affaire à un fou. Saisi de peur, il courut s'enfermer dans sa maisonnette. Cependant, pris de pitié pour cette créature étrange, le saint homme prit du pain et une cruche d'eau pure et les posa prudemment à l'extérieur de la maison, sur le rebord d'une fenêtre. Et l'autre, affamé, se jeta sur le pain dans lequel il mordit avidement. Jamais il n'avait goûté un pain aussi amer et aussi dur. C'était un mélange grossier d'orge et de paille et, avec cela, moisi et sec. Mais sa faim était telle qu'Yvain le dévora et le trouva délicieux. Puis il but l'eau bien fraîche et se lança à nouveau dans le bois, à la recherche des cerfs et des biches.

Le saint homme le craignait beaucoup. Le voyant partir, il pria le Ciel de le protéger et d'écarter l'homme sauvage de sa maison.

1. **Valet** : jeune homme (mais pas nécessairement un serviteur).
2. **Venaison** : chair comestible du gros gibier (chevreuil, biche, sanglier, etc.).
3. **Ermite** : personne vivant à l'écart du monde. Souvent un religieux qui se retire pour prier.

Mais toute créature, même privée de raison, retourne volontiers à l'endroit où l'on a été bon pour elle. Aussi longtemps que dura sa folie, Yvain revint tous les jours chez l'ermite, pour déposer devant sa porte le produit de sa chasse. Voilà la vie qu'il menait. L'ermite écorchait la bête et faisait cuire la viande. Il mettait la nourriture, avec le pain et la cruche d'eau, sur le rebord de la fenêtre. Le fou pouvait ainsi se rassasier, mangeant la venaison sans sel ni poivre et buvant l'eau claire de la fontaine. Le saint homme se donnait de la peine pour vendre les peaux au marché et acheter ainsi du pain. Yvain fut donc nourri de pain et de venaison pendant toute cette période.

Cette vie dura jusqu'au jour où deux demoiselles, se promenant dans la forêt avec leur dame, le trouvèrent endormi. L'une des trois se dirigea vers l'homme nu. Mettant pied à terre, elle l'observa longuement, cherchant un indice qui lui permît de l'identifier. Elle n'avait pas reconnu Yvain, car il n'avait plus rien à voir avec le beau chevalier aux magnifiques vêtements qu'elle connaissait. Mais en l'examinant avec attention, elle aperçut une cicatrice au visage qui lui rappela Yvain. C'était lui, sans aucun doute ; mais comment pouvait-il être dans cet état, pauvre et nu ? Elle revint auprès des autres et, toute bouleversée, elle leur raconta en pleurant ce qu'elle avait découvert :

– Ma dame, j'ai trouvé monseigneur Yvain, le chevalier le plus renommé du monde ! Mais par quel malheur a-t-il pu en arriver là ? On voit bien qu'il n'a pas toute sa raison, pour s'être ainsi dépouillé de ses vêtements ! Peut-être un grand chagrin l'a-t-il rendu fou ? Si seulement Dieu pouvait lui rendre ses esprits, il accepterait peut-être de nous venir en aide. Il nous serait d'un grand secours contre le comte Alier, qui vous fait la guerre et menace vos terres.

La dame lui répondit :

– Sois sans crainte ! Je crois qu'avec l'aide de Dieu je pourrai le guérir de cette folie qui lui trouble la tête. Ne tardons pas ! Je me souviens d'un onguent[1] que me donna jadis la fée Morgane●, en me disant qu'aucune démence ne saurait lui résister.

Laissant là Yvain endormi, elles rentrèrent au château de Noroison, qui était tout proche. La dame ouvrit un coffret où se trouvait une petite boîte. Elle la confia à sa suivante en lui disant d'en user avec mesure. Qu'elle l'applique seulement sur le front et les tempes, car c'est dans le cerveau que loge la folie. Elle lui

1. **Onguent** : sorte de pommade destinée à soigner.

● **Dans les récits arthuriens, Morgane est une fée puissante qui utilise ses pouvoirs parfois de façon bénéfique, parfois maléfique.**

confia un riche habit fourré de petit-gris, composé d'une cotte et d'un manteau de soie vermeille.

La demoiselle prit les vêtements et emmena par la main droite un très bon palefroi. Elle ajouta à cela tout le nécessaire : chemise, braies de fine étoffe et chausses*. Arrivée sur place, elle attacha les chevaux et se dirigea vers le fou endormi. Là, elle prit l'onguent et, oubliant la recommandation de sa dame, elle se mit à l'enduire complètement, tant elle désirait qu'il fût parfaitement guéri. Elle lui frotta les tempes et le visage, mais aussi tout le corps jusqu'aux orteils. Elle mit tant d'ardeur à le frictionner, que la folie sortit du cerveau d'Yvain. Le voyant près de s'éveiller, elle courut se cacher, mais elle laissa à côté de lui les habits qu'elle avait apportés. Elle se posta derrière un chêne pour l'observer.

Yvain s'éveilla. Il avait retrouvé la raison, mais il ignorait où il était ; à sa grande honte, il se rendit compte qu'il était nu. Regardant autour de lui, il aperçut les vêtements. Comment étaient-ils là ? Comment lui-même se trouvait-il en ce lieu ? Il était abasourdi et inquiet. Quel déshonneur pour lui, si quelqu'un le voyait dans cet état ! Il s'habilla sans tarder et s'efforça de se lever. Mais il n'avait pas la force de marcher, tellement il était affaibli par les privations de la vie sauvage. Où trouver du secours dans ce bois ?

La demoiselle jugea qu'il était temps d'intervenir. Elle monta à cheval et passa sur le chemin, comme si elle avait été en promenade. Il appela à l'aide et elle fit semblant de chercher d'où venaient ces cris. Il dut renouveler ses appels :

* **L'habillement se compose alors pour tous, hommes et femmes, d'une chemise portée sous une cotte (robe plus ou moins longue). Les hommes portent en plus des braies (sorte de pantalon allant jusqu'aux genoux) et des chausses (comme des chaussettes qui montent au-dessus du genou).**

– Demoiselle, par ici, par ici !

La jeune fille dirigea son palefroi dans cette direction. Elle voulait lui faire croire qu'elle ne savait rien de lui et ne l'avait jamais vu. C'était agir avec beaucoup de délicatesse.

– Seigneur chevalier, que voulez-vous ? Avez-vous besoin de mon aide ?

– Ah, sage demoiselle, je ne sais comment et par quelle malchance je me suis retrouvé dans ce bois. Pour l'amour de Dieu, prêtez-moi votre palefroi.

– Volontiers, seigneur, mais accompagnez-moi là où je vais.

– Où donc ?

– Hors de cette forêt, dans un château qui est tout proche.

– Dites-moi, demoiselle, cherchiez-vous de l'aide ?

– Oui, mais je crois que pour l'instant c'est vous qui en avez besoin : vous n'êtes pas du tout en bonne santé. Il faudra bien vous reposer une quinzaine de jours. Prenez ce cheval que je mène de la main droite, et nous irons jusqu'à ce château.

Yvain ne demandait pas mieux. Ils s'en allèrent tous deux et arrivèrent à un pont sous lequel coulait une eau tourbillonnante et rapide. La demoiselle y lança la boîte d'onguent vide. Elle pensa qu'elle s'excuserait ainsi auprès de sa dame : en passant le pont, son cheval avait trébuché et la boîte lui avait échappé des mains.

Ils arrivèrent au château de Noroison, où la dame accueillit très aimablement Yvain. Elle fut bien mécontente en revanche, quand sa suivante lui raconta son mensonge au sujet de l'onguent. C'était une grande perte pour elle. Elle donna cependant l'ordre de bien s'occuper d'Yvain.

Les demoiselles firent de leur mieux pour soigner le chevalier : elles lui donnèrent des bains, lui lavèrent la tête, le rasèrent et lui coupèrent les cheveux. Il en avait bien besoin, car cheveux et barbe étaient si longs qu'ils lui cachaient le visage. Il se reposa, mangea et but pour reprendre des forces. Tout ce qu'il désirait lui était accordé. Armes et chevaux furent également mis à sa disposition.

Il demeura ainsi chez la dame de Noroison jusqu'à un mardi où le comte Alier survint avec ses hommes pour incendier et piller. Les chevaliers du château s'armèrent pour riposter. Monseigneur Yvain était parmi eux ; il avait retrouvé sa vigueur et se comportait vaillamment. Se couvrant de son écu, il éperonna son destrier et abattit quatre assaillants à la suite. Ceux qui l'accompagnaient sentirent leur hardiesse décupler à le voir combattre ainsi.

La mêlée était rude, et la dame était montée à sa tour pour voir l'affrontement. Il y avait des morts et des blessés parmi les siens, mais plus encore parmi ses ennemis. Monseigneur Yvain combattait en chevalier courtois[1], car il préférait amener ses adversaires à se rendre plutôt que de les tuer. Tous ceux du château étaient remplis d'admiration :

– Quel vaillant guerrier ! Comme il fait plier ses ennemis ! Il les attaque rudement, comme le lion● affamé au milieu d'un troupeau de daims ! Et tous nos chevaliers, comme les voilà intrépides à son exemple ! C'est un vrai bienfait de l'avoir parmi nous car, sans sa présence, nos hommes n'auraient osé affronter l'ennemi. Voyez comme il se bat avec son épée ! Le preux Roland, avec Durandal●, n'aurait pas fait mieux.

1. **Courtois** : respectueux des codes de la chevalerie.

● **Cet animal vient spontanément à l'esprit des gens du Moyen Âge comme modèle de courage et de force.**

● **Roland, neveu de Charlemagne, est mort au combat à Roncevaux, en 778, face aux Sarrasins. *La Chanson de Roland* raconte qu'il avait baptisé son épée Durandal.**

Ils le couvraient d'éloges, et commençaient à retrouver l'espoir : avec un tel défenseur, le comte Alier pouvait être mis en déroute. Ils ajoutaient aussi que leur dame aurait bien de la chance si elle parvenait à garder auprès d'elle un tel chevalier. Il avait gagné leurs cœurs et ils auraient bien voulu l'avoir pour seigneur.

Les assaillants, désemparés devant la vigueur de la défense, prirent la fuite. Monseigneur Yvain les poursuivit, avec tous ses compagnons, enhardis par sa présence. À la fin les fuyards, épuisés, faiblirent et furent taillés en pièces. Le comte Alier voulut se réfugier dans une forteresse des environs, mais Yvain le rejoignit tout près de l'entrée et s'empara de lui. Il exigea sa reddition : il viendrait se constituer prisonnier devant la dame de Noroison, et ferait la paix avec elle à ses conditions. Quand il eut obtenu son serment, il lui fit rendre son heaume, son écu et son épée.

La nouvelle était déjà parvenue au château, et vous pouvez imaginer l'accueil que l'on fit aux deux hommes. Yvain remit son prisonnier à la dame de Noroison. Le comte Alier jura qu'il ne lui ferait plus jamais la guerre et qu'il la dédommagerait de ses pertes en faisant reconstruire tout ce qui avait été ravagé.

Quand toutes ces questions furent réglées, Yvain demanda son congé à la dame. Elle l'aurait volontiers gardé pour faire de lui son époux et le seigneur de tous ses biens, mais il voulait repartir sans attendre. Il laissait la dame sauvée, mais plongée dans l'affliction à cause de son départ.

7

Le lion

Monseigneur Yvain cheminait, plongé dans ses pensées, à travers une sombre forêt. Soudain il entendit, venant du plus profond des fourrés, un cri de douleur perçant. Il se dirigea aussitôt vers l'endroit d'où venait ce cri, et là il vit, dans une clairière, un lion aux prises avec un serpent, qui lui mordait la queue, lui brûlant tout le dos de ses flammes ardentes●.

Yvain ne s'attarda pas à regarder ce spectacle extraordinaire. Laquelle des deux bêtes fallait-il aider ? Le lion, évidemment, car c'est un animal noble et généreux, alors que le serpent est malfaisant et perfide●. Cette perfidie se voit au feu qu'il crache par la gueule. Yvain décida donc d'affronter ce dernier pour le tuer. Il tira l'épée et leva son écu pour protéger son visage des flammes, que la bête immonde jetait par sa gueule largement ouverte. Pour le moment, l'essentiel était de vaincre le serpent, il verrait bien ensuite si le lion s'attaquait à lui. Il brandit son épée étincelante et se lança à l'assaut de l'animal maléfique. Il le trancha en deux jusqu'à terre, puis le découpa en tronçons. Mais pour délivrer le lion, il fut bien obligé de couper un morceau de sa queue, que le cruel serpent avait englouti dans sa gueule. Qu'allait faire maintenant le lion ? Aurait-il à se défendre contre lui ?

● **Ce serpent qui crache des flammes fait penser à un dragon.**

● **Dans la Bible, le Diable apparaît sous l'aspect d'un serpent, d'où la mauvaise réputation de cet animal.**

Écoutez bien ce que fit alors le lion : il se comporta comme une créature noble et généreuse. Il s'agenouilla devant son sauveur, tendant ses deux pattes jointes, comme le fait un vassal devant son seigneur●. Il se tenait debout sur ses pattes arrière et sur sa face coulaient des larmes de reconnaissance. Il remerciait ainsi humblement celui qui l'avait délivré d'un péril mortel.

Quelle belle aventure pour monseigneur Yvain ! Il essuya sur l'herbe son épée, toute souillée du venin du serpent, puis la remit dans son fourreau et reprit sa route. Le lion cheminait à ses côtés. Il était devenu son compagnon, et ne souhaitait qu'une chose, le protéger et le servir toute sa vie.

Il allait en tête, ouvrant le chemin, jusqu'au moment où il flaira une odeur que lui apportait le vent : des animaux étaient en train de paître non loin de là. Il avait faim, et sa nature de bête

● **Yvain avait également pris cette posture devant Laudine.**

sauvage l'incitait à partir en chasse, mais il s'arrêta pour regarder son seigneur. Yvain comprit que le lion attendait sa permission. Il ne prendrait le gibier qu'il avait flairé que si son maître le souhaitait. Il l'encouragea donc par ses cris, comme il l'aurait fait pour un chien de chasse. Le lion mit aussitôt le nez au vent et, en quelques bonds, il eut rejoint un chevreuil qui broutait dans une vallée. Il l'attaqua, but le sang tout chaud qui coulait de sa plaie, puis l'apporta aux pieds de son maître.

Le soir tombait et Yvain décida d'établir son campement pour la nuit. Il fallait dépouiller le chevreuil pour en découper ce qu'il voudrait manger. Il lui fendit donc la peau sur les côtes et tailla un morceau de filet. À l'aide d'un silex et de quelques branches sèches, il alluma un feu, sur lequel il mit son morceau de viande à rôtir. Ce fut un repas sans grande saveur : ni pain ni sel, ni nappe ni couteau, rien de ce qui rend la vie confortable. Tout le temps où il mangea, le lion le suivit des yeux sans faire un mouvement. Il resta couché devant son maître jusqu'au moment où celui-ci fut rassasié. Alors il dévora tout le reste du chevreuil, sans rien laisser, jusqu'aux os. Yvain passa la nuit allongé sur le sol, la tête reposant sur son écu, sous la garde du lion qu'il tenait maintenant pour son ami.

Ils repartirent ensemble au matin, et ils menèrent cette vie commune pendant une quinzaine de jours. Mais voici qu'un beau jour le hasard les conduisit à la fontaine sous le pin. Yvain la reconnut et faillit perdre la raison une seconde fois, quand il s'approcha du perron et de la chapelle. Une telle douleur lui frappa le cœur qu'il tomba évanoui. Son épée glissa du fourreau, et sa pointe vint rompre les mailles de son haubert près du cou, faisant couler le sang.

Le lion crut que son ami et seigneur était mort. Jamais on ne vit une douleur si grande : il se tordait de désespoir et rugissait, grattant le sol de ses griffes. Il voulut se tuer avec l'épée qui, pensait-il, avait tué son maître. Avec ses crocs, il la tira et la cala contre un tronc d'arbre. Bien décidé à mourir, il allait se précipiter sur elle comme un sanglier furieux, quand Yvain reprit connaissance ; l'animal retint alors son élan.

Monseigneur Yvain, revenant à lui, fut saisi de désespoir. Il s'adressait d'amers reproches pour avoir manqué à sa parole envers sa dame :

– Qu'est-ce que j'attends pour me tuer, moi qui ai détruit de mes propres mains tout ce qui faisait le bonheur de ma vie ? Comment puis-je rester ici, misérable, à contempler cette fontaine, ce perron, qui appartiennent à ma dame ? J'ai connu la plus grande joie qu'un homme puisse trouver sur terre, et je l'ai perdue par ma faute. J'ai bien raison de me haïr moi-même ! Mourir serait moins douloureux que souffrir ce martyre. Pourquoi rester en vie ? N'ai-je pas vu mon lion, si désespéré à cause de moi qu'il voulait se planter l'épée dans le corps ? Et moi, j'hésiterais à mourir ? Allons, il faut quitter cette vie où ne m'attend nul bonheur !

Pendant qu'il se lamentait ainsi, une malheureuse captive, enfermée dans la chapelle, l'avait entendu. Elle s'approcha d'une fissure du mur pour mieux voir, et appela :

– Qui est là ? Qui se lamente ainsi ?

– Et vous, qui êtes-vous ?

– Je suis une prisonnière, gémit-elle, la plus malheureuse de toutes les femmes.

– Tais-toi, folle créature ! Ta souffrance n'est rien, comparée à la mienne. J'ai connu toute la joie du monde, et ma douleur n'en est que plus amère.

– Mon Dieu, je sais que vous dites vrai. Mais ne croyez pas pour autant que vous souffrez plus que moi. Vous êtes libre d'aller où vous voulez, alors que moi, je suis emprisonnée. Demain on viendra me chercher pour me conduire à la mort.

– Et pour quel crime, au nom de Dieu ?

– On m'accuse de trahison, et si je ne trouve pas d'ici demain un champion[1] pour me défendre, on me fera brûler ou pendre.

– Votre situation est malgré tout moins désespérée que la mienne : vous avez encore la possibilité d'être sauvée par un champion !

– Oui, certes, mais je n'en ai aucun à ma disposition. Il n'y a que deux hommes au monde qui oseraient livrer combat à trois chevaliers à la fois pour me défendre.

– Comment ? Ils sont donc trois ?

– Oui, seigneur, ils sont trois à m'accuser de trahison !

– Et qui sont ces deux chevaliers qui seraient assez hardis pour affronter trois combattants à la fois ?

– Je peux bien vous le dire : le premier est monseigneur Gauvain, et l'autre monseigneur Yvain. C'est à cause de lui que demain je serai livrée injustement à la mort.

– À cause de qui ? Qu'avez-vous dit ?

– Seigneur, par ma foi, c'est bien à cause du fils du roi Urien● !

– Je vous ai bien entendue ! Eh bien, je puis vous affirmer que vous ne mourrez pas sans qu'il soit à vos côtés ! Je suis moi-même cet Yvain, pour qui vous êtes en péril de mort. Et vous-même, vous êtes Lunette, la demoiselle qui m'a sauvé la vie dans le château aux portes coulissantes. Vous m'avez apporté de l'aide quand j'étais prisonnier de ce piège, dont je ne serais pas sorti

1. **Champion** : chevalier qui se bat à la place d'une autre personne qui ne peut se défendre, une femme ou un homme âgé par exemple.

● **Yvain est le fils du roi Urien.**

vivant. Mais dites-moi, ma chère amie, qui a bien pu vous accuser de trahison et vous faire jeter dans ce cachot ?

– Seigneur, je vous dirai l'entière vérité. Vous vous souvenez : c'est moi qui ai donné à ma dame le conseil de vous prendre pour époux. Dieu m'est témoin que j'ai agi loyalement et pour son bien. Elle s'est fiée à moi et, de mon côté, j'ai cherché à satisfaire à la fois son intérêt et votre désir. Mais quand vous avez oublié le délai qu'elle vous avait fixé pour revenir, elle s'est fâchée contre moi. Elle a jugé qu'elle avait eu tort de me faire confiance. Le sénéchal, un homme perfide et déloyal, l'a appris. Il était très jaloux de moi à cause de cette confiance que ma dame me témoignait. Il a compris qu'il pouvait la dresser contre moi et, en pleine cour, devant tous, il m'a accusée de l'avoir trahie en votre faveur. Je me suis retrouvée seule, affolée, et j'ai répondu sur-le-champ, sans réfléchir. J'étais tellement sûre de mon innocence que j'ai affirmé qu'un seul chevalier pourrait me défendre contre trois, dans un duel judiciaire●. Le sénéchal m'a prise au mot : il m'était impossible de revenir sur cette proposition, et j'ai dû m'engager à trouver un chevalier qui accepte de combattre contre trois autres, dans un délai de quarante jours. J'ai été dans plusieurs cours, et même à celle du roi Arthur, mais je n'ai trouvé aucun appui, ni aucune nouvelle de vous.

– Et Gauvain, qui est si généreux et courtois ? Il n'a jamais refusé son secours à une demoiselle en détresse !

● **Au Moyen Âge, on a recours au duel judiciaire pour décider de l'innocence ou de la culpabilité de quelqu'un. Dieu, qui ne peut laisser triompher une mauvaise cause, donne la victoire à l'innocent : c'est ce qu'on appelle le jugement de Dieu.**

– J'aurais été bien heureuse de le trouver, car je sais qu'il m'aurait aidée, sans aucun doute. Mais on raconte qu'un chevalier inconnu a enlevé la reine, et que le roi a envoyé Gauvain à sa recherche● ; il s'est donc lancé dans cette aventure, et personne ne sait où il est. Voilà donc où j'en suis : demain je mourrai d'une mort honteuse, brûlée à cause de la haine qu'on vous porte.

– Jamais, par Dieu, je ne permettrai qu'on vous fasse le moindre mal ! Tant que je serai vivant, vous ne mourrez pas ! Vous pouvez compter sur moi demain, car je mettrai ma vie en jeu pour vous libérer. Mais ne dites à personne qui je suis. Je veux que mon nom reste inconnu de tous.

– Seigneur, je ne le dirai pour rien au monde. Cependant, je vous en supplie, ne livrez pas pour moi un combat aussi inégal ! Je vous remercie de me l'avoir proposé, mais je serais trop malheureuse si vous succombiez : ils seraient ravis, et moi, je perdrais la vie de toute façon. Nous serions deux à périr : je préfère mourir en vous sachant vivant !

– Ne vous tourmentez pas tant, ma chère amie, et ne rejetez pas mon aide. Il n'est pas question que je renonce à combattre pour vous, qui avez tellement fait pour moi. Demain, je vaincrai ces trois chevaliers, car Dieu sera avec moi. Vous êtes innocente et ma cause est juste. À présent je dois m'en aller chercher un gîte[1] pour passer la nuit.

– Allez, seigneur, et que Dieu vous protège !

1. **Gîte** : demeure, abri.

● **Chrétien de Troyes fait ici une allusion à un autre de ses romans : *Le Chevalier de la Charrette*. On y voit Gauvain et Lancelot se mettre en quête de la reine Guenièvre, enlevée par Méléagant.**

8

LE GÉANT DE LA MONTAGNE

Aussitôt Yvain s'éloigna, suivi de son lion. Ils cheminèrent jusqu'à un château fort, qui devait appartenir à un puissant seigneur, car il était entouré d'une haute et solide muraille et ne craignait aucun assaut. Mais à l'extérieur des murs, tout avait été ravagé. Pas une maison ni une chaumière debout.

Yvain s'approcha du château ; sept écuyers s'avancèrent et baissèrent le pont-levis. Mais ils reculèrent, saisis d'effroi, à la vue du lion, et le prièrent de le laisser devant la porte.

– Il n'en est pas question, répondit Yvain. Ou nous serons logés tous deux, ou je resterai avec lui à l'extérieur, car je l'aime autant que moi-même. Mais vous n'avez rien à craindre, je peux vous le garantir.

Rassurés, les écuyers le firent pénétrer dans le château, où il rencontra des chevaliers et des dames qui l'accueillirent très aimablement et l'aidèrent à se désarmer. Ils se réjouissaient tous de sa venue, mais soudain ils semblèrent accablés de douleur, et se mirent à pleurer, à crier et à se lamenter. Ils étaient heureux de recevoir le chevalier, mais l'idée d'une autre aventure, qu'ils attendaient pour le lendemain, les terrifiait visiblement.

Monseigneur Yvain était stupéfait de ce comportement, et il s'adressa au maître des lieux :

– Par Dieu, très cher seigneur, pourriez-vous m'expliquer ce qui se passe ? Pourquoi un si bon accueil est-il suivi de larmes et de sanglots ?

– Oui, je vous le dirai, si vous y tenez. Mais je préférerais vous le taire, car vous en seriez attristé.

– Mais je ne peux accepter de vous voir dans une telle affliction ! Dites-moi ce qui vous tourmente, car il m'est impossible d'y rester indifférent.

– Eh bien, je vais tout vous expliquer. Un géant m'a causé beaucoup de tort, car il voulait que je lui donne ma fille, qui surpasse en beauté toutes les jeunes filles du monde. Ce cruel géant s'appelle Harpin de la Montagne, et il ne se passe pas un jour sans qu'il vienne s'emparer de mes biens. Il ne nous a rien laissé en dehors de cette forteresse : les campagnes, le bourg qui se trouvait au pied de ces murailles, il a tout pillé et incendié.

» Si je suis accablé par le chagrin, c'est parce que j'avais six fils, tous chevaliers. Le géant les a faits prisonniers et en a tué deux sous mes yeux. Demain les quatre autres connaîtront le même sort, à moins que quelqu'un accepte de combattre pour les délivrer, ou que je me résigne à lui livrer ma fille. Et quand il l'aura, voilà ce qu'il lui promet : il l'abandonnera aux plus répugnants valets de sa maison, car il ne veut même plus la prendre pour lui-même. Ce terrible malheur est pour demain, si Dieu ne m'accorde son aide. Vous comprenez donc, seigneur, que nous soyons en larmes. Par égard pour vous[1], car il faut toujours honorer un hôte, nous tentons de faire bon visage, mais nous ne pouvons oublier les calamités qui nous menacent.

Yvain avait écouté avec beaucoup d'attention.

– Seigneur, je suis affligé et révolté par le malheur qui vous frappe. Mais une chose m'étonne : pourquoi n'avez-vous pas cherché secours auprès de la cour du grand roi Arthur ? Vous y auriez trouvé des chevaliers qui n'auraient pas craint d'affronter un ennemi aussi redoutable.

1. **Par égard pour vous** : par respect pour vous.

Le seigneur lui confia alors qu'il aurait certainement pu avoir l'aide de Gauvain, qui était le frère de son épouse. Mais le chevalier était parti sur les traces de la reine, enlevée par le perfide Méléagant, qui l'avait entraînée dans son lointain royaume. Si le vaillant Gauvain avait appris cette aventure, nul doute qu'il serait accouru pour sauver sa nièce et ses neveux, mais il n'en savait rien.

Yvain soupira, bouleversé de pitié pour les malheurs de son hôte.

– Très cher seigneur, j'affronterais volontiers cette aventure, si seulement j'étais sûr que le géant et vos fils viennent demain suffisamment tôt. À midi, en effet, je dois absolument être ailleurs pour accomplir une autre mission.

– Cher seigneur, votre décision me touche, et je vous remercie de tout mon cœur.

Une jeune fille apparut alors, sortant d'une chambre. Elle était belle et gracieuse, mais son visage ravissant, penché vers le sol, exprimait une profonde tristesse. Sa mère l'accompagnait, et toutes deux tentaient de cacher leurs larmes. Mais le seigneur leur dit de relever la tête et de faire bon visage à leur hôte.

– Ce chevalier généreux nous a été envoyé par Dieu. Demain, il combattra le cruel Harpin ! Vous devriez vous jeter à ses pieds pour le remercier de son aide !

Yvain protesta : il n'aurait jamais voulu, il aurait même eu honte que la sœur ou la nièce de Gauvain s'inclinent devant lui ! Mais il leur recommanda de reprendre courage, car Dieu leur accorderait demain son secours.

– Mon seul souci, leur dit-il, est de voir le géant arriver dès l'aube pour combattre. S'il tarde, il me sera impossible de l'attendre, car ce serait violer la parole que j'ai donnée ailleurs.

Il n'oubliait pas la prisonnière de la chapelle. C'était son devoir absolu d'arriver à temps pour la secourir. Il s'efforça cependant de rassurer ses hôtes, qui avaient bien compris qu'il était un homme de valeur. Ils l'emmenèrent pour dormir dans une chambre confortable. Le lion vint se coucher auprès de lui, aussi doux qu'un agneau, et ils se reposèrent ensemble, mais les gens du château prirent bien soin de fermer la porte !

Le lendemain, à l'aube, le chevalier se leva pour entendre la messe, puis il attendit jusqu'à l'heure de tierce[1]. Il fit alors venir le seigneur du château et tous les siens :

– Seigneur, il est temps pour moi de partir, je ne peux rester plus longtemps. Je voudrais bien le faire, pourtant, pour la nièce et les neveux de mon ami Gauvain !

La demoiselle, la dame et le seigneur, tous furent saisis de terreur. Le père lui proposa une partie de ses biens et de ses terres pour qu'il consente à attendre encore un peu. La jeune fille, affolée, se mit à sangloter. Elle le suppliait de ne pas s'en aller, au nom de Dieu, de la Vierge Marie et des anges du Ciel, et aussi au nom de son oncle Gauvain. À ce nom, Yvain fut bouleversé : c'était celui de son meilleur ami, et il aurait voulu tout faire pour lui. En même temps, il était accablé d'angoisse, car il pensait à celle qui lui avait sauvé la vie et qui risquait un supplice affreux. Si elle périssait par sa faute, il en perdrait la raison, et cette fois pour toujours.

Pendant qu'il attendait encore un peu, déchiré par le doute, le géant arriva à vive allure, armé d'un gros pieu carré suspendu à son cou. Il traînait avec lui les fils du seigneur, prisonniers.

1. **L'heure de tierce** : neuf heures du matin, soit trois heures après prime (six heures du matin), la première heure du jour et l'heure du premier office religieux.

Les jeunes gens faisaient pitié à voir : vêtus de chemises sales et puantes, ils avaient les pieds et les mains étroitement liés par des cordes, et ils se tenaient tant bien que mal sur quatre chevaux boiteux, maigres et épuisés. Ils arrivèrent en longeant le bois, accompagnés par un nain bouffi et difforme. Celui-ci avait attaché les chevaux les uns aux autres par la queue, et il faisait avancer les prisonniers en les frappant jusqu'au sang avec un fouet garni de nœuds. C'est ainsi que les malheureux parurent, escortés par le géant et le nain.

Harpin de la Montagne s'arrêta sur le terre-plein devant le château et cria au noble seigneur son défi : il mettrait à mort ses fils, si sa fille ne lui était pas livrée, pour le plaisir de sa valetaille[1]. Lui, il ne l'estimait pas assez pour se souiller à son contact : mais ses ribauds[2] immondes, ses marmitons[3] pouilleux l'auraient à leur disposition pour quelques sous !

Le seigneur était près d'éclater de rage en entendant parler ainsi de sa fille. Le sort promis à ses fils lui brisait le cœur. Il aurait préféré mourir et versait des larmes de détresse. Saisi de pitié, Yvain lui dit :

– Seigneur, ce géant arrogant qui vient parader sous vos murs est un monstre de cruauté. Mais Dieu ne permettra pas que votre fille tombe en son pouvoir. Ce qu'il veut faire d'elle est trop infâme ! Vite, que l'on me donne mes armes et mon cheval ! Je vais affronter cette brute ignoble qui vous harcèle. Je veux qu'il libère vos fils et fasse réparation pour les propos qu'il a tenus sur votre fille. Aussitôt cela fait, j'irai là où mon autre mission m'appelle.

1. **Valetaille** : terme péjoratif, formé sur le mot valet, qui désigne l'ensemble des serviteurs.
2. **Ribauds** : soldats débauchés.
3. **Marmitons** : serviteurs de cuisine du rang le moins élevé.

Les gens du château s'empressèrent de l'équiper, puis on baissa le pont-levis. Il s'avança, suivi de son lion, qui ne l'aurait laissé pour rien au monde. Tous ceux qui étaient restés en arrière le recommandèrent à Dieu, car il allait avoir à affronter un véritable démon. Harpin avait déjà massacré beaucoup d'hommes très vaillants, devant leurs yeux, et ils avaient peur qu'Yvain ne subisse le même sort. Il aurait bien besoin de l'aide de Dieu pour sauver sa vie et triompher de lui.

Le géant, plein d'arrogance, s'avança et menaça Yvain :

– Eh bien, ceux qui t'ont envoyé ici ne devaient pas t'aimer beaucoup !

– Arrête tes vantardises, et fais de ton mieux !

Yvain n'avait pas peur, il s'élança, et le géant armé de son énorme pieu vint vers lui au galop. Le chevalier le frappa en plein sur sa poitrine, qui était recouverte d'une épaisse peau d'ours ; le coup fut si violent que celle-ci fut transpercée. Le sang jaillit comme une sauce épaisse, trempant sa lance. La brute furieuse abattit sur Yvain son pieu, le faisant ployer un instant, mais le chevalier se redressa et tira son épée. Son adversaire avait tellement confiance en sa force qu'il n'avait pas revêtu d'armure. L'épée l'atteignit efficacement, lui taillant une grillade● dans la joue. Mais le géant répliqua avec vigueur, si bien qu'Yvain s'affaissa sur le col[1] de son destrier. Voyant ce coup, le lion rugit, il hérissa sa crinière et se prépara à venir au secours de son maître. Emporté par la fureur, il bondit sur Harpin, déchirant aussi facilement qu'une écorce la peau d'ours qui le protégeait. De ses crocs, il lui arracha un gros morceau de hanche, tranchant nerfs et muscles. Le géant mugit comme un taureau furieux, car il était mortellement blessé.

1. **Col** : ancienne orthographe du mot « cou ».

● **Yvain lui coupe un morceau de chair aussi gros que ceux que l'on met à griller pour manger.**

Brandissant son pieu, il voulut frapper le lion, mais le manqua, l'animal l'esquivant d'un bond en arrière. Yvain lui porta alors de terribles coups de son épée : il lui trancha l'épaule et lui enfonça la lame au milieu du foie. Harpin, frappé à mort, tomba à grand fracas, comme un chêne qu'on abat.

Tous ceux qui étaient aux créneaux se précipitèrent : le géant gisait sur le dos, la gueule ouverte face au ciel. Tout le monde arriva en courant, le seigneur, la fille avec sa mère. Les quatre frères, qui avaient tant souffert, étaient dans la joie. Ils auraient tous voulu retenir Yvain, mais le temps pressait, et ils savaient bien que le chevalier devait partir. Ils le supplièrent de revenir les voir, une fois sa mission accomplie. Mais Yvain ne pouvait leur donner aucune assurance : l'avenir était trop incertain.

Le chevalier demanda seulement au seigneur d'aller trouver Gauvain avec sa fille et ses fils, dès qu'il le saurait de retour. Qu'ils lui rapportent en détail tout ce qui s'était passé, afin de faire connaître cette aventure étonnante.

– Certes, dirent-ils, nous serons heureux de raconter tout ce que vous avez fait pour nous. Mais Gauvain nous demandera certainement qui a accompli cet exploit. Que lui dirons-nous ? Nous ne connaissons même pas votre nom !

– Voici ce que vous pourrez dire, quand vous serez devant lui : que je me nomme « le Chevalier au Lion ». C'est ainsi que je veux être appelé. Ajoutez de ma part, je vous prie, qu'il me connaît parfaitement et que je le connais moi aussi, même s'il ignore qui je suis. Je n'ai rien de plus à vous demander. À présent il faut que je parte d'ici, car j'ai déjà trop tardé et cela m'inquiète. Avant que midi soit passé, j'aurai fort à faire ailleurs, si je peux y arriver à temps.

9

Au secours de Lunette

Il les quitta donc sans attendre. Le seigneur lui avait proposé d'emmener avec lui ses quatre fils pour le servir, mais il ne voulait être accompagné de personne. Il galopa aussi vite que son cheval pouvait l'emporter, tout droit vers la chapelle.

Mais quand il y parvint, il vit que l'on avait déjà fait sortir la demoiselle ; le bûcher où l'on devait la brûler était préparé. Elle se tenait devant le feu, ligotée, toute nue dans sa chemise ; elle était aux mains de ceux qui l'accusaient de noirs projets[1] auxquels elle n'avait même pas pensé.

Yvain, voyant Lunette devant le bûcher, fut saisi d'une terrible angoisse, mais il garda au cœur sa confiance : il était certain que Dieu et la justice étaient de son côté. Il avait aussi un allié fidèle : son lion. Il se précipita à bride abattue au milieu de la foule, en criant :

– Arrêtez ! Laissez cette demoiselle, bande de canailles ! Il n'est pas juste qu'on la jette au bûcher, car elle n'a pas commis les fautes dont vous l'accusez.

Aussitôt, les gens s'écartèrent pour lui laisser le passage. Yvain chercha des yeux sa dame, Laudine, à laquelle il ne cessait de penser. Il finit par l'apercevoir, et son cœur bondit dans sa poitrine comme un cheval fougueux, mais il fallait le maîtriser et ne rien laisser paraître. Plein de joie et de douleur à la fois, il poussa un profond soupir, mais même les soupirs étaient de trop. À aucun prix il ne devait être reconnu. C'est alors qu'il entendit un groupe de malheureuses dames se plaindre, accablées de douleur.

1. **De noirs projets** : des projets néfastes à sa maîtresse.

– Ah, Seigneur Dieu, tu nous as bien oubliées ! Nous restons là égarées, abandonnées, puisque nous allons perdre une amie si bonne et si dévouée. Que Dieu maudisse ceux qui vont nous priver d'elle ! Comme elle a pu nous aider à la cour ! C'était sur son conseil que notre dame nous faisait cadeau de riches robes fourrées. Notre sort a bien changé de visage maintenant. Il n'y aura plus personne pour parler en notre faveur, plus personne pour conseiller ces largesses[1] : « Chère dame, ce manteau doublé de fourrure, ce surcot[2] ou bien cette cotte, donnez-les à cette noble femme ! Si vous les lui envoyez, elle en fera bon usage, car elle en a grand besoin ! » Jamais plus on n'entendra ces propos ; chacun ne pense qu'à soi, et plus personne ne sait être généreux et courtois.

C'est ainsi qu'elles se lamentaient, et monseigneur Yvain ne pouvait être indifférent à ces plaintes, car elles venaient du fond du cœur. Il vit Lunette agenouillée, dépouillée de tout sauf de sa chemise. Elle avait déjà fait sa confession●, demandant pardon à Dieu pour ses péchés, petits ou grands. Et Yvain, qui lui portait une si grande affection, vint vers elle et la releva.

– Ma chère demoiselle, où sont ceux qui vous accusent ? À l'instant même, à moins qu'ils ne le refusent, le combat leur est offert !

Et la jeune fille, qui tenait sa tête baissée, leva vers lui les yeux pour répondre :

1. **Largesses** : dons accordés par les riches seigneurs et les riches dames à leur entourage.
2. **Surcot** : seconde robe que l'on porte sur la cotte.

● **Pour les chrétiens, la confession consiste à avouer ses péchés, ses fautes à un prêtre pour obtenir le pardon de Dieu. Il est particulièrement important de se confesser avant de mourir car, après la mort, Dieu jugera si l'on est digne d'aller au paradis ou non.**

– Ah, seigneur, c'est Dieu qui vous envoie pour me secourir. J'ai bien besoin de vous. Ceux qui portent un faux témoignage sont ici, prêts à s'en prendre à moi. Si vous aviez tardé encore, je n'aurais plus été que charbon et cendres. Mais vous êtes venu pour me défendre ; que Dieu vous en donne la force, car moi, je suis totalement innocente du crime dont on m'accuse !

Le sénéchal, avec ses deux frères, avait entendu ces mots.

– Ah, femme ! Créature avare de vérité et généreuse de mensonge ! Il faut être complètement fou pour croire en ta parole et se charger du lourd fardeau de ta défense ! Le chevalier qui est venu pour toi est bien malchanceux, car il est seul et devra combattre contre nous trois. Mais je lui conseille de s'en retourner, avant que l'affaire ne se gâte pour lui !

Yvain répondit avec impatience :

– Seuls les lâches prennent la fuite ! Ce qui me fait peur, ce ne sont pas vos trois écus, mais l'idée de m'en aller piteusement[1], sans avoir porté un seul coup. Je suis en parfaite santé, et je serais un piètre chevalier si je vous abandonnais le terrain. Vos menaces ne me font pas peur. Ce que je vous conseille, c'est de renoncer à vos accusations contre la demoiselle. Vous l'avez calomniée[2], elle me l'a juré sur le salut de son âme●, et j'ai confiance en sa parole. Jamais elle n'a trahi sa dame, ni en acte, ni en parole, ni en pensée. Je la défendrai de tout mon pouvoir, car c'est défendre le bon droit. Dieu est toujours du côté de la justice. Il sera donc avec moi dans ce combat.

1. **Piteusement** : honteusement.
2. **Calomniée** : accusée injustement.

● **Il s'agit d'une formule de serment très solennelle : si la personne ment, son âme ira en enfer.**

Le sénéchal, poussé par un orgueil insensé, lui dit qu'il pouvait tout utiliser pour le combattre, à l'exception de son lion. Le chevalier répondit qu'il ne l'avait pas amené ici pour lui servir de champion, et qu'il comptait bien l'affronter seul. Mais si le lion l'attaquait, qu'il se défende au mieux. Il ne pouvait pas lui donner de garantie sur ce point.

– Si tu ne peux pas maîtriser ton lion, tu n'as qu'à t'en aller d'ici. Ce serait plus raisonnable d'ailleurs, car on sait bien dans ce pays que cette demoiselle a trahi sa dame. Il est donc juste qu'elle reçoive son salaire et périsse dans le feu et les flammes.

– Jamais, s'il plaît à Dieu ! dit Yvain, qui savait bien la vérité. Je ne connaîtrai plus aucune joie, si je ne parviens pas à la sauver.

Là-dessus, il demanda au lion de se retirer et de se coucher bien tranquillement. Immédiatement, la bête exécuta son ordre. Les adversaires n'avaient plus rien à se dire et se préparèrent à combattre. Les trois hommes s'élancèrent au galop vers Yvain, qui, lui, laissa son cheval au pas. Il ne voulait pas s'épuiser en chargeant de toutes ses forces. Il resta donc ferme sous l'assaut et les laissa briser leurs lances contre son écu, gardant la sienne intacte. Il s'éloigna alors d'une bonne longueur, puis revint soudainement sur eux. Le sénéchal devançait ses deux frères. Yvain lui porta de sa lance un coup si puissant qu'il le jeta à terre, où il resta évanoui. Mais les deux autres foncèrent sur lui, brandissant leurs épées nues, et lui assénèrent de grands coups. Il ripostait vaillamment. Un seul de ses coups en valait deux ! Il se défendait si vigoureusement qu'il ne cédait pas un pouce de terrain. Mais le sénéchal se releva et se précipita vers lui, joignant ses efforts à ceux des deux autres. Voici Yvain en difficulté : il était près de succomber, dominé par ses trois adversaires. Le lion ne le quittait pas des yeux. Son seigneur avait grand besoin d'aide, c'était évident.

Au même moment, les dames de la cour, qui aimaient tant Lunette, suppliaient Dieu de tout leur cœur qu'il ne permette pas que son champion soit tué ou vaincu. Cette prière était le seul secours qu'elles pouvaient lui porter.

Mais le lion avait d'autres armes ! Il bondit sur le sénéchal, qui était à pied. Sous les griffes de l'animal, les mailles du haubert sautèrent comme des brins de paille. Il le plaqua au sol si rudement que l'épaule fut disloquée et le flanc arraché, laissant apparaître ses entrailles. Le sénéchal était perdu : il se roulait à terre dans le flot de sang vermeil qui jaillissait de ses plaies. Les deux autres continuaient de s'acharner sur Yvain, qui ne parvenait pas à prendre le dessus. Le chevalier essaya de renvoyer le lion à sa place, mais l'animal comprenait que son seigneur avait besoin de lui, et il attaqua férocement les deux frères. Ceux-ci ripostèrent et lui infligèrent coups et blessures. Yvain, voyant son compagnon atteint, s'enflamma de colère. Pour le venger, il déploya tous ses efforts et finit par anéantir la résistance de ses adversaires. Ils furent obligés de se rendre. Monseigneur Yvain avait donc remporté la victoire, grâce à l'aide du lion, qui avait reçu de nombreuses blessures. Le chevalier, lui-même couvert de plaies, était surtout inquiet pour son ami, qui souffrait beaucoup.

Il avait donc obtenu ce qu'il voulait : la demoiselle était sauvée. La dame, renonçant à sa colère, lui pardonna de tout son cœur. Quant aux autres, ils furent brûlés sur le bûcher qu'ils avaient préparé pour une innocente. Ce n'était que justice !

Lunette était tout à la joie d'être réconciliée avec sa dame. Tout le monde voyait bien que les deux femmes étaient ravies. Ils offrirent leurs services à leur seigneur, mais sans savoir qu'il l'était effectivement. Laudine aussi, qui possédait son cœur et pourtant l'ignorait, insista pour le garder. Qu'il reste au moins le temps de se reposer et de guérir les blessures de son lion !

– Dame, répondit-il, il m'est impossible aujourd'hui de séjourner en ce lieu. Il faut auparavant que ma dame me pardonne et renonce à sa colère contre moi. Alors seulement mes épreuves cesseront.

– Certes, j'en suis désolée. Je trouve qu'elle n'est pas très généreuse, cette dame qui vous garde rancune. Elle ne devrait pas interdire sa porte à un chevalier de votre valeur, à moins que vous n'ayez commis une faute très grave envers elle.

– Dame, même si j'en souffre cruellement, tout ce qu'elle juge bon de faire me plaît aussi. Mais ne me questionnez plus sur ma faute ni sur ma condamnation, car je n'en parlerai pour rien au monde, sinon à ceux qui les connaissent bien.

– Quelqu'un le sait donc, à part vous deux ?

– Oui, en vérité !

– Alors, dites-moi au moins votre nom, cher seigneur, et vous pourrez partir tout à fait quitte.

– Tout à fait quitte ? Non, certainement pas. Ma dette est trop grande pour que ce soit possible. Mais je ne vous cacherai pas le nom qui est le mien. Toutes les fois que vous entendrez parler du Chevalier au Lion, il s'agira de moi. C'est ainsi que je veux être appelé.

– Par Dieu, seigneur, comment se fait-il que nous ne vous ayons jamais vu, et que nous n'ayons jamais entendu parler de vous ?

– Dame, cela prouve que je ne suis pas très renommé !

– Je voudrais vous prier encore, sans vouloir vous ennuyer, de rester avec nous.

– Non, ma dame, je n'oserais. Il faudrait qu'avant je sois certain d'avoir retrouvé l'amour de ma dame.

– Eh bien, partez donc, cher seigneur, et que Dieu vous protège ! Qu'il change en joie votre souffrance et votre détresse !

– Dame, que Dieu vous entende !

Puis il ajouta tout doucement à voix basse :

– Dame, c'est vous qui avez la clef ! C'est vous qui possédez l'écrin[1] et la serrure qui enferment ma joie, et pourtant, vous l'ignorez !

Sur ces mots, il s'éloigna, le cœur plein de tourment. Personne ne l'avait reconnu. Lunette seule l'accompagna et il lui recommanda à nouveau de ne dire à personne qui avait été son champion. Elle le lui promit, et il lui fit une autre prière : qu'elle ne l'oublie pas, et qu'elle soutienne sa cause auprès de sa dame, si elle en avait l'occasion.

– Seigneur, taisez-vous, vous n'avez pas besoin de me demander cela. Soyez sûr que je mettrai toute mon habileté dans cette affaire : je n'y renoncerai jamais.

Il la remercia cent fois en la quittant, et reprit sa route, soucieux et affligé à cause de son lion. Il était obligé de le porter, car l'animal ne pouvait plus marcher. De son écu, il fit une litière, qu'il rembourra avec des mousses et des fougères ; il le coucha dessus bien doucement et l'emporta ainsi.

1. **Écrin** : boîte contenant un bijou.

10

Les demoiselles de Noire-Épine

Monseigneur Yvain arriva au soir devant un beau manoir fortifié, portant toujours son lion étendu dans son écu. Trouvant la porte fermée, il appela. On vint aussitôt lui ouvrir. Yvain n'eut pas besoin de faire un long discours ; le portier saisit son cheval par la bride en l'accueillant chaleureusement :

– Cher seigneur, avancez ! S'il vous plaît de descendre ici, mon seigneur sera ravi de vous offrir l'hospitalité.

– J'accepte volontiers cette offre, car j'en ai très grand besoin.

Yvain franchit alors la porte et vit les gens de la maison rassemblés. Ils vinrent à lui pour l'aider à mettre pied à terre, et ils posèrent bien doucement sur un perron l'écu où le lion était étendu. D'autres s'occupèrent du cheval pour le mettre à l'écurie, d'autres enfin le désarmèrent.

Apprenant son arrivée, le seigneur vint le saluer, avec son épouse, ses fils et ses filles. Ils l'accueillirent avec beaucoup de joie et lui procurèrent tout ce qu'il lui fallait. Voyant qu'il était fort mal en point, ils l'installèrent dans une chambre bien tranquille, et ils eurent la délicatesse de loger son lion à côté de lui.

Les deux filles du seigneur étaient expertes dans l'art de soigner les blessures. Elles s'occupèrent de lui, et aussi de son lion. Yvain resta assez longtemps au château, jusqu'au moment où ils furent tous deux suffisamment guéris pour reprendre la route.

Dans l'intervalle, il arriva que le seigneur de Noire-Épine rendit son âme à Dieu. Il n'avait que deux filles, et après sa mort elles se querellèrent. L'aînée annonça qu'elle prendrait possession de tout le domaine, sans restriction ; il n'était pas question qu'elle en cède une part à sa sœur. La cadette[1] déclara que, dans ces conditions, elle irait chercher de l'aide à la cour du roi Arthur, afin de défendre ses droits sur les terres de son père●.

L'aînée s'inquiéta, quand elle vit que sa sœur ne lui céderait pas toute la terre sans discussion. Elle pensa que, si c'était possible, elle irait à la cour avant sa sœur. Elle se prépara sans perdre un seul instant et parvint à la cour du roi. La cadette, malgré ses efforts, arriva trop tard, l'autre l'avait précédée.

La sœur aînée était allée trouver monseigneur Gauvain pour lui demander de défendre sa cause. Le chevalier, toujours prêt à accorder son aide aux dames et aux demoiselles, y avait consenti, mais à une condition : personne ne devrait apprendre de sa bouche l'accord qu'ils avaient conclu. Sinon, elle serait à jamais privée de ses services.

Quand la sœur cadette arriva à la cour, elle se présenta, vêtue d'un manteau d'écarlate doublé d'hermine. Il y avait trois jours que la reine était revenue de sa captivité chez le cruel Méléagant, avec tous les captifs que Lancelot avait fait libérer. Seul ce dernier manquait encore pour que la joie fût complète. Et le même jour arriva la nouvelle que le géant de la montagne, l'horrible Harpin, avait été vaincu par le Chevalier au Lion. Monseigneur Gauvain apprit toute l'histoire par ses neveux et sa nièce, qui lui racontèrent dans le détail comment ils avaient été délivrés. Il fut ravi, et aussi intrigué quand sa nièce lui dit qu'il connaissait leur sauveur, mais sans le savoir.

1. **Cadette** : fille qui vient après l'aînée par ordre de naissance.

● **Au Moyen Âge, si l'aîné reçoit l'héritage, il doit laisser au cadet de quoi vivre dignement (le tiers ou le quart de l'héritage sous forme de terres ou de pension). La jeune femme a donc raison de réclamer sa part d'héritage.**

La plus jeune des demoiselles de Noire-Épine entendit ce récit. Mais elle était désespérée, car elle n'avait pas trouvé à la cour l'aide qu'elle était venue chercher. À ses prières, en effet, monseigneur Gauvain avait répondu :

– Chère amie, j'en suis désolé, mais il m'est impossible de vous satisfaire : je suis engagé dans une autre affaire, que je ne peux abandonner.

La jeune fille s'adressa alors au roi :

– Noble roi, je suis venue demander de l'aide auprès de votre cour, mais j'ai été déçue. Je suis très étonnée de ne trouver ici aucun soutien. Que ma sœur sache cependant que je souhaite un partage à l'amiable. Mais ce ne sera jamais par la force que je lui céderai mon héritage.

– Voici des paroles raisonnables, dit le roi. Puisqu'elle est ici, je vais lui recommander de vous laisser votre part.

Mais l'aînée était certaine d'avoir pour champion le meilleur chevalier du monde :

– Que Dieu m'anéantisse si je lui cède jamais le moindre château, la moindre ville, le moindre morceau de forêt ou de terrain ! Mais si un chevalier a l'audace de prendre les armes pour elle, qu'il se présente à l'instant !

– Ce serait contraire à toutes les règles, dit le roi. Pour trouver un champion qui défende sa cause, elle a besoin d'un délai d'au moins quarante jours. C'est ainsi que l'on procède dans toutes les cours.

– Noble roi, vous pouvez établir vos lois comme il vous convient, ce n'est pas à moi de vous critiquer. Je me résignerai donc à accepter ce délai, si elle le veut.

La cadette affirma qu'elle le voulait et le réclamait. Puis elle quitta la cour, bien résolue à chercher partout et sans trêve le meilleur chevalier du monde, celui qui se faisait appeler le Chevalier au Lion. Elle parcourut tout le pays sans en trouver la trace. Désespérée, elle finit par tomber malade d'épuisement. Elle eut la chance cependant d'arriver dans un château où demeuraient des proches qui l'aimaient beaucoup. Ils remarquèrent qu'elle était en mauvaise santé et s'efforcèrent de la retenir, afin qu'elle se repose. Elle leur conta toute son affaire. Une autre jeune fille se proposa pour se lancer dans la quête à sa place.

Cette demoiselle voyagea toute la journée à grande allure, jusqu'au moment où la nuit tomba. La pluie s'abattit alors avec une violence incroyable. L'obscurité était totale et elle prit peur. Elle s'était enfoncée dans le bois, le chemin était mauvais et glissant et son cheval trébuchait à tout moment. Une jeune fille seule, sans escorte, chevauchant au milieu des bois par une nuit profonde... vous imaginez sa terreur ! Elle suppliait Dieu, la Vierge Marie et tous les saints pour sortir de cette forêt et trouver un logis. Elle priait ainsi quand elle entendit le son d'un cor. La joie et le soulagement l'envahirent. Elle allait peut-être réussir à atteindre un abri. Elle trouva une chaussée pavée sur laquelle elle s'engagea. Par trois fois, le cor retentit encore : c'était un guetteur, qui l'avait aperçue de loin et qui cherchait à la guider. Elle arriva donc à un château aux murs blancs. On lui ouvrit la porte sans tarder, et le seigneur du lieu l'accueillit :

– Soyez la bienvenue, demoiselle, qui que vous soyez. Cette nuit vous aurez un bon gîte.

– Je ne désire rien d'autre pour ce soir !

Après un bon repas, son hôte lui demanda où elle allait et ce qu'elle cherchait.

– Ma foi, répondit-elle, je cherche un homme que je n'ai jamais vu. Mais un lion l'accompagne, et l'on m'a dit que, si je le trouve, je peux lui faire une entière confiance.

– J'en suis témoin moi-même, car Dieu me l'a envoyé quand j'étais dans la détresse. Il m'a vengé d'un ennemi mortel en le tuant sous mes yeux. Vous pourrez voir demain devant cette porte le corps d'un énorme géant, qu'il a promptement massacré.

– Par Dieu, seigneur, parlez-moi donc de lui ! Dites-moi surtout dans quelle direction il est parti !

– Je n'en sais rien, hélas, mais je vous conduirai demain au chemin qu'il a pris.

– Que Dieu me guide là où je pourrai avoir d'autres nouvelles de lui !

Le lendemain matin, au point du jour, la demoiselle était déjà levée pour reprendre sa route. Le seigneur, avec tous ses gens, l'accompagna jusqu'au chemin qui menait à la fontaine sous le pin. Elle se hâta de suivre la route vers le château, et interrogea les premiers qu'elle rencontra : pouvaient-ils lui dire où trouver un chevalier accompagné d'un lion ? Ils lui apprirent qu'ils l'avaient vu vaincre trois adversaires en un seul combat, non loin d'ici. Elle les pressa d'en dire plus :

– Que sont-ils devenus ?

– Hélas, nous n'en savons rien ! Mais la demoiselle pour qui il a combattu saura peut-être vous donner de ses nouvelles. Elle est en ce moment à l'église pour écouter la messe. Allez vite la trouver !

Lunette sortait tout juste de l'église.

– La voilà ! dirent-ils.

Et la jeune fille se précipita à sa rencontre pour la saluer et l'interroger. Lunette fit aussitôt seller un palefroi. Elle allait elle-même l'accompagner à l'endroit où elle avait laissé le chevalier. Pendant la chevauchée, elle lui raconta son histoire : comment elle avait été accusée de trahison, emprisonnée et menée au bûcher, et comment enfin le Chevalier au Lion était venu à son secours. Elles étaient arrivées là où Yvain l'avait quittée.

– Suivez ce chemin, et vous rencontrerez certainement quelqu'un qui connaîtra de ses nouvelles. Je ne l'ai pas vu depuis, mais il n'est sans doute pas allé loin, car il était très faible. Il a bien dû chercher un endroit où se faire soigner. Allez, je ne puis vous accompagner davantage, car il me faut retourner auprès de ma dame.

La jeune fille trouva rapidement le manoir où monseigneur Yvain avait été hébergé et soigné avec tant de générosité. Le seigneur de la maison était là, devant la porte, avec tous les siens. Elle les salua et leur demanda des nouvelles du chevalier qu'elle cherchait.

– Mais qui est-ce ?

– C'est celui qui est toujours accompagné par un lion.

– Par ma foi, demoiselle, il vient tout juste de nous quitter ! Vous n'aurez pas de mal à suivre la trace des sabots de son cheval. Dépêchez-vous !

Ils la mirent sur la bonne route et elle partit sur-le-champ au galop. Que le chemin fût bon ou non, elle ne ralentit pas l'allure un instant. Elle finit par apercevoir un chevalier accompagné d'un lion. Enfin, c'était celui qu'elle avait cherché au prix de mille difficultés ! Elle poussa à fond son palefroi qui n'en pouvait plus, tout couvert de sueur, et parvint à le rejoindre. Elle s'arrêta à sa hauteur et le salua. Il lui répondit courtoisement :

– Que Dieu vous protège et vous délivre de tous vos tourments !

– Ah, seigneur, c'est vous qui pouvez m'en délivrer ! Comme je vous ai cherché ! Je me suis épuisée à vous poursuivre. Partout où je suis passée, on ne parle que de vos exploits. Dieu merci, je vous trouve enfin ! Je ne viens pas pour moi, mais de la part d'une dame de grande valeur. Elle est convaincue que vous êtes le seul à pouvoir l'assister dans une querelle qui l'oppose à sa sœur. Celle-ci veut la priver de son héritage. Si vous aidez mon amie à conserver les biens qui lui viennent de son père, vous aurez gagné toute sa reconnaissance, et votre renommée ne pourra qu'augmenter encore. Elle vous a cherché elle-même, mais l'épuisement l'a forcée à s'aliter. C'est donc moi qui suis venue vous supplier à sa place. Viendrez-vous la secourir ?

– Rassurez-vous, ma chère amie. Je ne refuserai pas d'aider cette demoiselle qui a besoin de moi. Nul chevalier ne peut garder sa renommée s'il ne porte pas secours à ceux qui sont dans la détresse. Je vous suivrai où vous voudrez, et je ferai tout mon possible pour elle, si Dieu veut bien m'aider à défendre son droit.

Ils chevauchèrent donc ensemble, et c'est ainsi qu'ils approchèrent du château de Pesme Aventure[1].

Arrivée d'Yvain au château de Pesme Aventure, extrait d'Yvain, le Chevalier au Lion *de Chrétien de Troyes, XIV*e *siècle.*

1. **Pesme Aventure** : « la pire aventure » en ancien français.

II

Le château de Pesme Aventure

Le jour baissait, et ils décidèrent de ne pas aller plus loin. Ils prirent donc le chemin qui menait au château, et les gens qui les voyaient venir se mirent à pousser des cris hostiles :

– Malheur à vous, seigneur ! Vous n'êtes pas le bienvenu ! Celui qui vous a indiqué ce logis voulait votre malheur et votre honte.

– Pourquoi m'agresser ainsi ? Pourquoi tant de méchanceté ? Avez-vous perdu la raison ?

– Pourquoi ? Vous n'allez pas tarder à le savoir, si vous montez jusqu'à la forteresse là-haut !

Monseigneur Yvain se dirigea aussitôt vers la tour, tandis que les autres le poursuivaient de leurs huées :

– Où vas-tu, misérable ? Tu vas au-devant des insultes et des affronts !

– Gens sans honneur et sans bonté ! Pourquoi vous en prendre à moi ? Que me reprochez-vous ?

Mais une dame d'un certain âge s'approcha, et lui parla avec sagesse et courtoisie :

– Ami, inutile de te fâcher. Ce n'est pas par méchanceté que ces gens agissent ainsi. Ils t'avertissent, comprends-le bien, de ne pas aller te loger là-haut. Ils ne peuvent t'expliquer pourquoi, mais ils essayent de t'effrayer. Ils font de même pour tous ceux qui arrivent ici. C'est la coutume du lieu : elle nous interdit de bien accueillir les chevaliers valeureux. Pour le reste, c'est à toi de voir ! Personne ne t'empêche d'y aller. Mais si tu voulais me croire, tu ferais demi-tour.

– Dame, vos conseils sont sans doute sages. Mais si je reprenais la route, où logerais-je cette nuit ?

– Ma foi, cela ne me regarde pas, et je ne dirai plus rien. Je serais contente, pourtant, de te voir ressortir de là sans trop de honte. Mais hélas, c'est impossible.

– Dame, grand merci, et que Dieu vous bénisse ! Mais mon cœur me pousse à aller là-bas, et je ne peux lui résister, même si c'est une folie.

Il se dirigea vers la porte, avec son lion et la jeune fille. Le portier les interpella aussitôt :

– Malheur à vous ! Vous êtes arrivés dans un lieu dont vous ne repartirez pas facilement.

Ces paroles d'accueil étaient bien menaçantes.

Yvain passa sans répondre et se retrouva dans une grande salle haute. Au-devant, il y avait un préau entouré d'une enceinte de gros pieux pointus. Regardant entre les pieux, Yvain aperçut à l'intérieur de l'enclos trois cents jeunes filles en train de travailler. Elles tissaient des fils d'or et de soie, chacune du mieux qu'elle pouvait. Mais elles semblaient être dans la misère, car certaines étaient tête nue, et d'autres n'avaient même pas de ceinture. Leurs chemises étaient sales à l'encolure, et leurs cottes en lambeaux : leurs coudes passaient au travers des manches. Elles avaient le cou amaigri et le visage pâli par la faim et la souffrance. Quand elles aperçurent Yvain, elles baissèrent la tête et se mirent à pleurer, honteuses d'être vues ainsi. Elles étaient tellement désespérées qu'elles n'osaient lever les yeux vers lui.

Yvain les contempla, bouleversé de pitié, et fit demi-tour vers l'entrée. Mais le portier bondit et lui barra le passage :

– Impossible, beau maître ! Pas question de sortir ! Avant de repartir, vous aurez subi bien des humiliations. Vous préféreriez être dehors, maintenant, mais il est trop tard pour reculer !

– Ce n'est pas mon intention. Mais dis-moi, mon ami, les demoiselles que j'ai vues dans ce préau, d'où viennent-elles ? Les ouvrages d'or et de soie qu'elles tissent sont magnifiques et me plaisent beaucoup, mais ce qui me plaît moins, c'est de les voir maigres, pâles et affligées[1]. Elles seraient pourtant belles et gracieuses, si elles n'étaient pas dans une telle misère.

– Ne comptez pas sur moi pour vous renseigner ! Trouvez quelqu'un d'autre !

Yvain se dirigea donc vers le préau et ouvrit la porte de l'enclos. Il s'avança vers les demoiselles et les salua. Mais elles continuaient de pleurer : les larmes coulaient le long de leurs visages sans pouvoir s'arrêter.

– Que Dieu vous vienne en aide, et change votre chagrin en joie !

– Dieu vous entende ! répondit l'une d'entre elles. Nous allons vous raconter notre histoire, seigneur. Vous comprendrez pourquoi nous sommes prisonnières et misérables sans l'avoir mérité. Il y a bien longtemps de cela, le roi de l'Île aux Pucelles● partit dans le vaste monde en quête d'aventure. Jeune et irréfléchi, il se jeta dans un effroyable péril : il arriva dans ce château où habitent deux fils de diable. Ne croyez pas que ce soit une fable : ils sont nés d'une femme et d'un netun[2]. Les deux démons allaient attaquer le jeune roi, qui n'avait pas encore dix-huit ans. Ils l'auraient massacré comme un jeune agneau. Comme il était terrifié, il s'en sortit comme il put : il jura qu'il enverrait ici chaque année trente jeunes filles de son royaume. Il devrait payer cette rançon pour pouvoir s'en aller sain et sauf. Et il fut fixé par serment que cet usage durerait toute la vie des deux démons. Le roi ne serait quitte

1. **Affligées** : profondément attristées.
2. **Netun** : sorte de démon.

● **Dans les légendes celtiques, l'Île aux Pucelles est un des noms donnés au royaume des fées. Celui-ci est souvent représenté comme une île peuplée de jeunes filles merveilleusement belles.**

de cette redevance que le jour où ils seraient vaincus dans un combat. Alors seulement les jeunes filles pourraient être libérées.

» Mais pourquoi parler de libération ? Nous ne sortirons jamais d'ici, livrées à la honte, à la fatigue et à la misère. Toute notre vie, nous tisserons la soie, et n'en serons pas mieux vêtues. Toujours nous serons pauvres et nues, toujours nous aurons faim et soif. Le pain nous est rationné : peu le matin, et le soir encore moins. Nous avons beau nous épuiser au travail, nous ne gagnons pas assez pour nous nourrir, avec nos quatre deniers. Et pourtant, chacune d'entre nous rapporte une livre par semaine● : le fruit de notre travail ferait la fortune d'un duc ! Le maître de ces lieux, pour qui nous nous tuons à la tâche, s'enrichit de notre misère. Nous travaillons des journées entières et nous veillons la nuit pour accroître ses gains, car ce bourreau nous menace, si nous prenons du repos. Nous sommes abreuvées de chagrins et d'humiliations, et je ne vous raconte pas le quart de nos tourments ! Mais ce qui nous rend folles de douleur, c'est de voir ici des chevaliers vaillants, comme vous, qui sont obligés de se battre avec ces deux démons. Ils paient bien cher leur gîte, par la mort ou la honte ! Et c'est ce qui va se produire demain : vous allez devoir combattre, et perdre votre vie ou votre réputation.

– Je prie Dieu de m'accorder sa protection et, s'Il le veut, honneur et liberté vous seront rendus. Mais maintenant je vais vous quitter pour aller trouver le seigneur de ce château, et voir l'accueil qu'il me fera.

Yvain traversa la salle et la demeure sans rencontrer personne. Accompagné de la jeune fille et du lion, il entra enfin dans un verger.

● **Le denier est une monnaie de faible valeur au contraire de la livre qui vaut 240 deniers.**

Là il vit un noble seigneur, allongé sur une riche couverture de soie. Installée à côté de lui, sa fille lisait à haute voix un roman. La mère était venue s'accouder auprès d'eux pour écouter la lecture. La jeune fille faisait la joie de ses parents. Elle n'avait pas dix-sept ans, mais elle était si belle et si gracieuse qu'elle aurait fait naître l'amour dans un cœur de pierre.

À l'arrivée d'Yvain, ils se levèrent pour le saluer :

– Entrez, cher seigneur, et que Dieu vous bénisse, vous et ceux que vous aimez !

Ils semblaient l'accueillir avec beaucoup de joie, et ils firent tout pour l'honorer. La jeune fille l'aida à se désarmer et à se rafraîchir, comme son père souhaitait qu'elle le fasse pour ses hôtes. Elle sortit d'un coffre une belle chemise plissée et des braies blanches, et pour porter dessus, un magnifique surcot. Puis elle le revêtit d'un manteau d'écarlate fourré de petit-gris. Elle se donnait tant de mal pour lui faire honneur qu'Yvain en était fort gêné. Mais la jeune fille était si courtoise et bien élevée qu'elle s'acquitta parfaitement de cette tâche, que lui avait enseignée sa mère. Le soir, on leur servit un dîner somptueux, avec tant de plats qu'il y en eut trop. On l'accompagna avec beaucoup d'honneurs jusqu'à son lit, où on le laissa enfin seul ; son lion se coucha comme d'habitude à ses pieds.

Au petit matin, le chevalier se leva. Sa compagne le rejoignit et ils allèrent ensemble écouter la messe dans une chapelle. Yvain avait reçu de multiples avertissements, et il se doutait bien qu'il ne lui serait pas possible de partir du château. Il se souvenait aussi du sort des malheureuses jeunes filles captives. Mais il feignit de vouloir s'en aller pour voir ce que dirait son hôte si hospitalier. Quand il parla de prendre congé, le seigneur lui apprit qu'il n'en était pas question :

– Ami, ce congé, je ne vous le donne pas encore. Une coutume impitoyable est établie dans ce château, et je n'y peux rien changer. Je vais faire venir deux serviteurs, très grands et très féroces. Contre eux, de gré ou de force, vous devrez combattre. Si vous pouvez les vaincre, vous recevrez ma fille en mariage, avec ce château et toutes ses terres.

– Seigneur, je ne veux point de vos richesses. Quant à votre fille, gardez-la. Elle est si belle et si bien élevée que l'empereur d'Allemagne serait heureux de la prendre pour épouse !

– Ne dites rien de plus, mon cher hôte ! Vous ne pouvez repousser mon offre : ma fille, mon château et toute ma terre iront au vainqueur. Si vous êtes trop lâche pour vous battre, ce n'est pas en refusant ma fille que vous parviendrez à l'éviter. Ce combat ne peut être annulé : tout chevalier qui passe la nuit chez moi doit le livrer. C'est une coutume solidement établie, qui durera tant que ma fille ne sera pas mariée.

– Puisqu'il en est ainsi, je me battrai, mais bien malgré moi.

C'est alors que surgirent, noirs et hideux, les deux fils du netun. Ils étaient munis d'énormes bâtons fourchus renforcés de plaques de cuivre et de fil de laiton. Une armure les protégeait des épaules aux genoux, laissant la tête et le visage découverts, et les jambes nues. Ils étaient équipés en plus d'un bouclier rond, solide et léger, pour se protéger le visage lors du combat à l'épée.

Le lion commença à rugir, car il comprenait très bien, à la vue de leurs armes, qu'ils allaient attaquer son maître. La colère et le désir de combattre s'emparèrent de lui, le faisant hérisser sa crinière et battre le sol de sa queue. Voyant cela, les deux netuns dirent à Yvain :

– Vassal, éloignez d'ici ce lion qui nous menace ! Sinon, vous serez déclaré vaincu. Faites-le mettre à l'écart. Il ne doit pas vous porter secours.

– Faites-le partir vous-mêmes, si vous avez peur de lui ! S'il peut vous mettre à mal, je n'y vois rien à redire !

– Il n'en est pas question ! Vous devez combattre seul contre nous deux. Si le lion vous aidait, vous seriez deux contre deux. Ce serait contraire à la coutume.

– Et où voulez-vous qu'il aille ?

Ils lui montrèrent une petite chambre où Yvain enferma son lion. On alla chercher ses armes et son cheval, et il s'équipa rapidement. Aussitôt les deux netuns, n'ayant plus à craindre le lion, s'élancèrent sur lui. De leurs massues, ils lui portèrent des coups si rudes que ses armes ne lui servaient à rien : son heaume fut bien vite cabossé et disloqué, et son écu mis en pièces comme s'il avait été de verre. Face à eux, aiguillonné[1] par la honte et la crainte, Yvain se défendait de toutes ses forces. Jamais de sa vie il n'avait donné des coups d'une telle violence.

Mais le lion dans la chambre s'agitait. Il se souvenait des bienfaits de son maître et aurait voulu l'aider à son tour. Il entendait le bruit des coups échangés dans ce combat périlleux et déloyal. Fou de rage, il cherchait une issue, fouillant de tous côtés. Examinant le sol près du seuil, il découvrit que le bas de la porte, tout pourri, cédait sous ses griffes. Il gratta tant et si bien qu'il put se faufiler et passer son corps jusqu'aux reins.

Yvain était épuisé et couvert de sueur. Les deux brutes, vigoureuses et endurcies, l'avaient harcelé de coups. Il avait riposté du mieux qu'il pouvait, mais ses adversaires étaient experts dans le maniement de l'épée. Leurs écus étaient étonnamment résistants et Yvain n'avait pu les entamer. Il savait sa vie menacée, mais il tenait bon pourtant.

1. **Aiguillonné** : poussé, stimulé.

*Le lion d'Yvain s'échappant de la prison, extrait d'*Yvain le Chevalier au Lion *de Chrétien de Troyes, XIV*[e] *siècle.*

À force de gratter le sol, le lion était parvenu à se dégager. Il bondit sur le premier des deux et le culbuta violemment à terre, comme il eût fait d'une bûche. Voilà les traîtres terrifiés, mais personne dans l'assistance ne les plaignait. Le second accourut. Le lion, qui avait terrassé le premier, se retourna alors contre lui. Le netun craignait bien plus le lion que le chevalier. Il tourna donc le dos à son adversaire, lui présentant sa tête et sa nuque à découvert. Il aurait fallu être fou pour ne pas profiter de l'occasion ! Yvain lui trancha la tête au ras du torse, si proprement que l'autre ne s'en rendit même pas compte. Il mit pied à terre aussitôt pour s'occuper de l'autre netun. Mais le lion lui avait fait une telle blessure que rien n'aurait pu le guérir : son épaule droite était complètement arrachée du buste. Mortellement blessé, il réunit ses forces pour dire :

– Éloignez votre lion, noble seigneur. Je me rends à votre merci●, vous ferez de moi ce qu'il vous plaira. Seul un homme sans pitié pourrait le refuser.

● **Le personnage demande grâce. Un chevalier est, selon le code de l'honneur, obligé de l'accorder.**

– Tu dois donc reconnaître que tu es vaincu, et que tu renonces au combat.

– Seigneur, cela se voit bien ! Je suis vaincu et je renonce au combat.

– Tu n'as donc plus rien à craindre de moi ni de mon lion.

La foule se rassembla aussitôt autour du chevalier pour lui faire fête. Le seigneur et la dame accoururent pour le féliciter et lui parler de leur fille :

– Vous êtes maintenant notre gendre et notre héritier, puisque vous allez vous marier avec notre fille. Nous vous la donnons bien volontiers pour épouse.

– Et moi, je vous la rends, seigneur. N'allez pas croire que je la méprise. Si je ne l'accepte pas, c'est parce que je ne dois pas le faire. Mais s'il vous plaît, délivrez, pour l'amour de moi, les jeunes filles que vous tenez prisonnières. Il est convenu, vous le savez bien, qu'elles pourront partir librement.

– Ce que vous dites est vrai, et je leur rends leur liberté. Mais prenez ma fille avec tous mes biens ; elle est belle et parfaitement élevée : vous ne pourriez faire un meilleur mariage !

– Seigneur, vous ignorez beaucoup de choses sur moi, et je ne peux vous en informer. Soyez sûr que j'accepterais votre fille, si j'étais en droit de le faire. Mais, à la vérité, il m'est impossible de prendre une épouse. Laissez-moi donc en paix là-dessus, car il est temps pour moi de partir. La jeune fille qui m'accompagne m'attend.

– Vous voulez partir ? Et comment ? Je suis le maître de ces lieux. Si je l'ordonne, ma porte restera fermée et vous serez mon prisonnier. Quel orgueil, quelle arrogance, de montrer un tel dédain pour ma fille !

– Du dédain, seigneur ? Je ne vous ai nullement insulté. Je vous ai seulement dit que je ne pouvais pas l'épouser, ni m'attarder à aucun prix. Mais je vous jure que, si je le pouvais, je reviendrais épouser votre fille !

– Je ne vous réclame aucun serment. Si ma fille vous plaît, vous reviendrez rapidement. Partez donc, je vous dispense de vos promesses. Que vous soyez retenu par la pluie, le vent, le gel, peu m'importe ! Je ne vous donnerai pas ma fille de force. Partez donc à vos affaires, cela m'est bien égal !

Aussitôt monseigneur Yvain s'en alla sans s'attarder davantage. Il emmenait avec lui les prisonnières libérées, que le seigneur lui avait remises, pauvres et mal vêtues. Mais à présent elles étaient riches, car elles avaient retrouvé l'espoir. Elles sortirent en cortège, deux par deux et, voyant Yvain, elles lui manifestèrent leur joie. Si Dieu était descendu du Ciel pour les sauver, elles ne seraient pas plus heureuses !

Tous les habitants du château, qui avaient accablé Yvain de propos malveillants, vinrent lui demander pardon pour leurs insultes. Mais le chevalier était généreux, il fit comme s'il avait tout oublié :

– Je ne comprends pas de quoi vous parlez. Vous n'avez jamais rien dit que je puisse prendre pour une insulte. Soyez rassurés, je ne vous en veux aucunement.

Réconfortés par ces propos généreux, ils faisaient l'éloge de sa courtoisie. Ils l'escortèrent quelque temps, puis le recommandèrent à Dieu. Les demoiselles aussi lui demandèrent congé et lui témoignèrent beaucoup de gratitude. Quand elles seraient dans leur pays, elles prieraient Dieu pour qu'il lui accorde protection, joie et santé, partout où il irait.

12

Yvain et Gauvain

Yvain poursuivit sa route à bonne allure, guidé par la jeune fille, qui connaissait bien le chemin. Elle le conduisit au château où elle avait laissé la jeune demoiselle de Noire-Épine, désespérée et malade. Mais quand celle-ci apprit l'arrivée de son amie avec le Chevalier au Lion, son cœur fut inondé de joie. Elle était sûre désormais d'obtenir la part d'héritage qui lui revenait. Elle accourut pour saluer Yvain et ses compagnons, encore amaigrie et affaiblie par la maladie et le tourment qu'elle avait subis. Mais ses souffrances étaient oubliées, tellement l'allégresse était grande.

Le lendemain elle partit avec Yvain, et ensemble ils voyagèrent jusqu'à la cour d'Arthur. Le roi s'y trouvait depuis deux semaines, ainsi que la demoiselle qui voulait déshériter sa sœur. Elle attendait l'arrivée de sa cadette en toute tranquillité. N'avait-elle pas pour elle monseigneur Gauvain, le meilleur chevalier du monde ? On était presque au quarantième jour du délai accordé. Un seul jour de plus et elle aurait tout l'héritage, sans contestation.

Monseigneur Yvain et la jeune fille n'étaient plus loin : ils couchèrent cette nuit-là dans une petite maison, et se dirigèrent de bon matin vers le château du roi. Arrivés à proximité, ils attendirent que midi soit largement passé pour parcourir les dernières lieues.

Gauvain avait passé la nuit dans les environs. Il se prépara à aller à la cour, mais avec une armure et un équipement que personne ne lui connaissait, car il voulait combattre incognito.

Il savait en effet qu'aucun de ses frères d'armes ne voudrait, par amitié, se battre contre lui. À son arrivée, la sœur aînée le présenta au roi comme son champion :

– Seigneur, le temps passe. L'heure de none[1] va bientôt sonner, et c'est le dernier jour. Voyez, je suis en état de défendre mon droit : si ma sœur devait revenir avec un champion, elle serait déjà là. Mais il est clair qu'elle ne peut faire mieux : elle s'est donné de la peine pour rien. Moi, j'ai toujours été prête à revendiquer ce qui m'appartient. J'ai donc gagné ma cause sans combat, puisqu'elle n'est pas là. Je vais rentrer dans mes terres et jouir en paix de mon héritage. Quant à ma sœur, je me moque totalement de son sort.

Le roi avait bien compris toute la déloyauté de la jeune fille.

– Amie, lui dit-il, vous êtes dans une cour royale. Vous devez attendre, c'est la règle, que le tribunal du roi ait rendu la justice. Il n'est pas encore temps de plier bagage. Votre sœur peut encore venir.

Le roi n'avait pas terminé sa phrase qu'il aperçut le Chevalier au Lion qui arrivait, suivi de la sœur cadette. Le lion n'était pas là : ils étaient partis en cachette, le laissant dans la maison où ils avaient passé la nuit. Le roi reconnut la jeune fille. Il était heureux de la voir, car sa sagesse et son sens de la justice lui montraient clairement qui avait raison dans la querelle. Il lui lança joyeusement :

– Avancez donc, belle amie, et que Dieu vous protège !

L'aînée tressaillit en entendant ces mots. Elle se retourna et vit sa sœur avec le chevalier chargé de défendre sa cause. Son visage devint livide.

La sœur cadette se dirigea vers le roi qui l'avait accueillie si chaleureusement et le salua :

1. **L'heure de none** : quinze heures.

– Que Dieu protège le roi et tous les siens ! Noble roi, je vous amène un champion qui défendra mes droits, si vous le voulez bien. Ce noble et généreux chevalier avait fort à faire ailleurs, mais, voyant ma détresse, il a tout quitté pour venir me secourir. Je lui serai toujours reconnaissante. Maintenant je m'adresse à ma très chère sœur : qu'elle soit assez courtoise pour me laisser seulement ce qui m'appartient de droit, et la paix régnera entre nous. Je ne demande rien de ce qui lui revient.

– Moi non plus, dit l'autre, je ne revendique pas ce qui te revient, car tu ne possèdes rien ! Tu peux faire tous les beaux sermons[1] que tu voudras, tu es ma cadette et tu n'obtiendras jamais rien. Tu pourras en sécher de chagrin !

Mais la cadette ne manquait ni de sagesse ni de courtoisie. Elle sut bien lui répondre :

– Quel malheur, ma sœur, de voir deux vaillants chevaliers se battre pour une si petite querelle ! J'en suis désolée. Je ne peux pourtant pas renoncer à faire valoir mes droits. Alors accordez-moi de bon gré ce qui m'appartient.

– Je serais bien sotte de t'abandonner quoi que ce soit ! Que je brûle en Enfer si je te donne de quoi vivre ! On verra l'eau de la Seine remonter jusqu'à sa source avant que tu obtiennes rien de moi, autrement que par la victoire de ton champion.

– Je n'ai donc plus qu'à faire confiance à la justice de Dieu. Qu'il aide ce chevalier à démontrer mon bon droit !

Le temps des paroles était terminé. Elles amenèrent leurs champions au milieu de la cour. Toute la foule se rassembla, excitée à l'idée d'assister à un combat. Ceux qui allaient se battre ne se reconnaissaient pas, et pourtant ils étaient les meilleurs amis

1. **Sermons** : discours de morale faits, à l'origine, par les prêtres.

du monde. Ne sont-ils plus des amis ? Je vous répondrai oui et non à la fois, car je peux démontrer l'un et l'autre●.

En vérité, monseigneur Gauvain aime Yvain, c'est son meilleur compagnon. Et Yvain aime Gauvain de la même façon : s'il le fallait, il mettrait sa tête à couper pour lui. Gauvain en ferait tout autant. N'est-ce pas là un amour parfait ? Oui, certainement !

Et la haine ? N'est-elle pas aussi évidente ? Oui, quand on les regarde maintenant, prêts à s'élancer : chacun ne pense qu'à briser la tête de l'autre, ou à le malmener jusqu'à ce qu'il s'avoue vaincu ! Yvain veut-il tuer son ami Gauvain ? Oui, c'est vrai, et monseigneur Gauvain ne songe qu'à tuer Yvain de ses propres mains.

Ma foi, j'ai bien prouvé qu'amour et haine sont présents en eux. Mais cet amour, ils l'ignorent, et c'est la haine qui va les guider ! Ils vont se lancer dans un combat acharné, et j'ai bien peur qu'ils ne s'arrêtent qu'à la mort de l'un d'eux. Quel malheur si les deux amis devaient s'entretuer !

Ils prirent tous les deux leurs distances, puis lancèrent leurs chevaux au galop. Au premier choc, leurs bonnes lances de frêne se brisèrent. Quel malheur ! Si seulement ils s'étaient parlé, ils auraient pu se reconnaître ! Ils auraient tous deux lâché leurs armes pour courir s'embrasser ! Mais non, ils cherchaient au contraire à s'infliger les pires blessures. Les heaumes et les écus étaient déjà tout cabossés et transpercés. Le tranchant des épées s'ébréchait et s'émoussait, car ils mettaient toutes leurs forces dans cet assaut. Ils frappèrent alors avec le pommeau[1] des épées : les pierres précieuses qui ornaient les heaumes tombèrent à terre, pulvérisées. Les coups pleuvaient sur les fronts, les nez,

1. **Pommeau** : poignée de l'épée.

● **L'auteur intervient ici pour souligner l'aspect tragique de la scène de combat qui va suivre.**

les joues. Les chairs tuméfiées[1] éclataient, laissant ruisseler le sang. Les hauberts déchirés et les écus en pièces ne les protégeaient plus. Les voilà blessés tous les deux. Ils n'en continuaient pas moins à se battre avec ardeur.

Ils reculèrent un peu pour reprendre souffle et calmer les battements de leurs cœurs. Mais cette pause fut de courte durée. Ils s'élancèrent de nouveau l'un sur l'autre, avec encore plus d'acharnement.

Les spectateurs du combat étaient impressionnés : ils n'avaient jamais vu de chevaliers aussi courageux. Quel dommage que deux hommes d'une telle valeur risquent de s'entretuer pour une querelle entre sœurs ! Ils essayèrent de réconcilier les deux jeunes filles. Mais l'aînée ne voulait rien entendre. La cadette était bien plus raisonnable et s'en remettait à la décision du roi. Tous pensaient qu'elle avait raison et s'employaient à convaincre l'aînée. La reine Guenièvre elle-même vint avec les chevaliers prier le roi de régler le conflit en donnant à la cadette un tiers ou un quart des terres. Il fallait trouver un moyen de mettre un terme au combat ! Mais le roi Arthur dit qu'il ne pouvait rien faire tant que l'aînée s'obstinait dans sa position.

Les deux chevaliers cependant continuaient de s'accabler de coups avec un acharnement hors du commun. Chacun d'eux était stupéfait de voir l'autre lui résister aussi farouchement. Leurs corps étaient épuisés, leurs bras douloureux, et le sang coulait de leurs blessures à travers les hauberts. Ils souffraient tous deux terriblement. Ils se battirent longtemps ; le soir commençait à descendre, et aucun ne parvenait à prendre le dessus, tellement leur valeur était égale.

1. **Tuméfiées** : enflées et couvertes d'hématomes.

La nuit qui tombait, et l'impossibilité de triompher de l'autre, tout cela les incitait à faire la paix. Mais avant de quitter le champ de bataille, chacun tenait à savoir qui était son adversaire. Monseigneur Yvain parla le premier, mais sa voix était si faible et si cassée que l'autre ne la reconnut pas :

– Seigneur, la nuit approche. Je pense que personne ne pourra nous reprocher d'interrompre le combat, puisque c'est la nuit qui nous sépare. Mais pour ma part, je peux vous dire que je vous crains et que je vous admire. Jamais, de toute ma vie, je n'ai autant souffert dans une bataille, et jamais je n'ai rencontré d'adversaire que je souhaite autant connaître. Vous m'avez véritablement assommé de coups !

– Ma foi, dit monseigneur Gauvain, je suis moi-même complètement étourdi par ceux que j'ai reçus de vous. Vous m'avez rendu avec intérêt ceux que j'ai pu vous donner ! Mais puisque vous voulez savoir par quel nom on m'appelle, sachez que je me nomme Gauvain, fils du roi Lot.

Yvain, stupéfait, éperdu, resta un moment sans voix. Puis saisi de colère et de chagrin, il jeta à terre son épée rouge de sang et son écu en morceaux. Mettant pied à terre, il s'écria :

– Hélas ! Quel malheur ! Comment avons-nous pu nous battre ainsi sans nous reconnaître ? Si j'avais su qui vous étiez, je n'aurais jamais livré combat, j'aurais préféré me déclarer vaincu d'avance !

– Comment ? Qui êtes-vous ?

– Je suis Yvain, l'homme qui vous aime le plus au monde ! Et vous-même m'avez toujours aimé et honoré en tous lieux. Mais je veux réparer le mal que j'ai pu vous faire : je me déclare vaincu !

– Vous feriez cela pour moi ? En vérité, je serais insensé si j'acceptais ! C'est moi qui me déclare vaincu !

– Ah, cher seigneur, c'est impossible ! Vous voyez bien que je ne peux plus tenir debout !

– Pas du tout, c'est moi qui suis dompté et anéanti !

En poursuivant la discussion, Gauvain descendit de cheval. Les deux amis tombèrent dans les bras l'un de l'autre, chacun continuant de se proclamer vaincu. Le roi et les barons accoururent et firent cercle autour d'eux. Ils étaient stupéfaits de voir ces farouches adversaires se manifester tant de joie.

– Seigneurs, dit le roi, dites-nous d'où vient cette soudaine amitié, alors que vous avez passé la journée à vous battre avec tant de haine !

– Seigneur, vous allez tout savoir, dit monseigneur Gauvain. La malchance est à l'origine de ce combat. Puisque vous voulez connaître la vérité, sachez que je suis Gauvain, votre neveu. Je n'ai pas reconnu mon ami, monseigneur Yvain, que voici. Par chance, il m'a demandé mon nom, et c'est ainsi que nous nous sommes reconnus. Mais nous nous étions déjà bien battus, et cette rencontre aurait pu très mal tourner si elle s'était prolongée encore. Il m'aurait sans doute tué, car sa vaillance est grande, et aussi parce que je défends une mauvaise cause.

Quand Yvain entendit ces mots, son sang ne fit qu'un tour :

– Seigneur, ne parlez pas ainsi ! Le roi doit savoir que dans ce combat, le vaincu, c'était moi, et sans aucun doute !

– Non, c'était moi !

– Mais non, c'est évident !

Ils étaient tous deux si courtois que chacun désirait voir couronner l'autre, et aucun ne voulait la victoire pour soi. Le roi était très heureux de les voir ainsi rivaliser de générosité et d'amitié, alors qu'ils venaient de s'infliger de multiples blessures. Il mit fin à la querelle :

– Seigneurs, il y a entre vous beaucoup d'affection, et vous le montrez bien en voulant tous deux vous déclarer vaincus. Vous allez maintenant vous en remettre à moi pour prononcer le jugement. Je vais arranger l'affaire à la satisfaction de tous.

Ils jurèrent de se plier à la décision du roi. Celui-ci annonça qu'il allait régler le conflit en toute justice.

– Où est la demoiselle qui a chassé sa sœur hors de sa terre et l'a déshéritée de force et sans aucune pitié ?

– Me voilà, seigneur !

– Vous êtes là ? Avancez donc ! Je savais depuis longtemps que vous cherchiez à la déshériter. Son droit ne sera plus contesté, puisque vous venez de dire la vérité. Vous allez lui laisser sa juste part dans cette succession.

– Ah, seigneur roi ! J'ai fait une réponse bien sotte ! Ne me prenez pas au mot ! Par Dieu, seigneur, ne m'accablez pas ! Gardez-vous de commettre une injustice !

– C'est précisément pour ne pas commettre une injustice que je veux rétablir votre sœur dans ses droits. Vous venez d'entendre que vos deux champions s'en sont remis à moi. C'est donc à moi de juger. Tout le monde a clairement vu que le tort est de votre côté. Vous allez donc faire ma volonté en tout point, sinon je déclarerai que mon neveu a été vaincu dans ce combat, et ce sera bien pire pour vous !

Le roi n'avait pas l'intention d'en venir là, mais il avait bien compris que la sœur aînée ne céderait qu'à la menace. Elle prit peur en effet, et ne put que répondre :

– Seigneur, il me faut donc accomplir votre volonté, mais cela me brise le cœur. Je le ferai pourtant, et ma sœur aura sa part de mon héritage.

– Vous allez l'investir immédiatement de son fief●. Ainsi elle sera votre vassale et vous sa suzeraine. Vous vous devrez l'une à l'autre affection et respect.

● **Le fief est une terre attribuée par le suzerain à son vassal. En échange de cette terre qui lui permet de vivre, le vassal doit au suzerain aide et loyauté.**

Le roi régla ainsi l'affaire, et reçut les remerciements de la sœur cadette, fort heureuse de rentrer en possession de sa terre. Mais il était temps pour les deux chevaliers de quitter leurs armures, ce que chacun fit, à la demande du roi. C'est à ce moment qu'on vit accourir le lion, qui avait suivi la trace de son maître. Le retrouvant enfin, il manifesta une joie incroyable. Vous auriez vu les gens reculer !

– Restez donc ! fit Yvain. Pourquoi prendre la fuite ? Vous n'avez rien à craindre de mon lion, croyez-moi. Il est à moi et je suis à lui : c'est mon compagnon fidèle, et il ne vous fera aucun mal.

Tous comprirent alors qu'il s'agissait du lion dont ils avaient entendu raconter les exploits. C'était lui qui avait aidé le chevalier inconnu à triompher du cruel géant, Harpin de la Montagne. Et ce chevalier, c'était Yvain.

– Seigneur, s'écria Gauvain, quelle honte pour moi de vous avoir combattu aujourd'hui ! Je vous ai bien mal récompensé du service que vous m'avez rendu en sauvant mes neveux et ma nièce. Croyez-moi, je me suis souvent demandé qui pouvait être ce Chevalier au Lion, dont je n'avais jamais entendu parler, et qui pourtant me connaissait.

Quand ils se furent désarmés, le lion s'élança vers son seigneur, et lui témoigna autant d'affection qu'une bête muette peut le faire. Les chevaliers furent emmenés dans une chambre tranquille où l'on soigna leurs blessures : ils en avaient bien besoin. Le roi, qui les aimait beaucoup, leur envoya son chirurgien, l'homme le plus expert qu'on connût dans l'art de guérir les plaies. Ils furent tous les deux bientôt guéris.

*Les retrouvailles entre Yvain et Gauvain, extrait d'*Yvain, le Chevalier au Lion, *de Chrétien de Troyes, XIVe siècle.*

13

Retour à la fontaine

Monseigneur Yvain resta à la cour le temps qu'il fallait pour que ses plaies se referment. Mais si son corps était guéri, son cœur souffrait mille tourments. À quoi bon vivre, s'il restait séparé pour toujours de Laudine ? Si sa dame n'avait pas pitié de lui, il finirait par mourir d'amour et de chagrin.

Voilà le projet qu'il forma : il quitterait la cour tout seul et irait à la fontaine. Là, il déclencherait la plus effroyable des tempêtes : les vents, la pluie et la foudre se déchaîneraient, et sa dame serait peut-être obligée, par crainte et par nécessité, de faire la paix avec lui, puisque la fontaine n'avait plus de défenseur. Si elle ne voulait rien entendre, il ne cesserait de lui faire la guerre en déclenchant pluies et vents.

Yvain s'en alla donc avec son lion, qui ne l'aurait abandonné pour rien au monde. Il arriva à la fontaine, et là, il déchaîna la tempête la plus terrifiante qu'on eût jamais vue. Vous pouvez me croire : l'orage fut si terrible qu'on aurait dit que la forêt entière allait être réduite à néant. La dame avait peur que son château ne s'effondre d'un seul coup : les murailles et même le donjon tremblaient, prêts à s'écrouler. Terrorisés, les habitants priaient le Ciel et maudissaient leurs ancêtres pour avoir construit leurs maisons dans un tel pays. Cette fontaine était une véritable malédiction, car elle permettait à un seul homme de venir les assaillir et les torturer à son aise.

– Ma dame, fit Lunette, il vous faut prendre une décision. Vous ne trouverez personne ici qui accepte de vous aider dans ce péril.

Pas un de vos chevaliers n'osera défendre la fontaine, et quand on saura que l'assaillant n'a trouvé personne en face de lui, tout le monde pensera que ce château est une proie facile. Jamais plus nous ne connaîtrons la paix, jamais nous n'oserons seulement passer la porte, tant que la fontaine ne sera pas défendue. Vous êtes dans une situation critique, si vous ne trouvez remède à la situation.

– Et où le trouver ? Toi qui es si avisée, donne-moi un conseil !

– Dame, je vous conseillerais volontiers, mais je n'ose plus m'en mêler. Prenez un autre conseiller plus sage que moi. Je supporterai avec les autres la pluie, le vent et la tempête, jusqu'à ce que vous ayez trouvé un chevalier assez vaillant pour assumer la charge de défendre la fontaine.

– C'est impossible. Tu sais bien que je ne peux pas compter sur mes hommes. Mais toi, sois une véritable amie : aide-moi de ta sagesse et de ton bon sens.

– Dame, si l'on pouvait trouver ce chevalier qui tua le géant Harpin de la Montagne et qui vainquit le sénéchal et ses frères, il pourrait peut-être nous sauver. Il faudrait aller le chercher, mais vous vous souvenez de ses paroles : aussi longtemps qu'il sera en guerre avec sa dame, aussi longtemps que durera sa colère contre lui, il ne saurait accepter aucune mission. Il est désespéré, et il ne nous aidera que si l'on peut lui jurer de tout faire pour le réconcilier avec sa dame.

– Assurément, s'écria Laudine, je suis prête à faire tout ce qui est en mon pouvoir pour cela.

– Dame, je suis certaine que vous le pouvez, et encore plus que vous ne le pensez. Mais je préfère prendre votre serment avant de me mettre en route.

Laudine accepta, et Lunette fit venir de la chapelle un reliquaire● très précieux.

– Dame, mettez-vous à genoux et levez la main pour prêter serment. Je ne veux pas que dans quelques jours vous m'accusiez de traîtrise. Dans cette affaire, vous ne faites rien pour moi. C'est dans votre intérêt que vous agissez. Jurez donc que vous emploierez toutes vos forces en faveur du Chevalier au Lion, jusqu'à ce qu'il ait retrouvé l'amour de sa dame !

– Je le jure mot pour mot. Devant Dieu et devant les saints, je ferai tout mon possible pour lui rendre l'amour de sa dame !

Lunette avait fait là du bon travail. Elle venait d'accomplir ce qu'elle désirait le plus au monde. Le visage rayonnant, elle monta sur son palefroi et chevaucha jusqu'à la fontaine. Elle trouva Yvain sous le pin, et le reconnut grâce à son lion. Elle mit pied à terre. Tous deux étaient ravis de se retrouver.

– Ah, seigneur, comme je suis contente de vous trouver si près ! Je n'en espérais pas tant !

– Comment ? Vous me cherchiez donc ?

– Oui, seigneur, et je n'ai jamais été aussi heureuse ! J'ai obtenu de ma dame un serment : elle a juré qu'elle se réconcilierait avec vous. Elle sera votre dame et vous son époux, à moins de se parjurer.

Monseigneur Yvain était bouleversé. Il ne pensait pas entendre un jour cette nouvelle. Il serra contre son cœur Lunette, plein de reconnaissance pour celle qui lui avait procuré cette joie.

● **Un reliquaire est un petit coffre contenant des reliques, c'est-à-dire des restes d'un saint (des morceaux d'os ou de vêtement). Au Moyen Âge, un serment prêté sur les reliques est extrêmement solennel. Le rompre (se parjurer) mérite la punition de Dieu.**

– Amie, je ne pourrai jamais vous rendre le centième de ce que je vous dois. Grâce à vous je retrouve enfin le bonheur.

– Seigneur, ne vous inquiétez pas ! Vous aurez encore l'occasion de faire le bien, à moi et à d'autres. J'avais moi-même une dette envers vous, et je n'ai fait que mon devoir.

– Par Dieu, vous avez fait cinq cents fois plus !

– N'en discutons plus, et partons. Il est temps d'aller voir ma dame.

– Mais lui avez-vous dit qui j'étais ?

– Non, par ma foi. Je ne lui ai parlé que du Chevalier au Lion, et elle ignore qui il est.

Ils arrivèrent au château, suivis par le lion. Une fois dans l'enceinte, ils ne parlèrent à personne avant de se trouver devant la dame. Très heureuse de leur venue, Laudine les accueillit. Monseigneur Yvain, toujours revêtu de son armure, tomba à genoux à ses pieds. Aussitôt Lunette intervint :

– Dame, relevez-le, et faites tout ce que vous pouvez pour qu'il obtienne le pardon de sa dame ! Personne au monde ne le peut mieux que vous !

La dame l'invita avec douceur à se relever et, s'adressant à Lunette :

– Je suis prête à tout faire pour lui, puisque tu m'affirmes que c'est possible. Qu'il dise sa volonté et ses désirs.

– Assurément, ma dame, je ne l'aurais pas dit si je n'en étais pas sûre ! Personne n'a autant de pouvoir que vous. Je vais donc vous dire la vérité : jamais vous n'avez eu et jamais vous n'aurez d'ami meilleur que celui-ci. Que Dieu fasse régner entre vous la paix et l'amour, et cela pour toujours ! Dame, pardonnez-lui et oubliez votre colère, car il n'a d'autre dame que vous. C'est monseigneur Yvain votre époux.

La dame sursauta à ces mots.

– Que Dieu me protège ! Tu m'as bien prise au piège de tes paroles ! Tu prétends me faire aimer contre mon gré un homme qui n'a ni amour ni respect pour moi ? Le beau service que tu me rends ! J'aime mieux, ma vie durant, supporter orages et tempêtes !... Mais se parjurer[1] est un acte ignoble et méprisable. Ma colère et ma rancune ont longtemps couvé en moi comme un feu brûlant, le souvenir de sa faute... mais il faut l'oublier maintenant, puisque j'ai juré de me réconcilier avec lui !

Monseigneur Yvain comprit à ces paroles que l'espoir lui était permis.

– Dame, on doit avoir pitié du pécheur, quand il reconnaît sa faute ! C'était pure folie de m'attarder loin de vous, et de manquer à ma parole. J'ai payé très cher mon aveuglement, et ce n'était que justice. Il me faut aujourd'hui une grande audace pour reparaître devant vos yeux, mais si vous voulez bien me garder auprès de vous, jamais plus je ne commettrai la moindre faute à votre égard.

– Oui, j'y consens, car je serais parjure si je ne faisais pas tout pour me réconcilier avec vous. Puisque c'est votre désir, je vous l'accorde.

– Ah, ma dame, soyez mille fois remerciée ! Par Dieu, nul homme au monde ne peut être aussi heureux que moi, après avoir été aussi malheureux par amour.

Voici monseigneur Yvain pardonné. Après mille tourments, il avait retrouvé le bonheur. Sa dame l'aimait et le chérissait, et il le lui rendait bien. Quant à Lunette, elle était très heureuse : n'avait-elle pas réussi à réconcilier pour toujours monseigneur Yvain, le parfait amant, avec sa dame, la parfaite amie ?

1. **Se parjurer** : ne pas respecter une promesse, un serment.

Et moi, Chrétien de Troyes, je termine ici mon roman, *Le Chevalier au Lion*. Il n'y a plus rien à dire sur monseigneur Yvain et la Dame de la Fontaine. Celui qui ajouterait quelque chose à l'histoire ferait un mensonge !

Anne-Marie Cadot-Colin d'après Chrétien de Troyes,
Yvain, le Chevalier au Lion.

Linteau : combat de chevaliers (Art roman), Cathédrale d'Angoulême.

LE DOSSIER

Yvain, le Chevalier au Lion

Roman de chevalerie, roman courtois

REPÈRES

PARCOURS DE L'ŒUVRE

TEXTES ET IMAGES

Qu'est-ce que la littérature au Moyen Âge ?

Après l'an mille, de nouveaux genres d'œuvres littéraires apparaissent. Cette créativité est intimement liée à l'émergence de langues nouvelles à travers l'Europe. En France, le latin donne naissance au français.

• L'HÉRITAGE DES ROMAINS

Les Romains, lors de leurs conquêtes, imposent leur langue partout dans l'Empire : le latin. Mais cette langue va être déformée par les populations locales et par les peuples dits « barbares » lors d'invasions successives après la chute de l'Empire. Apparaissent alors les langues romanes qui ont donné par la suite le français, l'espagnol, l'italien, le portugais, le catalan et le roumain.

La création officielle d'une langue

Le serment de Strasbourg, signé le 14 février 842, marque l'alliance entre deux des petits-fils de Charlemagne, Charles le Chauve et Louis le Germanique. C'est l'un des premiers textes écrit en langue romane et non en latin. Le français n'est alors plus seulement la langue orale du peuple : elle devient une langue écrite.

• LA NAISSANCE DE LA LITTÉRATURE

Écrits en vers et en latin, les récits de héros de l'Antiquité tels qu'Alexandre ou Énée sont très appréciés. Mais, au XIe siècle, apparaît le premier grand livre de la littérature française : une chanson de geste, *La Chanson de Roland*. Elle raconte la mort du neveu de Charlemagne au retour d'une campagne victorieuse en Espagne.

Les chansons de geste sont des textes vantant les exploits d'un héros historique. Elles sont parfois racontées en musique mais pas nécessairement.

Mais il faut attendre le XIIe siècle pour voir émerger des récits de fiction en français.

Que veut dire le terme « écrivain » ?

Au Moyen Âge, « écrivain » ne désigne pas l'auteur des livres mais les copistes ou les secrétaires à qui l'on dicte les œuvres, ceux qui rédigent les manuscrits et non ceux qui les créent.*

LES AUTEURS

Les auteurs sont appelés troubadours au sud de la France et trouvères* au nord. Ils vont de cour en cour ou sont au service d'un personnage important, le mécène. Ils peuvent être d'origines sociales très différentes et certains d'entre eux étaient même de grands seigneurs comme Guillaume IX, Dauphin d'Auvergne ou Raimbaud d'Orange.

Ce nom signifierait « trouveur », c'est-à-dire « celui qui trouve les histoires ».

Certains encore forment une classe à part : les clercs. Ce sont des hommes d'église, parlant et écrivant le latin mais qui vont jouer un rôle très important dans le passage à l'écrit de cette nouvelle langue. Bien qu'ils soient hommes d'église, en tant qu'auteurs ils ne s'en tiendront pas aux sujets religieux.

LES COPISTES ET MANUSCRITS

L'imprimerie n'ayant pas encore été inventée, la seule possibilité de reproduction des textes reste la copie à la main. C'est un travail long et fastidieux, compliqué par le matériel : le parchemin et la plume d'oie. Mais ces copistes ne sont pas de simples exécutants. Parfois ils interviennent sur l'histoire elle-même. Lorsqu'ils reproduisent un manuscrit auquel il manque un passage ou lorsqu'il leur semble que l'histoire manque de cohérence, ils ajoutent des vers de leur invention ; c'est ce que l'on appelle une interpolation.

Cela explique en partie pourquoi il existe parfois des différences importantes entre les manuscrits du même roman.

LES ENLUMINURES*

Les textes sont souvent enrichis de couleurs. Les copistes, souvent des moines, colorient et décorent la première lettre des chapitres pour faciliter la lecture et pour embellir le livre. Mais des peintres ajoutent parfois des peintures, se mêlant ou non aux lettres, illustrant certaines scènes du récit.

Qu'est-ce qu'un roman au Moyen Âge ?

Le roman, genre littéraire majeur depuis le XIXe siècle, apparaît au Moyen Âge. Mais si le roman moderne doit beaucoup à ces récits médiévaux, il existe des caractéristiques propres aux textes de Chrétien de Troyes et de ses contemporains.

● DES RÉCITS EN LANGUE ROMANE

Le terme « roman » au Moyen Âge ne désigne pas un genre comme aujourd'hui, mais un texte écrit en langue romane, c'est-à-dire en langue populaire.
Les premiers romans s'inspirent d'histoires de l'Antiquité latine. Ce sont de très longs récits en vers que les clercs rédigent à partir de textes latins qu'ils ont traduits.

● LA MATIÈRE DE BRETAGNE

En 1155, Wace, un auteur britannique, adapte en langue romane l'*Historia Regum Britanniae* de Geoffroy de Monmouth, l'histoire des rois de Bretagne rédigée en langue latine. Wace, contrairement à ses prédécesseurs, ne met plus en scène les grands héros de l'Antiquité comme Alexandre mais le roi Arthur et Merlin. Il enrichit ses récits, mêlant histoire et fictions, grâce aux légendes galloises et irlandaises appartenant à la tradition orale.

Chrétien de Troyes et la matière de Bretagne

Chrétien de Troyes a peut-être entendu les conteurs Gallois ou lu des livres narrant les aventures des chevaliers d'Arthur. Quoi qu'il en soit, il est le premier auteur à avoir situé ses romans à la cour du roi Arthur et à construire ses récits comme nos romans modernes. Il centre son action sur un héros de fiction et invente un monde propre à l'histoire. À une époque où la France influence l'Europe dans le domaine des Lettres, il va populariser les héros de la Table ronde et les rendre immortels.

LE ROMAN DE CHEVALERIE

Le chevalier occupe une place de plus en plus importante dans la société du Moyen Âge, il n'est donc pas surprenant que les auteurs s'inspirent de ces personnages pour narrer des récits d'aventure. Dans ces récits, le chevalier est souvent un héros solitaire et errant qui croise sur son chemin des aventures toutes plus étonnantes les unes que les autres.

Certaines, réalistes, décrivent des combats, d'autres plus extraordinaires font apparaître des merveilles : géants, monstres, enchanteurs...

LE ROMAN COURTOIS

La vie de cour prend de l'importance dans la société du XIIe siècle. On découvre les périodes de paix, l'art des jardins et le plaisir d'y écouter les conteurs. Les relations sociales sont donc plus raffinées et donnent naissance à la courtoisie et l'amour courtois. Les romans font la part belle à ces nouvelles mœurs.

Le chevalier, héros de ces récits, fait preuves de qualités essentielles : la fidélité et le dévouement à sa dame.

LES CONTINUATEURS*

Au Moyen Âge, le droit d'auteur n'existe pas. Les histoires appartiennent donc à tous. Ainsi, le roman de Chrétien de Troyes, *Le Conte du Graal*, connaît un tel succès que de nombreux trouvères dans toute l'Europe proposent leur version. De plus, Chrétien de Troyes ayant laissé un texte inachevé, la tentation est grande d'en proposer une fin. Au XVe siècle, Robert de Borron et Gerbert de Montreuil, par exemple, imaginent une interprétation chrétienne du conte, interprétation qui influence même les cinéastes du XXe siècle comme Steven Spielberg.

Indiana Jones et la dernière croisade de Steven Spielberg

Le célèbre archéologue Indiana Jones doit retrouver le Graal, coupe ayant contenu le sang de Jésus-Christ. À travers une transposition du mythe du Graal, le Moyen Âge fait irruption dans une histoire qui se déroule pendant la Seconde Guerre mondiale...

Étape 1 • Observer le prologue du roman

SUPPORT : Le prologue (p. 12-13)

OBJECTIF : Identifier le sujet du roman et préciser la situation de communication.

As-tu bien lu ?

1 Qui a demandé à Chrétien de Troyes d'écrire ce roman ?

2 Comment l'auteur se désigne-t-il ?

3 À qui Chrétien de Troyes s'adresse-t-il ?

☐ aux damoiselles et damoiseaux ☐ aux princes et princesses

☐ aux nobles seigneurs et charmantes dames

La présentation du roman

4 À quelle époque Chrétien de Troyes situe son récit ? Pour répondre, complète les phrases suivantes.

– L'histoire que j'ai choisie ne se passe point ....

– .... , en effet, personne ne sait plus ce que c'est que d'aimer : l'amour est un sujet de plaisanterie.

– .... , le chevalier qui avait donné son cœur à une dame ne le reprenait jamais, et cet amour courtois durait toute sa vie.

5 Retrouve, dans la liste suivante, ce que racontent les chevaliers de la cour du roi Arthur, autour de la Table ronde.

☐ des combats terribles ☐ des expériences magiques

☐ l'affrontement d'adversaires redoutables ou de monstres effrayants

☐ des chasses au dragon ☐ des histoires d'amour

6 Quelle histoire Chrétien de Troyes va-t-il, lui, raconter ?

Un auteur se met en scène

7 **a.** Comment Chrétien de Troyes annonce-t-il son récit ?

b. Qu'est-ce qui signale que Chrétien de Troyes prend la parole ?

8 **a.** Par quelle phrase Chrétien de Troyes réclame-t-il l'attention de son auditoire et des lecteurs ?

☐ Oyez, oyez gentes dames et nobles seigneurs !

☐ Ouvrez donc bien grand vos oreilles et vos cœurs !
☐ Écoutez tous mon histoire !

b. Que nous révèlent ces phrases sur la littérature médiévale à l'époque de Chrétien de Troyes ?

9 Dans quel domaine Chrétien pense-t-il que son histoire apprendra quelque chose au lecteur ?

☐ l'amour ☐ le courage ☐ l'amitié

La langue et le style

10 **a.** Quels sont les temps employés dans le troisième paragraphe ?
b. Quel est le temps dominant ?

11 **a.** Quels sont les temps employés dans le dernier paragraphe ?
b. Quel est le temps dominant ?

12 Comment expliques-tu la variété des temps dans ces deux paragraphes ?

Faire le bilan

13 En t'appuyant sur toutes tes réponses, explique le rôle du prologue.
Dans le prologue, l'auteur se présente sous le nom de .... et rend hommage à son mécène : .... Il annonce que son histoire se passe au temps .... À cette époque .... durait toute la vie. Il raconte comment étaient réunis les meilleurs chevaliers autour de .... et comment l'un d'eux gagna le surnom de .... Il prend la parole et réclame l'attention des seigneurs et des dames car son histoire vaut la peine .... : elle leur apprendra beaucoup ....

À toi de jouer

14 Choisis un livre que tu as lu et rédige un prologue à la manière de Chrétien de Troyes comme si tu en étais l'auteur. Commence par te présenter puis annonce au lecteur le genre de récit qu'il s'apprête à lire en parlant de l'histoire et des personnages. Tu peux conclure sur l'objectif de ton récit, ce qu'il apportera au lecteur.

15 Effectue une recherche par internet sur la vie quotidienne des seigneurs du Moyen Âge. Tu pourras choisir un domaine précis : la vie au château, la cuisine ou encore le rôle des femmes, par exemple.

Étape 2 • Étudier l'épisode du combat contre le chevalier gardien de la fontaine

SUPPORT : Chapitre 2, de « Monseigneur Yvain monta aussitôt à cheval... » (l. 60, p. 25) à « Voilà monseigneur Yvain prisonnier » (l. 139, p. 28)

OBJECTIF : Analyser un récit de combat caractéristique du roman de chevalerie.

As-tu bien lu ?

1 Qui est le cousin d'Yvain ?
☐ Calogrenant ☐ Méléagant ☐ Gornemant

2 Qui Yvain rencontre-t-il avant d'arriver à la fontaine ?

3 Quelle est la première arme utilisée par les chevaliers ?
☐ la masse d'arme ☐ l'épée ☐ la lance

4 Pourquoi les deux combattants ne peuvent-ils plus se protéger ?

5 À quoi leurs hauberts sont-ils comparés ?
☐ à des tuniques ☐ à des frocs de moines ☐ à des robes de dames

Sur les traces de Calogrenant

6 Complète le texte suivant et retrouve les différentes étapes du voyage d'Yvain sur les traces de Calogrenant.
Monseigneur Yvain chevauche à travers les .... Son cousin lui avait parlé de la forêt de .... Puis il découvre un sentier étroit, plein de ...... et d'...... . Il parvient enfin au château du ...... et de ...... chez qui il passe la nuit.
Le lendemain, il arrive dans une ...... où le ...... des ...... lui indique la route à suivre. Il est étonné en le voyant et se demande comment la ...... a pu produire un tel .... Puis il aperçoit la fontaine et verse sur le ...... un plein ...... d'eau.

7 Pourquoi Yvain, comme Calogrenant, sait-il que le gardien de la fontaine arrive avant de le voir ?

Un combat à mort

8 Relève les phrases qui correspondent aux différentes étapes du combat et complète le tableau suivant.

Étapes du combat	Extraits du texte
Aucun des deux combattants ne prend l'avantage dans un premier temps.	
Le chevalier de la fontaine a reçu un coup mortel.	
Le chevalier de la fontaine décide de mettre fin au combat.	

9 Yvain se lance à sa poursuite. Complète les phrases suivantes pour en comprendre les raisons.
Les railleries de . . . . étaient encore toutes fraîches à sa mémoire. Il savait bien qu'à la . . . . on ne le croirait pas, s'il ne rapportait pas de véritables . . . . de son . . . .

10 Yvain tombe dans un piège et frôle la mort. Remets ces phrases dans l'ordre pour expliquer les événements.
a. Yvain tombe à terre.
b. Le cheval marche sur le trébuchet de bois.
c. La lame tranche les deux éperons.
d. La lame tranche la selle et l'arrière du cheval.

La langue et le style

11 **a.** Retrouve dans ce passage les mots appartenant au champ lexical de l'armement.
b. Donne une définition de ces mots à l'aide des notes et d'un dictionnaire.

12 Cite une autre arme ou une autre partie de l'armure.

Faire le bilan

13 Explique en quoi les personnages de cette scène sont héroïques. Tu pourras parler de la violence du combat et de leurs réactions.

À toi de jouer

14 Tu es l'écuyer d'Yvain et, avant de se lancer à la poursuite du chevalier de la fontaine, il te charge d'aller à la cour du roi Arthur raconter ce combat. À l'oral, raconte cette scène comme si tu te trouvais face au roi et à ses chevaliers. Essaie de rendre le récit vivant en donnant des détails sur l'affrontement.

Étape 3 • Analyser une scène caractéristique de l'amour courtois

SUPPORT : Chapitre 4, de « Lunette emmena par la main Monseigneur Yvain... » (l. 142, p. 43) à « C'est ainsi que leur accord fut conclu. » (l. 195, p. 45)

OBJECTIF : Étudier les rapports entre les personnages et la conception de l'amour qu'ils incarnent.

As-tu bien lu ?

1 Où sommes-nous dans cette scène ?

- ☐ à la cour du roi Arthur
- ☐ dans le château d'un vavasseur
- ☐ près de la fontaine merveilleuse
- ☐ dans le château de Laudine

2 **a.** Qui est Lunette ?

b. Pourquoi s'appelle-t-elle ainsi ?

- ☐ à cause de sa myopie
- ☐ en raison de sa passion pour l'astronomie
- ☐ en référence à la Lune

3 Qu'est-il arrivé à Esclador le Roux, l'époux de Laudine ?

4 En quoi consiste l'accord évoqué à la fin de la scène ?

Un serment amoureux

5 Quelle position Yvain adopte-t-il pour s'adresser à Laudine ? Dans quel but ?

6 Pourquoi Laudine pardonne-t-elle à Yvain d'avoir tué son mari ?

7 **a.** À quoi s'engage Yvain ?

b. Quel type d'engagement cela rappelle-t-il en ce qui concerne un chevalier ?

Trois personnages bien caractéristiques

8 **a.** Complète les phrases suivantes.
Lunette emmena . . . . Monseigneur Yvain.
Elle le . . . . alors par le poignet.
– . . . . donc, chevalier, et n'ayez pas peur que ma dame vous morde !
b. Que révèlent ces phrases sur le caractère de Lunette ?

9 **a.** Que répondrait Yvain si Laudine lui disait qu'elle veut le tuer ?
b. Comment explique-t-il cette réponse ? Qu'est-ce que cela révèle sur le sens de l'honneur d'Yvain ?

10 Relève la phrase de Laudine qui termine le dialogue. Semble-t-elle émue par la déclaration d'Yvain ? Comment interprètes-tu son attitude ?

La langue et le style

11 **a.** Yvain déclare : « une force me pousse à me soumettre à votre volonté ».
Recherche le verbe « soumettre » dans le dictionnaire et relève son étymologie et sa définition.
b. Donne trois mots de la même famille.
c. Trouve un verbe formé sur le même radical mais avec un autre préfixe.

Faire le bilan

12 En quoi ce passage met-il en scène les rapports de l'amour courtois ? Tu peux t'appuyer sur les paroles et les attitudes des personnages.

À toi de jouer

13 Tu es Lunette, la dame de compagnie de Laudine, et tu écris une lettre à ta sœur pour lui raconter comment tu as réussi à rapprocher Yvain et ta dame. Rédige cette lettre sans oublier d'évoquer le fait que tu as aidé le chevalier par reconnaissance.

14 Au début de l'extrait, Yvain pense être tombé dans un piège. Avec un ou deux camarades, joue la scène qui aurait pu se dérouler si cela avait été le cas. Tu peux reprendre le début du passage jusqu'au moment où Lunette prend la parole.

Étape 4 • Analyser un chapitre clé du roman : « Le lion »

SUPPORT : Chapitre 7, p. 64 à 70

OBJECTIF : Déterminer le rôle des épisodes relatés, mettre en évidence leurs aspects merveilleux et leur valeur symbolique.

As-tu bien lu ?

1 Où Yvain chemine-t-il au début du chapitre ?
- ☐ à travers une sombre forêt
- ☐ au travers de profonds fourrés
- ☐ à travers une lande déserte

2 Yvain tue le serpent. Complète les phrases suivantes pour expliquer comment il s'y prend.
Il brandit . . . . et se lança . . . . de l'animal maléfique. Il le . . . . jusqu'à terre, puis le . . . .

3 Yvain s'évanouit. Qu'est-ce qui provoque cette réaction ?
- ☐ Il aperçoit Laudine.
- ☐ Le lion est blessé.
- ☐ Yvain reconnaît la fontaine.

4 Où Lunette est-elle enfermée lorsqu'Yvain l'entend pleurer ?

Une rencontre merveilleuse

5 **a.** Pourquoi Yvain décide-t-il de sauver le lion et non le serpent ?
b. À ton avis, pourquoi le serpent a-t-il si mauvaise réputation ?

6 **a.** Après avoir remercié Yvain, que va faire le lion ? Complète les phrases suivantes pour le savoir.
– Le lion . . . . à ses côtés.
– Il était devenu son . . . .
– Il ne souhaitait qu'une chose, le . . . . et le . . . . toute sa vie.
b. À quel type de rapports propres à la société médiévale peux-tu comparer le lien entre Yvain et le lion ?

La naissance d'un nouvel Yvain

7 **a.** Quelle est la réaction du lion lorsqu'il pense qu'Yvain est mort ?
b. Quelle réflexion cela inspire-t-il à Yvain sur sa propre existence lorsqu'il s'éveille ?

8 **a.** Qui veut la perte de Lunette ?
b. Pour quelle raison ?

9 Yvain doit livrer un duel judiciaire. Qui doit-il affronter ?

10 Relève les expressions qui montrent que le héros est sûr de lui.

11 Yvain semble différent après sa rencontre avec Lunette. À quoi attribues-tu ce changement ?

La langue et le style

12 **a.** Dans les passages mettant en scène le lion, Chrétien de Troyes utilise quatre comparaisons introduites par l'adverbe « comme ». Ces comparaisons caractérisent le lion ou l'attitude d'Yvain envers lui. Retrouve-les et place-les dans le tableau suivant en fonction des qualités mises en valeur par ces comparaisons.

Noblesse de caractère, humanité	« comme une créature noble et généreuse »
Soumission	
Obéissance	
Puissance et violence des sentiments	

b. À partir des éléments fournis par ces comparaisons, explique en une ou deux phrases pourquoi le lion est un animal merveilleux.

Faire le bilan

13 Dans cette scène, le lion se comporte comme un être humain : cela constitue un élément merveilleux. En t'appuyant sur tes réponses, explique pourquoi l'attitude du lion peut être considérée comme celle d'un homme qui respecte les lois de la morale féodale.

À toi de jouer

14 Tu as connu ou rêvé de connaître un rapport de complicité avec un animal. Raconte une scène précise de cette complicité.

Étape 5 • Étudier l'épisode du duel entre Yvain et Gauvain

SUPPORT : Chapitre 12, de « Ils prirent tous les deux leurs distances, puis lancèrent leurs chevaux au galop » (l. 99, p. 105) à la fin (p. 110)

OBJECTIF : Analyser le récit du combat et caractériser les deux héros.

As-tu bien lu ?

1 Où se déroule la scène ?

2 Qui sont les deux chevaliers qui s'affrontent dans ce passage ?
☐ Yvain et Gauvain
☐ Yvain et Esclador le Roux
☐ Yvain et le comte Alier

3 Quelle est la raison de ce combat ?

4 Pourquoi n'y a-t-il pas de vainqueur à ce duel ?
☐ le roi Arthur interrompt le combat
☐ les deux chevaliers sont d'égale valeur
☐ les deux chevaliers s'entre-tuent

Un combat épique (l. 99 à 137)

5 Le combat a commencé à l'heure de « none », c'est-à-dire « quinze heures ». Quand s'achève-t-il ?

6 Le combat est d'une violence inouïe. Complète les phrases suivantes pour retrouver les dommages que s'infligent les deux chevaliers.
– Les heaumes et les écus* étaient déjà tout .... et ....
– Le tranchant des épées s'........ et s'.........
– Les coups pleuvaient sur les ...., les ...., les ....
– Les hauberts .... et les écus .... ne les protégeaient plus.

Une réconciliation émouvante (l. 138 à 230)

7 Quelle expression les deux chevaliers utilisent-ils pour s'adresser l'un à l'autre ?
☐ seigneur ☐ ami ☐ ennemi

8 En t'aidant du texte et des mots ou expressions suivants, rédige quatre phrases (une par mot ou expression) pour retrouver les réactions de Monseigneur Yvain lorsqu'il découvre le nom de son adversaire : sans voix – colère et chagrin – épée – pied à terre.

9 Quel est le point sur lequel les deux amis n'arrivent pas à se mettre d'accord ?

10 Que font les deux chevaliers quand Gauvain descend de cheval ?

11 **a.** Lorsque le roi Arthur s'adresse aux deux chevaliers, pourquoi exprime-t-il de l'étonnement ?
b. Comment Arthur met-il fin à la querelle entre les deux chevaliers ?

La langue et le style

12 Observe le dialogue entre les deux chevaliers à l'issue du combat.
a. Où le récit s'interrompt-il pour laisser place au dialogue ? Pourquoi ?
b. Relève les deux verbes de parole et leur sujet. Où sont-ils placés par rapport aux paroles rapportées ?
c. Quels sont les différents signes de ponctuation présents dans ce dialogue ?
d. À ton avis, pourquoi la ponctuation est-elle tellement expressive dans ce passage ?

Faire le bilan

13 Explique en quoi cet extrait met en scène deux chevaliers exceptionnels. Tu pourras parler de leurs qualités de guerrier mais aussi de leurs qualités morales.

À toi de jouer

14 Tu es un journaliste envoyé au Moyen Âge pour raconter ce combat entre deux des plus grands chevaliers de la Table Ronde. Rédige l'article que tu enverras à ton journal. Tu pourras commencer par une rapide description des lieux du combat pour aider un lecteur du XXIe siècle à se représenter la scène. Tu peux t'inspirer des narrations d'événements sportifs pour ce travail.

Étape 6 • Exploiter les informations de l'enquête

SUPPORT : L'ensemble du roman et les documents de l'enquête

OBJECTIF : Mettre en œuvre les connaissances acquises grâce à l'enquête, repérer les éléments à valeur historique dans le roman.

As-tu bien lu l'enquête ?

1 Combien pèse le destrier, cheval de combat du chevalier ?
☐ 100 kg ☐ 600 kg ☐ 1 tonne

2 La cérémonie durant laquelle le chevalier prête serment à son suzerain s'appelle :
☐ la vassalité
☐ l'adoubement
☐ le galopin

3 Quelle est l'arme qui va révolutionner les techniques de combat ? Pourquoi ?

4 Quel est le type de combat adopté lors des tournois ?
☐ le duel judiciaire*
☐ le jugement de Dieu
☐ la mêlée*

5 Qu'est-ce qui entraînera la disparition définitive des chevaliers ? Pourquoi ?

Le chevalier au combat

6 Dans *Yvain, le Chevalier au Lion*, Chrétien de Troyes ne décrit pas de tournois adoptant la forme de la mêlée. Mais lors de la bataille à laquelle prend part Yvain contre le comte Alier, on peut lire une expression utilisant ce terme. Retrouve la phrase dans laquelle cette expression est utilisée.

7 Il y a également de nombreux duels judiciaires.
a. Quel est le duel durant lequel Yvain affronte trois adversaires ?
b. Qui affronte-t-il lorsqu'il est le champion d'une jeune fille réclamant son héritage ?

8 L'armement du chevalier est constitué d'armes défensives et d'armes offensives. Relève des passages du texte évoquant les différents éléments de cet armement et place-les dans le tableau suivant.

Armes offensives	Armes défensives

Une pratique du métier de chevalier : le pillage

9 Qu'emporte le gardien de la fontaine lorsqu'il a vaincu Calogrenant ?

10 Le pillage est une pratique courante, source de revenus pour les seigneurs.
Pourquoi Laudine redoute-t-elle que le roi Arthur pille ses terres ?

11 Quel seigneur vient piller les terres de la dame de Noroison ?

Faire le bilan

12 Le roman met en évidence les qualités de combattant du chevalier mais quelles sont les qualités morales dont fait preuve Yvain au cours du roman ? Donne des exemples précis en t'appuyant sur des passages du texte. Reporte-toi à l'enquête pour vérifier quels étaient les devoirs moraux du chevalier.

À toi de jouer

13 Tu es un jeune chevalier en formation. Quelques jours avant ton adoubement, tu écris ton journal intime pour garder le souvenir de ces jours si extraordinaires.

14 Les chevaliers Normands sont les inventeurs de la lance longue. Fais des recherches sur ces chevaliers et leurs nombreuses conquêtes.

Étape 7 • Faire le point sur le thème de l'amour courtois dans le roman

SUPPORT : Chapitres 4 (p. 38-47), 5 (p. 48-54), 6 (p. 55-63) et 13 (p. 112-117)

OBJECTIF : Analyser le conflit de la prouesse et de l'amour à travers le roman et mettre en évidence sa résolution finale.

As-tu bien lu ?

1 Yvain épouse-t-il Laudine ? À quel moment du roman ?

2 Pourquoi Yvain quitte-t-il le château de Laudine ? Coche deux réponses.
- ☐ pour courir les tournois
- ☐ pour revenir raconter son aventure à la Table ronde
- ☐ parce que la fonction d'un chevalier est de combattre
- ☐ parce qu'il n'est plus amoureux

3 Que se produit-il un an après le départ d'Yvain ?

4 Quand Yvain retrouve-t-il Laudine ?

Le conflit entre la prouesse et l'amour

5 On peut distinguer quatre grandes étapes dans l'histoire d'Yvain et de Laudine. Complète le tableau suivant avec des citations illustrant chacune de ces étapes.

Étape	Chapitre	Citation
Yvain et Laudine s'aiment et se marient.	4	
Yvain quitte Laudine mais fait le serment de revenir dans un an.	5	
Yvain ne respecte pas son engagement : c'est la rupture.	6	
Les deux amants se retrouvent unis.	13	

6 Relis, dans le chapitre 5, le discours de Gauvain à Yvain. Quelles valeurs défend-il ?

La résolution de la crise amoureuse (chapitre 13)

7 **a.** Que répond Laudine lorsque Lunette lui demande de pardonner Yvain ?
b. À quoi fait-elle référence en déclarant cela ?

8 Pourquoi Laudine décide-t-elle d'oublier le souvenir de la faute d'Yvain ?

9 Yvain répond à Laudine : « J'ai payé très cher mon aveuglement, et ce n'était que justice. » Que signifie cette phrase ?

10 Comment Yvain et Laudine sont-ils désignés à la fin du texte ?
☐ le Chevalier au Lion et son épouse
☐ le parfait amant et la parfaite amie
☐ le gentilhomme et la gente dame

La langue et le style

11 Voici une liste de mots relevés à la fin du chapitre 13 : se réconcilier – pardon – pardonner – se parjurer – jurer – faute – pêcheur.
Cherche ces mots dans un dictionnaire et classe-les selon qu'ils appartiennent ou non au champ lexical de la religion.

Faire le bilan

12 Les rapports entre le chevalier et sa dame sont soumis aux règles de l'amour courtois. Pour retrouver ces règles, complète le texte avec les mots de la liste suivante : combattre – dame – épreuves – félon* – fidélité – pardon – parole – promesse – serment – soumission – suzerain.
Un chevalier doit avant tout ...... à sa ...... et lui montrer sa ......, par exemple en s'agenouillant devant elle pour prêter .... Il agit ainsi comme il agirait envers son .... Il doit aussi lui faire la ...... de ...... pour l'honneur de celle-ci et d'affronter les ...... qu'elle jugera bon de lui imposer. Si le chevalier ne respecte pas sa ......, il est considéré comme .... Il ne lui reste plus alors qu'à agir comme Yvain face à Laudine : implorer son ....

À toi de jouer

13 Imagine que tu es un jeune auteur du Moyen Âge qui désire reprendre l'histoire d'*Yvain, le Chevalier au Lion* pour briller à la cour de ton seigneur. Tu rencontres Chrétien de Troyes et essaies d'obtenir son autorisation. Avec un camarade, mets en scène à l'oral la rencontre entre ce jeune troubadour et Chrétien de Troyes. Pense que le but de ce dialogue est d'obtenir l'accord de l'auteur du *Chevalier au Lion*.

Le merveilleux médiéval : groupement de documents

OBJECTIF : Comparer plusieurs documents sur le merveilleux au Moyen Âge

Le merveilleux est important dans les romans du Moyen Âge. En effet, une merveille à cette époque peut avoir différents aspects : ce peut être un phénomène naturel alors inexpliqué (un volcan, un geyser), un être extraordinaire (un nain ou un géant, comme dans Le Chevalier au Lion*), ou encore un objet ou une manifestation magique comme dans les documents qui suivent.*

DOCUMENT 1 CHRÉTIEN DE TROYES, *Perceval, Le Conte du Graal,* Éd. Le livre de poche, traduction Charles Méla.

Dans cet extrait du plus célèbre des romans de Chrétien de Troyes, Perceval, jeune chevalier naïf, est invité à la table du Roi Pêcheur. Pendant le dîner, il assiste au passage d'un cortège constitué d'objets mystérieux : une lance qui saigne et le Graal.

Tandis qu'ils parlaient de choses et d'autres, un jeune noble sortit d'une chambre, porteur d'une lance blanche qu'il tenait empoignée par le milieu. Il passa par l'endroit entre le feu et le lit où ils étaient assis, et tous ceux qui étaient là voyaient la lance blanche et l'éclat blanc de son fer. Il sortait une goutte de sang du fer, à la pointe de la lance, et jusqu'à la main du jeune homme coulait cette goutte vermeille. Le jeune homme nouvellement venu en ces lieux, ce soir-là, voit cette merveille. Il s'est retenu de demander comment pareille chose advenait, car il lui souvenait de la leçon de celui qui l'avait fait chevalier et qui lui avait enseigné et appris à se garder de trop parler[1]. Ainsi craint-il, s'il le demandait, qu'on ne jugeât la chose grossière. C'est pourquoi il n'en demanda rien.
Deux autres jeunes gens survinrent alors, tenant dans leurs mains des candélabres d'or pur, finement niellés[2]. Les jeunes gens porteurs des candélabres étaient d'une grande beauté. Sur chaque candélabre brûlaient dix chandelles

pour le moins. Une demoiselle, qui s'avançait avec les jeunes gens, belle, gracieuse, élégamment parée, portait un Graal, à deux mains. Quand elle fut entrée dans la pièce, avec le Graal qu'elle tenait, il se fit une si grande clarté que les chandelles en perdirent leur éclat comme les étoiles au lever du soleil ou de la lune. Derrière elle en venait une autre, qui portait un tailloir[3] en argent. Le Graal qui allait devant était de l'or le plus pur. Des pierres précieuses de toutes sortes étaient serties dans le Graal, parmi les plus riches et les plus rares qui soient en terre ou en mer. Les pierres du Graal passaient toutes les autres, à l'évidence. Tout comme était passée la lance, ils passèrent par-devant le lit, pour aller d'une chambre dans une autre.

Le jeune homme les vit passer et il n'osa pas demander qui l'on servait de ce Graal, car il avait toujours au cœur la parole du sage gentilhomme. J'ai bien peur que le mal ne soit fait, car j'ai entendu dire qu'on peut aussi bien trop se taire que trop parler à l'occasion. Mais quoi qu'il lui en arrive, bien ou malheur, il ne pose pas de question et ne demande rien.

[...]

Et le Graal, pendant ce temps, par-devant eux repassa, sans que le jeune homme demandât qui l'on servait de ce Graal. II se retenait à cause du gentilhomme qui l'avait doucement blâmé de trop parler. C'est toujours là au fond de son cœur, il l'a gardé en mémoire. Mais il se tait plus qu'il ne convient, car à chacun des mets que l'on servait, il voit par-devant eux repasser le Graal, entièrement visible. Il ne sait toujours pas qui l'on en sert, et pourtant il voudrait bien le savoir, mais il ne manquera pas de le demander, se dit-il en lui-même, avant de s'en aller, à l'un des jeunes nobles de la cour. Il attendra seulement jusqu'à demain, au moment de prendre congé du seigneur et des autres gens de sa maison. Ainsi la chose est-elle remise, et il n'a plus en tête que de boire et de manger. Aussi bien est-ce sans compter qu'on sert à table les mets et le vin, tous aussi agréables que délicieux. C'était un vrai et beau festin ! Tous les mets qu'on peut voir à la table d'un roi, d'un comte ou d'un empereur furent servis ce soir-là au noble personnage et au jeune homme en même temps.

1. Perceval a rencontré un chevalier nommé Gornemant de Gohors qui a pris en charge sa formation. Celui-ci lui a recommandé de ne parler que lorsque cela est nécessaire.
2. Incrustés d'émail noir.
3. Plat sur lequel on découpait la viande.

DOCUMENT 2 *La Mort du roi Arthur,* Éd. Champion, traduction Monique Santucci.

Ce roman du XIIIe siècle inspiré des auteurs anglais reprend tout le cycle arthurien, c'est-à-dire les histoires liées au célèbre souverain. Dans cet extrait, Arthur, sur le point de mourir après la terrible bataille de Salesbières contre les armées de Mordret, demande au chevalier Girflet d'aller jeter son épée Excalibur dans un lac. Girflet, ne pouvant se résoudre à voir disparaître une telle arme, fait semblant de s'en débarrasser et revient voir Arthur agonisant. Le roi comprend que Girflet ne lui a pas obéi.

– « Ah ! dit le roi, tu me fatigues, retourne en arrière et jette-la car tu ne l'as pas encore jetée. »

Girflet retourne aussitôt vers le lac et retire l'épée du fourreau. Il se met à se lamenter d'une manière excessive et se dit que ce serait vraiment trop grand dommage si cette épée était ainsi perdue. Il décide alors de jeter le fourreau et de garder l'épée, car elle pourrait encore être utile à lui ou à un autre. Il prend donc le fourreau et le jette aussitôt dans le lac et ensuite reprend l'épée et la dépose sous un arbre. Il revient sur le champ près du roi et lui dit :

– « Sire, j'ai maintenant exécuté votre ordre.

– Qu'as-tu vu ? dit le roi.

– Sire, je n'ai rien vu que je ne dusse voir.

– Ah ! répond le roi, tu ne l'as pas encore jetée ; pourquoi me torturer ainsi ? Va et jette-la et alors tu verras ce qui se passera, car elle ne disparaîtra pas sans qu'un grand prodige se produise. »

Lorsque Girflet voit qu'il doit s'exécuter, il retourne à l'endroit où il avait laissé l'épée, il la prend et se met à la contempler très attentivement, tout en se lamentant : « Épée bonne et belle, dit-il, quelle grande pitié que vous ne tombiez pas entre les mains d'un homme de grande valeur ! ». Il lance alors l'épée dans le lac pour qu'elle tombe à l'endroit le plus profond et le plus loin possible ; et, aussitôt que l'épée s'approcha de l'eau, il vit une main sortir du lac, un bras apparaître jusqu'au coude, mais il ne vit pas le corps auquel appartenait cette main. La main saisit l'épée par la poignée et se mit à la brandir trois ou quatre fois en l'air.

Alors que Girflet avait nettement vu cette scène, la main disparut dans l'eau avec l'épée. Il attendit là un long moment pour savoir si elle allait réapparaître. Lorsqu'il vit qu'il perdait son temps, il s'éloigna du lac et revint auprès du roi ; il lui dit qu'il avait jeté l'épée et lui raconta ce qu'il avait vu.

– « Par Dieu, dit le roi, je me doutais bien que ma fin était très proche. »
Il commence alors à devenir songeur et, tout en réfléchissant, il sent les larmes lui venir aux yeux.

DOCUMENT 3 *Apparition du Graal aux chevaliers de la Table ronde,* extrait de *La Quête du Graal.* Enluminure du XVe siècle, Paris, BNF.

Le Graal est un objet mystérieux qui apparaît dans Le Conte du Graal *de Chrétien de Troyes. Au XIIIe siècle, les écrivains lui donnent une origine religieuse : ce serait le vase ayant contenu le sang de Jésus-Christ au moment de la crucifixion.*

As-tu bien lu ?

1 Dans le document 1, quel personnage est désigné par l'expression « le jeune homme nouvellement venu en ces lieux » au début du texte ?
☐ Perceval
☐ le roi Arthur
☐ Yvain

2 Dans le document 1, pourquoi le jeune homme ne pose-t-il pas de questions sur les merveilles qu'il voit ?

3 Dans le document 2, que jette Girflet à la place d'Excalibur ?
☐ son épée personnelle
☐ son fourreau
☐ son heaume

4 Que se passera-t-il, d'après Arthur, lorsque l'épée disparaîtra ?

Les merveilles (documents 1 et 2)

5 Retrouve, dans la liste suivante, les trois merveilles qui se manifestent dans ces deux textes.
Le Graal – une fontaine magique – une lance qui saigne – des flambeaux qui volent – une épée lumineuse – une main qui sort du lac.

6 De quelle matière la lance est-elle constituée ? Explique pourquoi la lance est une merveille.

7 Que se produit-il lorsque la jeune fille entre avec le Graal ?
☐ une voix résonne dans la pièce
☐ une grande clarté apparaît
☐ le tonnerre retentit

8 Complète le texte suivant pour obtenir la description du Graal.
Le Graal qui allait devant était de l'. . . . . le plus pur. Des . . . . de toutes sortes étaient serties dans le Graal, parmi les plus . . . . et les plus . . . . qui soient en terre ou en mer. Les pierres du Graal . . . ., à l'évidence.

9 **a.** Selon toi, pourquoi Arthur veut-il jeter Excalibur au fond d'un lac ?
b. À qui peut appartenir cette main qui sort du lac pour s'emparer d'Excalibur ? Donne ton avis.

10 Remets les phrases dans l'ordre pour reconstituer la scène où Excalibur est jetée dans le lac.
a. Girflet voit une main sortir du lac.
b. La main se met à brandir Excalibur trois ou quatre fois en l'air.
c. Il lance alors l'épée dans le lac pour qu'elle tombe à l'endroit le plus profond et le plus loin possible.
d. Il voit un bras apparaître jusqu'au coude.
e. L'épée s'approche de l'eau.
f. La main saisit l'épée par la poignée.

Lire l'image

11 Observe les éléments du décor. Quelle scène cette image représente-t-elle ?

12. Peux-tu identifier le roi Arthur ? Qu'est-ce qui le différence des autres personnages ?

13 Qu'est-ce qui est inscrit sur les sièges ou au-dessus des personnages ?

14 Le Graal flotte en l'air au centre de la table : comment peux-tu qualifier ce phénomène ?

15 **a.** Que peux-tu remarquer autour du vase ?
b. À ton avis, qu'est-ce que cela peut signifier ?
c. Relève dans le document 1 la phrase décrivant le Graal et qui correspond à la représentation qui en est faite sur cette image.

À toi de jouer

16 Tu es Perceval dans cet extrait du *Conte du Graal*. Tu assistes au passage du Graal mais tu oses poser des questions. Écris la scène en racontant ce qui se produit grâce aux questions que tu as formulées.

17 Effectue des recherches sur l'un des personnages suivants appartenant à l'univers du roi Arthur : Merlin, la Dame du Lac, Morgane.

Les chevaliers sont sans aucun doute l'un des symboles les plus importants du Moyen Âge et leur ordre disparaît d'ailleurs en même temps que s'achève la période. Pourtant, on a souvent une image fausse ou partielle de ces guerriers d'un nouveau genre, de leur mode de vie et de leurs valeurs. Comment devient-on chevalier ? En quoi consiste la vie de chevalier ? Qu'est-ce que l'idéal chevaleresque ?

Qui sont les chevaliers ?

L'ENQUÊTE EN 5 ÉTAPES

1 Comment est née la chevalerie ?

Un chevalier, c'est – au sens premier du terme – un soldat combattant à cheval. Au Moyen Âge, les chevaliers sont de véritables spécialistes de guerre. Leur apparition est liée à de nouvelles façons de combattre et au besoin des seigneurs de posséder les armées les plus efficaces pour imposer leur pouvoir aux autres seigneurs.

● UN NOUVEAU MOT POUR DE NOUVEAUX COMBATTANTS

Avec l'apparition de petits territoires dirigés par des seigneurs au Xe siècle (le pouvoir central n'est pas encore structuré), apparaît la nécessité de créer des forces armées destinées à protéger ces seigneurs. On nomme les hommes constituants ces troupes « milites »[1]. Les cavaliers prenant de plus en plus d'importance dans ces armées sous l'influence de l'héritage germanique, le terme ne s'applique bientôt plus qu'à eux seuls.

Les langues locales vont ensuite insister sur le mode de combat de ces hommes et créent le terme de « chevaliers » qui remplace le terme « milites ».

● LA NAISSANCE DE LA FÉODALITÉ

L'essor de la chevalerie est contemporain de la « révolution féodale » qui voit, autour de l'an mil, l'émiettement du pouvoir royal au profit des seigneurs propriétaires des principales forteresses qui se dressent sur le territoire.

Des armées de vassaux, composées de chevaliers, sont chargées de défendre ces places fortes. Au cours du XIIe siècle, alors que le pouvoir central de la monarchie se renforce, l'ordre est déjà structuré et « chevalier » devient un titre. Le chevalier est au service du roi ou d'un grand seigneur et reçoit en contrepartie un fief. Progressivement, la chevalerie finit par se confondre avec la noblesse.

1. **Milites :** du nom latin désignant les soldats.

2 Qui peut devenir chevalier ?

L'ordre, en se structurant au cours du temps, va imposer des conditions de plus en plus strictes à ceux qui désirent en faire partie. Dès le XIIIe siècle, l'entrée en chevalerie est soumise à la naissance.

• DES CONDITIONS FINANCIÈRES

Jusqu'au XIIe siècle, il semble que la seule condition pour devenir chevalier est financière. S'il faut évidemment posséder des capacités physiques importantes, c'est surtout le coût de l'équipement et le temps nécessaire pour livrer les combats et être au service d'un suzerain qui priment.

Au XIIe siècle, l'équipement complet d'un chevalier correspond au revenu d'un domaine de 150 hectares : il coûte entre 250 et 300 sous. C'est également le prix d'une trentaine de bœufs. Au XIIIe siècle, ce montant est multiplié par quatre ou cinq : une fortune !

• NOBLESSE ET CHEVALERIE

Les rapports entre noblesse et chevalerie sont variables selon les pays et les époques. Jusqu'au XIe siècle, il n'est pas nécessaire d'être noble pour être chevalier et il existe même des « chevaliers-paysans ». Mais pour être au service et à disposition d'un grand seigneur, il est plus commode d'être autonome financièrement. Progressivement, seuls les nobles appartenant à des familles aisées peuvent entrer dans cet ordre.

Au XIIIe siècle, des textes juridiques apparaissent dans certaines régions qui interdisent l'entrée en chevalerie aux non-nobles. Cette évolution se confirmera dans tout le royaume au cours des siècles suivants.

Scène d'Adoubement, extrait de La Quête du Saint Graal, XVe siècle.

Le choix du cheval

Le cheval, indispensable au chevalier, est à partir du XIe siècle, le fruit d'une sélection attentive. Il doit pouvoir porter le chevalier et toutes ses armes : plus de 120 kg. Il pèse lui-même plus de 600 kg et s'achète de 40 à 200 sous, la valeur de 4 à 20 bœufs !

● LA FORMATION

Le futur chevalier est placé dès l'âge de sept ans chez un seigneur où il débute comme serviteur avant de devenir écuyer, c'est-à-dire, l'aide le plus proche du chevalier. Vers l'âge de 17 à 21 ans, il connaît l'adoubement.

Lors de cette cérémonie, il devient officiellement chevalier et prête serment à son suzerain. Les festivités extrêmement coûteuses sont aussi un frein à l'entrée des jeunes gens de familles modestes dans cet ordre.

Le chevalier doit respecter un code moral qui sera fixé progressivement par écrit avec l'aide des troubadours. Ces commandements lui imposent de respecter la religion, de protéger tous les faibles et de prendre leur défense, de s'acquitter de ses devoirs féodaux, de ne point mentir et de respecter sa parole, d'être le champion du Droit et du Bien contre l'Injustice et le Mal.

Le galopin

« Galopin »[1] est le premier stade dans la formation du jeune garçon qui se destine à devenir chevalier. Il nettoie les écuries. Ce terme désignera par la suite les petits serviteurs chargés des commissions.

1. Galopin : son sens moderne de « garnement » n'apparaît qu'au XIXe siècle.

3 Quel est l'équipement des chevaliers ?

L'armement des chevaliers évolue avec les siècles. Aux innovations dans le domaine des armes offensives (l'épée, la lance) répondent des innovations dans celui des armes défensives (l'armure, le bouclier). Mais c'est l'armure, pièce la plus caractéristique de cet armement, qui connaît la plus grande transformation.

L'inséparable épée

Le chevalier est attaché à son épée comme à une amie et lui donne même parfois un nom, comme Durandal, l'épée de Roland, ou Excalibur, celle du roi Arthur. Mais de par sa forme rappelant la croix, l'épée est aussi le symbole de sa foi chrétienne ; le chevalier se fait souvent enterrer avec son arme. C'est enfin un objet de valeur dont le pommeau est souvent incrusté de matière précieuse et qui réclame 200 heures de travail pour sa fabrication, plus que pour un haubert*.

● ATTAQUE ET DÉFENSE

Le chevalier dispose d'armes variées pour attaquer son adversaire : la hache, la masse d'arme, la lance et surtout l'épée qui devient l'un des symboles du chevalier. Pour sa défense, il utilise un bouclier et de multiples pièces de protection qui forment son armure.

Galahad parvient à retirer une épée d'une pierre flottant sur laquelle il est inscrit en lettres d'or « Seul le meilleur chevalier du monde pourra ôter cette épée de cette pierre », détail, extrait de La Quête du Saint Graal *de Robert de Borron, XIVe siècle, The British Library, Londres.*

Combien pèse une armure ?

On a longtemps colporté l'image de ces chevaliers encombrés par leur armure au point de rester couchés sur le dos comme des tortues lorsqu'ils tombaient de cheval. Au XIe siècle, les armures pèsent environ 15 à 18 kg et 25 à 30 kg à la fin du Moyen Âge. Si cela représente une charge importante, elle n'empêche nullement un chevalier très bien entraîné de continuer à se battre à pied. Seules les armures de tournoi, très renforcées afin d'éviter les blessures, ne permettent d'autres formes de combat que la joute à cheval. En effet, elles peuvent peser de 50 à 80 kg !

● L'ARMURE

L'armure rend la silhouette du chevalier caractéristique. Mais elle lui permet avant tout de se défendre contre les attaques de ses ennemis. Elle se complexifie considérablement avec le temps. Jusqu'au XIe siècle, elle est principalement constituée d'une cotte de mailles, formée d'anneaux de fer entrelacés, portée sur une tunique de cuir. Mais l'efficacité des armes progressant, le chevalier doit améliorer sa protection. Apparaît alors le haubert, longue cotte de maille descendant à mi-cuisse et pesant 12 à 15 kg. Il protège également la tête et les épaules. On y ajoute progressivement des chausses de maille (sortes de bas), des manches et des gants de la même matière.

À partir de 1350, d'abord par parties, puis de façon de plus en plus importante, c'est l'armure de plates qui s'impose. Elle est constituée de plaques de métal, très résistantes mais forme un ensemble très lourd. C'est cette armure qui reste dans l'imaginaire collectif lorsque l'on évoque la chevalerie et pourtant elle n'apparaît qu'au XVe siècle.

Le heaume*, au début casque sphéro-conique pourvu d'une protection nasale, va progressivement recouvrir tout le visage. Quant au bouclier, il est en bois recouvert de cuir. Long et pointu vers le bas au début, il se réduit à mesure que l'armure se renforce et disparaît au XVe siècle avec le « harnois blanc », l'armure intégrale en métal.

● UNE ARME RÉVOLUTIONNAIRE : LA LANCE

À l'origine, les chevaliers utilisent une lance courte et leur manière de combattre n'est pas très différente

L'attaque des chevaliers normands, détail. Tapisserie de Bayeux ou Broderie de la Reine Mathilde, 1077. Bibliothèque de Bayeux (Calvados).

de celle des fantassins[1]. Ils jettent cette lance sur l'ennemi ou le frappent comme avec une épée ou une masse d'arme. Au XIe siècle, les Normands, de redoutables guerriers, envahissent l'Angleterre. Ils utilisent de très longues lances qu'ils tiennent à l'horizontale et bloquent sous le bras. Cette méthode, d'une efficacité redoutable est imitée, dès le XIIe siècle, par tous les chevaliers d'Occident et même par les Musulmans. Cela a deux conséquences : les armures doivent se renforcer pour résister aux chocs devenus très violents et les chevaliers deviennent des combattants à part, possédant une technique qui leur est propre.

Une arme difficile à manier

La lance mesure 2,5 mètres au XIe siècle et 3,5 mètres au cours du XIIIe siècle et pèse alors de 15 à 18 kg ! Il fallait donc s'entraîner de longues heures pour pouvoir utiliser ces armes difficiles à manier qui réclament une grande force.

1. Fantassins : combattants à pied.

4 En quoi consiste la vie d'un chevalier ?

Quand il n'est pas sur le champ de bataille, le chevalier s'adonne à différents exercices parmi lesquels la chasse et les tournois.

• LA CHASSE

La chasse est un des passe-temps favoris des seigneurs au Moyen Âge et un privilège. Les « vilains »[1] n'étaient pas autorisés à chasser et le braconnage était sévèrement puni. Les modes de chasse sont variés : la chasse à courre, la chasse à l'arc ou au javelot ou encore la chasse à l'aide d'oiseaux de proie, tel le faucon.

On chassait divers types de gibiers selon les régions et les saisons, des plus petits au plus gros : les oiseaux, les lièvres mais aussi les cerfs, les sangliers, les ours et les loups.

La chasse est également considérée comme un entraînement à la guerre et un moyen de réguler les populations d'animaux sauvages pour lesquels il n'existait pas de prédateurs.

• LES TOURNOIS

Les chevaliers, pour s'entraîner à leur profession de guerrier, chassent et s'adonnent à des exercices spécifiques. Mais les tournois proposent sans doute la configuration la plus proche de la guerre. On en a souvent une vision déformée par le cinéma. La joute proposée par les films, montrant deux chevaliers séparés par une barrière et s'élançant l'un vers l'autre, n'apparaît qu'au XVe siècle.

Le tournoi prend le plus souvent la forme de la « mêlée », c'est-à-dire, comme sur un champ de bataille,

La « quintaine »

C'est l'exercice principal de l'entraînement des chevaliers. Il consiste à charger avec la lance le bouclier porté par le bras horizontal d'un mannequin fixé à un poteau. Lorsque le bouclier est frappé, le mannequin tourne sur son axe et, si le chevalier n'est pas assez habile ou pas assez rapide, il frappe l'homme dans le dos.

1. **Les « vilains » :** paysans libres au Moyen Âge.

l'affrontement de deux groupes : « ceux du dedans » et « ceux du dehors ». Les premiers constituent l'équipe du château qui organise les festivités. Le but est de désarçonner son adversaire ou de le faire prisonnier. Les blessures sont courantes mais la mort accidentelle.

Toutefois, le duel existe sous sa forme judiciaire : deux chevaliers peuvent s'opposer pour régler un différend[2] qui les oppose ou qui oppose deux personnes dont ils seront les champions : c'est le « jugement de Dieu ».

• LEURS REVENUS

Les revenus des chevaliers dépendent de leur rang. Ceux des grands seigneurs proviennent de leurs terres. Mais les chevaliers plus modestes s'enrichissent principalement grâce au pillage en temps de guerre. Les tournois sont également un apport non négligeable puisque les vainqueurs conservent les armes et montures des vaincus.

Enfin, les seigneurs les plus importants obtiennent des rançons de l'entourage des chevaliers qu'ils font prisonniers durant les batailles.

Tournoi de chevaliers, extrait du Roman du Chevalier Tristan *du Maître de Charles du Maine, XVe siècle. Musée Condé, Chantilly.*

2. Différend : désaccord, opposition.

5 L'idéal chevaleresque et la postérité des chevaliers

Les chevaliers sont progressivement auréolés d'un tel prestige qu'ils deviennent les symboles d'une société : un modèle de piété, de courage et même une inspiration pour les écrivains.

• LE RÔLE DE L'ÉGLISE ET L'IDÉAL CHEVALERESQUE*

Dans une société où le pouvoir religieux s'impose progressivement, l'Église entreprend de moraliser l'ordre des chevaliers : à partir du XIe siècle, elle interdit de combattre pendant certaines périodes[1], elle donne un caractère religieux à la cérémonie de l'adoubement... Le chevalier devient un modèle pour les Chrétiens : il prie régulièrement et ne passe jamais devant une église sans s'y arrêter. C'est ainsi que se forme l'idéal chevaleresque : le chevalier se doit d'être preux, c'est-à-dire courageux lorsqu'il combat et fidèle envers son seigneur ou son roi. À partir du XIIe siècle, sa prouesse est mise au service de l'amour : c'est la courtoisie.

• LES CHEVALIERS, HÉROS LITTÉRAIRES

Les chevaliers deviennent progressivement des personnages centraux dans la littérature : dans les chan-

L'exemple d'Yvain

Yvain, devenu le Chevalier au Lion, incarne l'idéal chevaleresque à son plus haut degré de perfection. Se détournant de la prouesse teintée de vanité et d'égoïsme dont il fait preuve au début du roman, il sauve Lunette du bûcher, défend des femmes en détresse, comme la dame de Noroison, la demoiselle de Noire-Épine ou les captives du château de Pesme Aventure. Il illustre ainsi une conception christianisée de la chevalerie, qui trouve sa raison d'être dans la défense des faibles et des opprimés, au sein d'une société violente.

1. C'est ce qu'on appelle la trêve de Dieu.

sons de geste, puis dans les romans comme ceux de Chrétien de Troyes. À travers eux, les auteurs peuvent glorifier les nouveaux idéaux d'une civilisation pacifiée : les règles de loyauté et l'amour courtois. Les romans de chevalerie continuent à connaître du succès même bien après la fin du Moyen Âge et au XIXe siècle, des auteurs comme Walter Scott créent certains des personnages de chevaliers les plus célèbres, tel Ivanhoé.

● LA DISPARITION DES CHEVALIERS

C'est l'apparition des armes à feu portables qui sonne le glas de l'armure et donc de la chevalerie à la Renaissance. L'arquebuse, ancêtre du fusil, envoie des projectiles avec une telle puissance qu'aucune armure ne peut les arrêter. Certes, les nobles continuent à porter des plastrons[2] métalliques jusqu'au XVIIe siècle sur les champs de bataille, mais une armure complète est devenue encombrante et inutile.

D'Yvain à Batman

Si les chevaliers véritables ont disparu, ils continuent d'exister, de nos jours, dans la littérature, la bande dessinée ou le cinéma, sous de nouvelles apparences : on peut citer, par exemple, les chevaliers Jedi de la saga de *La Guerre des étoiles* ou Batman dans *The Dark Knight, Le chevalier noir,* de Christopher Nolan (2008). Tous ces chevaliers, sous leurs armures technologiques, continuent d'incarner la tradition des héros justiciers.

Les chevaliers Jedi, dans Star Wars, épisode 3 : La revanche des Siths. *Film de George Lucas, 2005.*

2. Plastron : partie de la cuirasse protégeant la poitrine.

Petit lexique littéraire

Amour courtois	Lien amoureux au travers duquel le seigneur jure fidélité et protection à sa dame.
Chanson de geste	Texte qui vante les exploits de héros historiques.
Clerc	Homme d'église et écrivain.
Continuateur	Écrivain qui achève le roman d'un autre ou qui crée une suite.
Copiste	Le plus souvent un moine chargé de recopier les livres à la main.
Duel judiciaire	Combat dans lequel s'affrontent deux chevaliers pour un problème de justice.
Écu	Bouclier du chevalier.
Enluminure	Décoration peinte à la main pour décorer une page de livre.
Féodalité	Système social qui lie le vassal à son suzerain.
Félon	Personne déloyale qui agit contre la foi due à son seigneur.
Fief	Domaine accordé par le suzerain à son vassal.
Haubert	Longue cotte de mailles.
Heaume	Casque du chevalier.
Idéal chevaleresque	Le chevalier doit faire preuve de courage et de piété.
Matière de Bretagne	Ensemble des légendes dont s'inspirent les écrivains qui narrent les exploits des chevaliers de la Table ronde.
Mêlée	Tournoi durant lequel les chevaliers s'affrontent par équipe.
Roman	Œuvre écrite en langue populaire.
Romanes (langues)	Langues issues du latin.
Suzerain	Grand seigneur qui a des vassaux sous son autorité.
Trouvère/ Troubadour	Poète et conteur, parfois itinérant.
Vassal	Seigneur qui jure fidélité à un seigneur plus important.

lire et à voir

• ROMANS LES PLUS CÉLÈBRES DU MOYEN ÂGE

Chrétien de Troyes
Le Conte du Graal

Le plus célèbre des romans de Chrétien de Troyes. Perceval, jeune homme naïf élevé par sa mère, va se retrouver face à la plus grande énigme du Moyen Âge : le Graal.

Marie de France
Les Lais

Un recueil de récits variés. On y trouvera entre autres, *Le Lai du Bisclavret*, une histoire de loup-garou !

Le Roman de Renart
Hatier, C & Cie Collège, 2010

Un des plus grand succès de la littérature médiévale. Son héros, le rusé Renart.

• ROMANS DE JEUNESSE SUR LE MOYEN ÂGE

Jean-Cômes Nogues
Le Faucon déniché
Pocket Jeunesse, 2003

Au Moyen Âge, seuls les seigneurs avaient le droit d'avoir un faucon destiné à la chasse. Martin, enfant de paysan du Languedoc, se retrouve en prison pour avoir osé en posséder un.

Michel Tournier
La Couleuvrine
GALLIMARD JEUNESSE, FOLIO JUNIOR, 1999

L'histoire se déroule dans la citadelle de Cléricourt, assiégée par les troupes anglaises durant la guerre de Cent Ans. Le jeune Lucio, petit garçon insupportable, devient un héros.

● FILMS SUR LE MOYEN ÂGE

Tristan et Yseult
Film de Kevin Reynolds, 2006

Une transposition cinématographique de l'histoire du plus célèbre couple du Moyen Âge.

Kingdom of heaven
Film de Ridley Scott, 2004

Un film épique sur les croisades. Toutefois quelques idées reçues sur la période et les événements. Parfois discutable d'un point de vue historique.

Ladyhawke, la femme de la nuit
Film de Richard Donner, 1984

Une légende filmée traitant d'un amour impossible. Une histoire très médiévale.

Excalibur
Film de John Boorman, 1980

Ce film, devenu un classique, est inspiré du roman médiéval, *La Mort du roi Arthur*. Historiquement erroné (notamment en ce qui concerne les armures), une histoire magnifiquement filmée.

Monthy Python, Sacré Graal (Monthy Python and the Holy Grail)
Film de Terry Jones et Terry Gilliam, 1975

La troupe de comédiens comiques anglais « Les Monthy Pythons » propose une vision comique et satirique de la légende. Pour les amateurs d'humour absurde.

● SITES SUR LE MOYEN ÂGE

membres.lycos.fr/preuxchevaliers/

Un site assez complet et illustré de nombreuses images. En partie dédié aux enfants et donc très accessible.

pagesperso-orange.fr/collège.saintebarbe/moyenage/chevalie.htm

Un site pour les collégiens. Complet en ce qui concerne la formation des chevaliers.

Table des illustrations

PAPIER À BASE DE FIBRES CERTIFIÉES

Hatier s'engage pour l'environnement en réduisant l'empreinte carbone de ses livres. Celle de cet exemplaire est de : 350 g éq. CO_2 Rendez-vous sur www.hatier-durable.fr

Iconographie : Hatier Illustration
Principe de maquette : Marie-Astrid Bailly-Maître & Sterenn Heudiard
Suivi éditorial : Gwenaëlle Ohannessian
Illustrations intérieures : Cécile Chicault
Mise en page : CGI

Achevé d'imprimer par Grafica Veneta à Trebaseleghe - Italie
Dépôt légal n° 93973-0/06 - Août 2015